U0828770

青春之歌

北航老年工作丛书·老故事系列

北航建校之初

深情回顾北航初创岁月的纪实文集

北京航空航天大学离退休工作处 编著

北京航空航天大学出版社
BEIHANG UNIVERSITY PRESS

图书在版编目（CIP）数据

青春之歌：北航建校之初 / 北京航空航天大学离退休工作处编著．-- 北京 ：北京航空航天大学出版社，2024. 11. -- ISBN 978-7-5124-4535-2

Ⅰ. G649.281-53

中国国家版本馆CIP数据核字第2024JM5144号

青春之歌——北航建校之初

责任编辑：李　帆
责任印制：秦　赟
出版发行：北京航空航天大学出版社
地　　址：北京市海淀区学院路 37 号（100191）
电　　话：010-82317023（编辑部）　010-82317024（发行部）
　　　　　010-82316936（邮购部）
网　　址：http://www.buaapress.com.cn
读者信箱：bhxszx@163.com
印　　刷：北京富资园科技发展有限公司
开　　本：710mm × 1000mm　1/16
印　　张：20
字　　数：278 千字
版　　次：2024 年 11 月第 1 版
印　　次：2024 年 11 月第 1 次印刷
定　　价：98.00 元

如有印装质量问题，请与本社发行部联系调换
联系电话：010-82317024
版权所有　侵权必究

编委会

顾　　问：胡孝宣

主　　编：查国清

副 主 编：郭永秀　刘佳秀

审　　稿：张祖善　周自强

执行编辑：黄东冬

编委会成员（以姓氏笔画为序）

支媛媛　孙也程　李志敏

郭小军　梁文畅

前　言

一朝为国而生，始终与国同行。1952年10月25日，中华人民共和国第一所航空高等学府——北京航空学院宣告成立。从此，北航的使命抱负、传承发展，一直与祖国前途命运和中华民族振兴大业紧密相系相连。

在建校的第一时间，众多国外专家即来到中国，来到北航，“播种”于荒芜田野之上、“耕耘”于课堂书本之间，倾心传知识、把手育英才。从1952年到1960年，先后有60余位国外专家参与了北航的创办和建设，从校区布局到院系规划，从学制时间到招生规模，从专业设置到课程设计，从教学大纲到教学计划，从教材内容到考试方法……都留下了专家的印迹。

面对教学条件简陋、教学设备匮乏、教材教具缺少的种种困难，全校教职员工和国外专家团结一心、同甘共苦，使中国的第一所航空学院在短短时间便拔地而起。国外专家亲自为师生讲学、授课、答疑和指导，精心教授做一名航空工程师和航空教师必备的各种专业知识和技能。全校师生则不畏艰难，刻苦学习，努力汲取航空强国的先进专业理论，迅速成长为各个系、室的第一批师资和中华人民共和国自己培养的第一批航空航天科技人才。

北航从中华人民共和国的第一个五年计划起步，一路走来，已经进入具有中国特色社会主义的新时代，踏上实现“十四五”发展规划和2035年远景目标的新征程，在校园建设、教学科研、人才培养诸方面都发生了翻天覆地的巨变。

跋涉千里，回望起点。建校初期，北航师生与国外专家之间建立的纯真情感、结下的深厚友谊，虽已历经半个多世纪，仍然镌刻在骨、珍藏于心。为此，几十位老人亲笔撰文，讲述自己印象最深的故事，从教学、科研、生活等不同视角，回忆与专家相处的岁月、交往的点滴。这些文章，不仅是记录北航建设发展历程的珍贵史料，也极大地充盈、丰富了学校的文化内涵。

阅读本书，年轻的北航学子既可全面了解北航的发展历史，更能追寻老一代北航人艰苦奋斗的足迹，深刻领悟和传承“空天报国”的红色基因，在青春的赛道上奋力奔跑，争取跑出当代青年的最好成绩。

“乘风好去，长空万里，直下看山河。”希望本书能够进一步激励北航人心怀“国之大者”之理念，坚守为党育人、为国育才的初心使命，不负韶华、不负时代、不负人民，扎根中国大地，走出一条建设具有中国特色的世界一流大学的新路，为实现中华民族第二个百年奋斗目标作出新的贡献，取得更辉煌的成就！

校长：

2024年9月

目　录

携手共建：擘画发展蓝图

师恩难忘：培育空天栋梁

交往情深：友谊地久天长

学海拾贝：追忆留苏岁月

携手共建

擘画发展蓝图

苏联专家援建北京航空学院纪实

张祖善

一

1949年9月召开的中国人民政治协商会议通过的《中国人民政治协商会议共同纲领》规定，我国文化教育应以提高人民文化水平，培养国家建设人才，肃清封建的、买办的、法西斯主义的思想，发展为人民服务的思想为主要任务。1949年12月召开的第一次全国教育工作会议（以下简称“会议”），讨论了如何对旧教育进行有计划、有步骤的改革问题。会议提出：“我们采取的是坚决改造，逐步实现的方针”“以老解放区新教育经验为基础，吸收旧教育有用经验，借助苏联经验，建设新民主主义教育”“教育为国家建设服务，教育为工农兵开门”。

1950年6月，中华人民共和国教育部（以下简称“教育部”）召开第一次全国高等教育会议，会议确定了中华人民共和国高等教育的基本方针与方向，即“我们应该以理论与实际一致的教育方法，培养具有高级文化水平的、掌握现代科学和技术成就的、全心全意为人民服务的高级建设人才”，并明确了大学体制改革是中华人民共和国高等教育建设中最重要的一个课题。这次会议还分发了苏联高校的有关资料，详细介绍了他们的办学方法。苏联专家阿尔辛杰夫就苏联建国初期的大学改革发言。他说：“苏联的工业化是十月革命后开始的。比资本主义社会更迅速、更有力。由于社会主义国家的工业发展是有计划的，因此为满足这种更快的工业化的要求，高等学校立即进行了改革，很快地建立起许多独立学院……苏联高等教育的改变，是将大学从培养抽象的、广泛的人才改变为培养具体的专门人才”“中国今天的高等教育亦应朝这个方向发展，即大量地发展独立学院，以适应国家建设需要”。我国于1952年进行的全国性的院系调整正是按照阿尔辛杰夫在发言中提出的模式进行的。院系调整的重点之一是“整顿和加强综合大学”，另一重点是“以培养工业建设人才和师资为重点，发展专门学院”。

在按照苏联模式进行院系调整、专业设置改革、建立新的大学体制的同时，我国开始学习苏联的教育经验，进行一系列的教学改革。中国人民大学成为北京高等学校中最早聘请苏联专家并全面学习苏联高等教育教学经验的高校，1950年建校时即有44名苏联专家受聘。1950年聘请专家到校指导工作的还有北京农业大学、北京外国语学校、北京俄文专修学校等高校。

北京航空学院（现称北京航空航天大学，以下简称“北航”）就是在我国高等教育体制和教学改革启动并开始发展的情况下建立的。

二

中华人民共和国成立伊始，为了巩固新生的人民政权，加强国防建设，有计划地进行经济建设，党和国家非常重视航空工业和航空教育事业的建设和发展。1950年5月，中共中央颁发《关于航空工业建设问题的决定》，明确提出建立飞机、发动机及附件等19个工厂和组建航空大学等要求。1951年1月，以何长工为团长的赴苏代表团在与苏联谈到协助中国建立航空工业时，也提到了发展中国航空高等教育及聘请苏联专家的事项。1951年3月，教育部召开全国航空系会议（以下简称“会议”），讨论了积极配合国防建设，有效地集中使用力量，培养航空建设人才，以及建设航空系的方针、任务、课程改革等问题。会议确定了全国航空系、科调整的步骤方案。航空系的调整是全国高等学校院系调整的先声。1951年12月，周恩来总理在讨论航空工业有关问题的会议上提出办一所航空大学（即北航）。根据周总理指示及中央军委决议，经中华人民共和国重工业部（1956年被撤销，以下简称“重工业部”）和教育部报请国家财经委员会批准及中央军委同意成立了“北京航空工业学院筹备委员会”（以下简称“北航筹委会”）。

1952年6月12日，北航筹委会召开的第一次会议提出，“航空工业学院的组织及教学，基本上完全依照苏联的航空工业学院，办成一所正规化的航空工业学院”，并提请重工业部航空局通过国家外事系统 代为聘请苏联专家。1952年8月至1952年10月，莫斯科工艺学院副院长、理论空气动力学专家杜巴索夫（任北航院长顾问），飞机工艺专家别略可夫（任教务长顾问），实验空气动力学专家格鲁孟兹，飞机设计专家契霍宁，飞机工艺专家马卡洛夫，发动机设计专家赫罗宁，发动机工艺专家费拉戈，特种设备专家罗新，航空仪表自动器专家何赫洛夫，这些来自莫斯科航空学院和航空工艺学院的专家先后到北航受聘任教。北航是北京工科高等学校中第一批聘请苏联专家的高等院校。从1952年8月到1960年7月，北航共聘请了60名苏联专家。

北航向苏联专家学习的这8年大致可划分为3个阶段。

1. 第一个阶段（1952—1955年）

这一阶段在苏联专家的帮助下，按照苏联航空高校的经验，确定了学校的组织领导体制机制，拟定基本建设规划，建立起成套教学管理制度和以教研室为基础的教学行政管理机构，组织全体教学人员学习掌握包括教学计划、课程设置、教学大纲、教材建设、考试方法、讲课、答疑、习题课、课堂讨论、实验、工厂实习、课程设计、毕业设计等一整套苏联教学环节的内容与方法，参加苏联专家为我国教师、研究生和高年级学生专门开设的专业方面的课程与讲座。

1952年8月，北航筹委会在苏联专家的帮助下拟定了建设航空学院的基本方案，确定了“以苏联航空教育的先进经验为主，结合中国航空工业发展的实际需要”的发展方针和两项任务，即吸收苏联经验，培养航空工业的高级技术干部（包括师资及研究人员在内）；在情况许可的条件下进行航空科学研究，为航空工业解决生产中发生的各种技术问题。在听取院长顾问杜巴索夫的建议后，学校的名称由北京航空工业学院改为北京航空学院。

在办学的步骤和做法上，学校接受了杜巴索夫提出的“先使学校走上正轨，然后再逐步接近目标”的建议。先确定专业，制订教学计划，建立教学管理机构和教研室，把学校办起来，然后逐步提高教学质量，建立并充实实验室和陈列室，制定各种教学制度，在一定时间后，培养出合乎工业建设需要的工程师，把学校办好。北航的这些做法完全符合当时国家确定的向苏联学习的“先搬过来后消化”的方针，且是有效的。

关于系与专业的设置，根据苏联专家的意见，设立“飞机”和“航空发动机”两个系，系内各设“设计”与“工艺”两个专业。仪表与特种设备因条件不成熟暂设专业组。修业年限方面，设计专业为5年，工艺专业为4年。据此，北航参照苏联莫斯科航空学院相关教学计划制订了教学计划（后工艺专业也改为5年制）。新的教学计划强化了基础课（含基础课、技术基础课与专业基础课）和专业课，增设了马列主义理论课，大量增加了实践教学环节和时间。各专业与产品的设计、生产紧密相联，针对性较强，在整体教学过程中体现了政治与技术、理论与实践的结合，贯彻了德、智、体全面发展的原则，培养学生的独立工作能力。与清华大学曾经的航空系相比，增添了3门政治理论课，基础课及外语课课时增加59.6%，技术基础课课时增加19.5%，专业基础课课时增加34.5%，专业课课时增加84.7%。多数课程使用苏联教材，教材内容更多、更深一些，加上实践环节得到较大的加强，使毕业生不仅理论知识扎实，还具有较高的处理工程技术问题的能力，能很快地适应未来从事的专业工作，适应航空工业建设的需要。除了制订新的教学计划，在苏联专家的协助下，北航还为转入本校的学生制订了过渡性的教学计划。

制订教学大纲、革新教学内容。原来中国的航空系科所设各门课程没有明确具体的教学大纲，讲课内容基本上由教师的专长决定，而教师的专长分布很不平衡。按建校时北航教授与副教授的专长统计，长于理论分析的多，长于结构设计与工艺制造的少；从事主机的多，从事辅机的少。为了保证人才的培养质量，制订教学大纲就成了教学改革的重要内容之一。广大教师学习苏联先进的教学经验，尤其是专业课教师认真学习苏联相关课程的教学大纲，根据教学计划的要求，积极地参与各门课程教学大纲的制订。按照苏联的经验，教学大纲是教师进行教学的主要依据，是规定学生关于各课程所应获得的理论知识、技能和技巧范围的文件。为了协助北航制订教学大纲，苏联专家在8年间向北航提供了各门课程的教学大纲共444份（另有汇编8册）。在这些教学大纲中，有不少反映了当时苏联航空与航天科学技术的新成果。在此基础上，教师中掀起了阅读和翻译苏联教材的热潮。据1952—1953学年统计，北航共翻译了14本苏联教科书或参考书，编写了20多本讲义。在第一学期开出的24门课程中，有12门课全部采用苏联教材的内容，有4门课采用了80%苏联教材的内容，5门课采用了50%～70%苏联教材的内容，1门课采用了40%苏联教材的内容，2门课未采用苏联教材的内容。当时北航师生对苏联教材的评价是：内容丰富、新颖，联系实际，论证严密。

建设一支合格的教师队伍，是当时北航一项刻不容缓的任务。研究生培养是培养师资的重要途径之一。1952年11月9日，北航第一批在职研究生开始上课，苏联专家通过制订计划、讲课、答疑、做设计等方式进行指导。据不完全统计，8年中，经苏联专家负责指导的研究生共有160人，听专家讲课的还有有关教研室和兄弟单位的教师和科研人员等。在研究生的培养上，苏联专家依据多年丰富的教学经验，并结合北航培养师资的要求，为研究生制订了学习计划，亲自答疑、亲自检查和督促，并要求研究生自觉学习、独立思考、艰苦劳动。以飞机设计专业研究生为例，苏联专家分两个阶段安排学习计划。第一阶段为准备阶段，内容为：听专家讲授“飞机结构力学及强度”课，以全面掌握飞机壳体理论；复习部分“微分方程”课，为今后解决欧拉方程做准备；做一定量的作业和一些较简单的蒙皮承受正压力的直盒式机翼的计算，以熟悉运用能量法求解盒式机翼的方法；做后掠的斜削的盒式机翼的计算，并进行答辩。这一阶段主要是提高研究生的理论水平，培养独立工作能力，为写论文做好准备。第二阶段为写论文阶段，论文题目可由导师确定也可由本人提出，之后由专家拟定研究计划。步骤为：先做理论计算，这是论文的主要部分；然后根据理论计算做成简化公式，以为工厂设计之用；再设计模型进行试验，以印证理论；最后写出论文。通过学习，研究生普遍反映自身的教学和科研能力有较大提高。

在校教师是学习苏联教育经验、进行教学改革的主力军。苏联专家在协助北航建立成套的教学管理组织和制度、制订新的教学计划、按苏联航空高等学校的办学模式进行教学改革的同时，在筹建专业教研室和实验室的过程中，以及在讲课、答辩、指导实验和习题课、指导课程设计和毕业设计、安排工厂实习、组织口试等教学环节中，亲自进行讲解，或作出示范，或给予讲评指导。各专家还分别到有关教研室讲述该教研室所开设课程的任务与目的、该课程与其他课程之间的联系，以及该课程在培养工程师过程中应有的作用等。针对教师中大部分受的是欧美教育的情况，苏联专家认真地向他们介绍苏联高等教育状况和航空专业技术的内容，使教师不仅业务水平普遍得到提高，而且较好地掌握了各种教学环节和方法。尤其是青年教师，进步迅速，很多人已经可以独立工作。苏联专家还分别到基础课和技术基础课教研室听教师讲课，提出改进意见，分享教学经验。

1954年8月，按接近正规教学计划培养的63名应届生完成了5～7周的毕业实习和8～14周的毕业设计，顺利毕业。至此，全部教学环节在苏联专家的指导下都已经历一遍，全面学习苏联组织教学改革告一段落。1954年6月起，第一批苏联专家陆续回国，学校不再聘请院长顾问与教务长顾问，由向专家学习转向学习他们的专业特长，不再强调学习苏联有关教学组织与管理方面的经验，并开始改变其中不适合中国国情的内容，如减轻学生的学习负担、改变上午“六节一贯制”的排课方法、恢复笔试和百分制的评分方法等。

对于实验室的建设，苏联专家建议：学校的实验室水平应该走在一般工厂的前面；应该有足够的技术装备，可以选一些有代表性的产品装备实验室和陈列室。当时实验室的建设规划、教学内容的安排、设备的制作和仪器的购置等都在苏联专家直接指导下进行。一位北航教师在事后回忆道：“建校初期，我们教师不清楚教研室都应该搞哪些实验，发动机构造专家赫罗宁就替我们拟制实验室设备的规划；我们不知道实验室房屋应该是什么样子的，他就帮助我们设计出实验室平面图；我们缺乏发动机构造设计方面及压气机原理等知识，他就连续给教师讲了两门重要课程，并且编写出全部讲义……新型航空发动机设计专业及其实验室就这样建立起来了。”

在基本建设上，按第二机械工业部有关“单项工程征求专家意见”的要求，初期建设的教学主楼和4个系楼的内部布局，包括教室、实验室、教员休息室、办公室、院长室的设计和设施，甚至在楼道设挂衣钩、主楼应有小卖部等都听取了苏联专家的建议。

为了更好地组织教师学习苏联经验，进一步发挥苏联专家的作用，1954年北航成立了专家工作室，制定了向苏联专家学习的9项规定，内容如下。

（1）凡与苏联专家发生联系的一切工作，均应以有益于发挥苏联专家作用、学习苏联经验和建立先进的航空学院为依据，并以严肃、慎重和友好合作的精神进行。

（2）全面向苏联专家学习，要学习他们最新的科学理论，学习他们实验工作的经验，更应学习他们的国际主义精神、忘我的工作态度和优良的工作作风及科学的工作方法。

（3）必须有领导、有组织、有计划、有重点地进行学习。领导同志要随时检查。每半年要做一次总结，谈话必须记录，资料必须整理并妥善保管。

（4）根据我们的需要，结合苏联专家的特长，与苏联专家共同商定在我院期间的工作计划。向苏联专家学习的计划要体现在每个教师的个人计划中。

（5）必须树立起学习苏联先进经验的思想，克服保守和骄傲自满的情绪，学到的东西必须整理、巩固和推广。

（6）各教研室要成立苏联专家工作小组，负责了解学习情况、存在的问题、苏联专家工作情况、建议执行情况等，并督促各项规定的实施。

（7）与苏联专家商讨问题时，既要避免依赖思想，向专家说明自己的见解与看法，也要虚心听取苏联专家的意见，同时要充分说明我们的情况，使苏联专家的指导更切合我校的实际。

（8）凡与苏联专家谈话、答疑，一般均应于前一周内事先把问题提出并译交苏联专家，防止零碎、重复。

（9）为了加强苏联专家的工作，成立专家工作室，教研室每月要将苏联专家的工作总结一次，并书面汇报给专家工作室。

在教学工作步入正轨时，科学研究也被提到学校日程上来。1955年2月，学校请苏联专家组组长罗新为全校教师做《关于科学研究工作中的几个问题》的报告。他强调说："苏联高等学校的经验说明，提高教师的学术水平和改进教学工作的最有效的方法就是在高等学校中广泛地开展科学研究工作。"其指出初期的科研形式可以是写读书报告或概括性的科研报告，重复并扩大文献中记载的实验，编写教科书和完成一定的专题。继任的专家组组长卡古林建议：可通过指导研究生，结合专业建设和编写教材进行。在学校的组织引导下，不少教师克服了科研工作神秘化以及好高骛远、脱离实践的错误思想，科研工作有组织、有计划地展开。在之后的一段时间内，除继续听苏联专家讲课外，在苏联专家的指导帮助下设计并制作实验设备、指导研究生、在专家讲稿基础上编写教材、译读科技杂志和写科学报告等也成为很多教师向苏联专家学习的一种方式。

2. 第二个阶段（1956—1957年）

1956年1月中共中央召开全国知识分子问题会议，发出“向科学进军”的号召。遵照《1956—1967年科学技术发展远景规划》，北航制定了十二年科学技术远景规划。这一阶段向专家学习的重点是：扎实地掌握先进的专业知识，诸如超声速飞机的设计、结构强度计算、喷气推进技术、火箭技术、自动控制原理、航空无线电技术等，以提高科学技术水平，弥补我国航空航天工业建设中的薄弱环节。为此除继续聘请飞机、发动机施工专家外，又增聘了飞机设备方面的工艺专家，还成立了热加工系，聘请了焊接、铸造、热处理、有色金属加工等方面的专家。这一时期来校的大多数专家都是由前一批专家根据我国实际情况建议推荐而来的，他们都具有较高的学术水平与丰富的教学经验。北航也提供了较好的学习环境，教师能够集中精神向苏联专家学习，业务水平提高得比较快。从教学内容上看，苏联专家的讲学内容已与苏联国内当时现行教材内容没有差别，甚至有些专家整理他们在北航讲学时的讲义，带回国公开出版。

1956年9月，北航派遣第一批教师李哲浩、张锡纯、唐荣锡三人赴苏联莫斯科航空工艺学院、列宁格勒军事机械学院及莫斯科航空学院进修。从1956年至1960年，北航先后共派出22名教师赴苏联进修或攻读学位。

1956年11月3日，武光院长作为我国高等教育考察团成员，赴苏联考察60余天。他除带回大量教学科研资料外，还与莫斯科航空学院和莫斯科航空工艺学院签订了友好互助协议，与莫斯科有色金属、金属及黄金学院建立了有关专业之间的联系合作关系，与苏联中等、高等教育部具体商定落实了聘请第一批火箭专家成员名单。

1957年4月，以余陆新为组长的火箭专家组一行五人到达北航，聂荣臻同志接见了他们。1958年，学校又聘请了以列别捷夫为组长、由13人组成的火箭技术专家小组。这一年也是北航全年在校苏联专家最多的一年，达25人。

3. 第三个阶段（1958—1960年）

根据北航制定的十二年科学技术远景规划的要求，掌握火箭专业的教学内容是这一阶段向专家学习的重点。北航曾先后成批聘请这方面的专家共18人，此外，北航还聘请了材料、无线电技术、电子计算机等我国比较薄弱或新兴的专业技术的苏联专家。

1958年，中共中央制定了社会主义建设总路线。此时，北航上下都在探索如何深刻地理解和全面地贯彻教育与生产劳动结合的方针，探索怎样正确结合教学、科研、生产，探索怎样培养高质量的社会主义建设人才。学校决定结合教学科研自行设计制造飞机、火箭等的型号。当时学校希望专家帮助其进行各种型号的设计与试制，并在实际试制中解决型号中的科技问题。对此，苏联专家内部产生分歧，一开始学校还能得到大部分苏联专家的支持，后来北航提出要争取10个型号上天和争取发射卫星时，已难以再得到大多数苏联专家的支持了。

1959年以后，中苏两党、两国的关系日益恶化。苏联大使馆对苏联专家的讲学内容严加控制，采用的技术资料不允许超出已向中国政府提供的技术产品的范围。例如，遥控专家高洛文要查阅备课所需的资料，不能到苏联大使馆的资料馆查阅，而要到中华人民共和国电子工业部（1998年已撤销）的资料室查阅。

1960年7月，赫鲁晓夫撕毁协议。苏联专家被全部撤走，向苏联专家学习的这段历史到此结束。

三

北京航空学院为学习苏联的教育经验，进行教学改革，聘请苏联专家来校指导工作，前后达8年之久。苏联专家受聘在北航工作的时间一般为1～2年，最长的为3年，最短的为3个月。工作2年以上的苏联专家，多是因工作需要而延聘的，其中有2位苏联专家两次受聘来校工作，具体情况见图1。

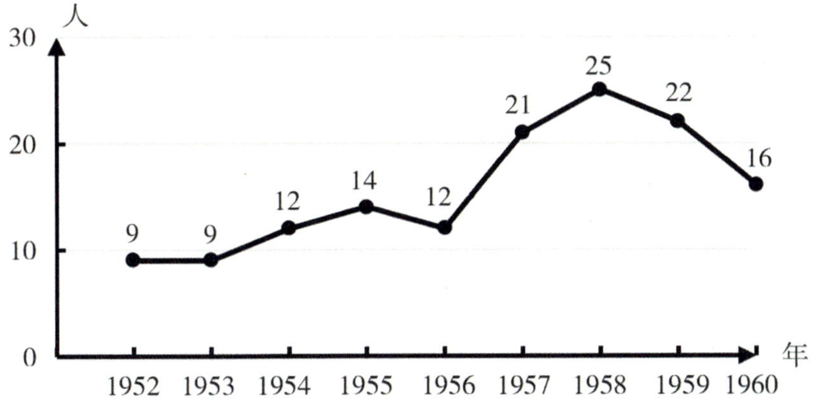

图1　1952—1960年北京航空学院苏联专家人数分布统计图
（资料来源：北京航空航天大学校史）

这些苏联专家来自苏联莫斯科航空学院等12所高等学校和全苏航空材料研究院，专长涵盖航空航天科学技术的各方面，包括飞机、涡喷发动机、陀螺仪表与惯导、航空自动器、电气设备、特种设备、雷达、导航、遥控遥测、有色金属加工、铸造、焊接、火箭设计（弹道式与有翼式）、火箭发动机（液体、固体）、火箭操纵技术、液固体燃料、火箭发射装置、飞行力学、空气动力学、强度计算、冲压式发动机、核动力火箭等近40个专业，具体分布情况见表1。

表1　北京航空学院聘请的苏联专家所在院校分布情况表

院校名称	人数
莫斯科航空学院	25
莫斯科航空工艺学院	6
哈尔科夫航空学院	7
莫斯科包乌曼高等技术学校	4
莫斯科动力学院	3
喀山航空学院	2
列宁格勒航空仪表制造学院	2
列宁格勒电工学院	2
列宁格勒精密机械光学学院	2
捷尔任斯基炮兵学院	2
莫斯科有色金属及黄金学院	1
莫斯科化工学院	1
全苏航空材料研究院	1
其他	2
合计	60

资料来源：北京航空航天大学校史。

来北航的几批苏联专家大多数都具有较高的学术水平与丰富的教学经验。在20世纪50年代前期，中苏两国是亲密的兄弟，校方、教师尊重他们的工作意见和习惯，关心他们的生活，苏联专家在工作中也体现了国际主义精神与实事求是的工作态度，对北航的建设起到了很大的推动作用。后期，尽管中苏两党产生分歧，但不少苏联专家仍在可能的情况下力所能及地做好工作。

四

8年中，北航向苏联专家学习所取得的收获主要有以下四点。

第一，迅速地将半殖民地半封建的教育制度改造成为社会主义的教育制度，明确北航作为航空高等学校的基本任务是培养适合我国航空工业建设需要的合格的工程技术人才。打破了原来中国大学航空系不分专业、培养目标不明确的办学模式。初建时北航只设立飞机、航空发动机2个系4个专业，至1957年已发展到5个系（飞机、航空发动机、飞机设备、航空热加工和航空经济系）17个专业，1958年又成立了火箭系和航空无线电系，初步实现了北航在十二年科学技术远景规划中提出的“应发展为多科性的航空学院，以最先进的专业为发展重点”的要求。

第二，制订了完整、严密的教学计划及各门课程的教学大纲。为了使教师了解制订教学大纲的要求，以及熟悉新的教学环节，苏联专家带来了很多技术资料（含教学大纲、设计和作业样本、实验说明书等范本，见表2）且言传身教，或讲解，或示范，或讲评，进行普及推广，

表2　1952—1960年北京航空学院接收苏联技术资料统计表

名称	数量（份）
教学计划	28
教学大纲	444（另有汇编 8 册）
设计及作业样本	399
实验说明书及样本	542（另有汇编 1 册）
其他教学法文件	101
各种图书（教材）	213
各种技术图纸	17
其他资料	244

资料来源：北京航空航天大学校史。

为教学工作带来了新面貌和新风气。

建校初期，教材是教学环节上的难题。在苏联专家的指导下，北航教师采取“边译、边学、边教”的方法，有计划、有步骤地翻译苏联专家带来的教材或编写的讲义。到1953年，在已开设的课程中，有77.5%的课程采用苏联的教材，基本满足了教学需要。

第三，为我国航空高等教育培养了一大批师资。原来中国航空教育的基础十分薄弱，中华人民共和国成立后，虽然集中了原航空院系的力量组成了北京航空学院，但也只有专业教师115人，其中只有47名教授、副教授。按他们的专业划分：空气动力学13人、飞机结构12人、航空发动机原理10人、航空仪表3人、飞机修配8人、发动机制造1人。然而，这些教师长于理论分析的多，长于结构设计与工艺制造的少；从事主机的多，从事航空仪表、自动器与各种机械设备的少。所以在向苏联学习经验的过程中，成套地培养并壮大师资队伍成为首要任务。因此，从1952年11月起，北航在苏联专家的帮助下开始招收研究生，8年内经苏联专家指导的研究生共有175人（因提前抽调任教或其他原因实际毕业的有160人），具体情况见表3。向苏联专家学习的教师更是逐年增加，以1959年为例，先后在校工作的苏联专家有22人，共开设课程31门。北航参加听课的教师有621人，外校听课的进修教师有456人，其他由工厂、研究所、部队派来听课的科技人员有76人。参加学习的单位有北航、西工大、南航、哈工大、京工、清华、成电等院校，以及工厂、研究所、部队等有关部门，共36个单位。

第四，建立了系统的教学管理组织及制度。在学习苏联教育经验的过程中，进行教学改革、建立合理有效的教学管理组织与机构、制定教学管理规章制度，是推进教学改革的需要。建校初期，北航聘请莫斯科航空学院飞机工艺专家别略可夫任教务长顾问。他在北航任职的三年中，按照苏联高校办学经验，协助建立了系统的教学管理组织，即“副

表3　北京航空学院各专业苏联专家人数及其主要工作情况

名称	专家	研究生	开课	指导实验
陀螺与惯导研究室	2			
飞机设计	3	14	2	9
飞机工艺	3	21	4	19
空气动力学	2	10	3	5
强度计算	1	6	4	8
仪表自动器	3	12	6	10
特种设备	3	12	6	10
无线电设备	5	2	2	18
设备工艺	2	10	4	4
发动机设计	2	2	2	12
发动机工艺	3	20	2	17
冲压式发动机	2	8	1	12
有色金属加工	2	10	3	3
铸造	1	16	4	17
焊接	2	13	2	12
金属热处理	1	13	2	1
弹道式火箭设计	1	1	1	
有翼导弹设计	2		2	
火箭发动机设计	5		3	22
火箭发射装置	1		2	
火箭控制	5		7	13
火箭飞行力学	1		2	1
计算机	2	5	5	6
导航雷达	1		2	12
遥控遥测	2		2	
测量技术	1		1	
理论力学	1		1	
校部	1			
合计	60	175	75	211

资料来源：北京航空航天大学校史。

院长—教务长—教务处—系—教研室”教学管理体系和完整的规章制度（如《考试制度》），以及教学指导文件（如《实习、实验指南》《毕业设计教学指南》等），使北航的教学工作逐渐走上正轨。

教研室是苏联教育重视教学研究、发挥集体作用的一种组织形式，即把性质相近的几门课程的教师组织在一起，在教学上共同讨论、学术上共同研究、工作上相互帮助，并经常对教学情况进行检查、了解的学术性组织，对培养新教师、编写教材、建设实验室、提高教学质量都起到了积极作用。基层教学组织——教研室的建立有力地加强了北航教师管理和教学管理，推动了教学改革工作的进行。

回顾北航学习苏联教育经验、在苏联专家指导下进行教学改革的过程，有以下启示。

一是学习苏联教育经验，参照莫斯科航空学院的办学模式，采取“先搬过来后消化”的方法，对培养国家急需的航空科技人才是十分必要的措施。学校采取有计划、有步骤、有重点、有准备的方法，即在苏联专家的指导下，开始时期以掌握教育制度与教学方法为主，先把学校建立起来；接着以引进先进技术、深入消化教材和提高教学业务水平为主；其后不仅要掌握火箭技术，还要以开展科学研究为主，提高了学校向苏联专家学习的效果。

二是在引进苏联专家方面，必须采取“迎头赶上，成套引进”的办法。要从整个航空航天事业出发，引进各方面专业人才，不仅引进飞机、航空发动机、火箭及其发动机等主机专家，也要引进成套的机上与地面设备及材料、工艺技术等方面的专家。坚持不从苏联一所航空高等院校聘请专家而是要从多所相关院校聘请专家的方针，以有更多的机会接触不同风格的高校，了解不同高校专家的水平。正是由于这些苏联专家水平较高，加上北航教师学得扎实，北航在20世纪50年代的教学水平已经开始接近当时苏联航空高校的水平，亦即当时的世界水平。

在学习苏联教育经验的过程中，也存在没有从中国实际情况出发，盲目、机械地搬用苏联航空高等教育的经验和做法的问题，如专业培养范围过窄过细、学生学习负担过重、部分教师工作量过重等。加上后来的一系列问题，使学校向苏联专家学习的效果受到影响。

1959年5月，中共中央发出《关于在高等学校中指定一批重点学校的决定》，北航成为全国16所重点高校之一。这是对北航认真学习苏联航空高校的办学经验，并结合北航自身特点进行教学改革，不断提高办学水平和人才培养质量的充分肯定；是全校师生员工团结协作、艰苦奋斗、勤奋刻苦、敢于创新的成果；是校领导集体认真贯彻党的教育方针，以培养高质量人才和创办高水平大学为己任共同努力的结果。这与北航有一支由解放区的老干部和全国8所高校航空系的教师组成的干部和教师队伍密不可分，更与苏联专家付出的辛勤劳动密不可分。

杜巴索夫专家对北航创建的突出贡献

佘名叔

1952年7月，我被分配到北京航空学院筹委会工作，曾为当时的北航院长顾问——苏联专家杜巴索夫做过几个月的翻译。时间虽然短暂，但对我一生有重大影响，所以特别难忘。

1949年我考入重庆大学外语系，学了一年英语。1950年，经重庆市团工委批准在军委民航局干训班学习俄语。入学后不久，干训班改组成俄语专科学校，校名为军委民航局俄语专修学校，由当时的军委民航局局长钟赤兵任校长。学习非常紧张，无寒暑假，过军事化生活，无论政治还是业务，要求都非常严格，毕业时学员淘汰率达50%以上。1952年毕业时，我们这批学员绝大部分被分配到中国和苏联合办的中苏民航公司做俄语翻译。我则被分配到正在筹建的北京航空学院。

和我一起分配来的共有9位同学。我们一到，北航筹委会的教务处就要我们给北航的专业教师“突击俄语”。所谓“突击”，就是集中精力快速学成，要求在三个星期左右学完俄语最基础的语法，记住约2 000个生词。学习非常紧张，一天至少要记住100个新词，还要复习之前学过的单词。教完“突击俄语”以后累极了，就想好好休息一下，因此我就恢复了在俄专养成的睡午觉的习惯，中午睡一会儿，下午精神就好多了。当时我住在北京工业学院借给北航的一间平房宿舍内，离办公室不太远。

一、突如其来的第一次会谈

某天中午，我还在午睡，北航筹委会办公室的一位工作人员急急忙忙跑到我的宿舍，叫我速到办公室。她说苏联专家来了，杨待甫副院长叫我快去做翻译，我感到很意外，心中无一点儿准备。在俄专虽然进行过多次口译练习，但是正式的口译从未做过，今天能翻译好吗？我心里一点儿底都没有。我赶忙起来往办公室飞快跑去。当气喘吁吁地爬上四楼，我看见杨副院长已坐在隔着一条走廊的大办公室对面一间较小的办公室内。他一见到我就招呼我赶快代他向苏联专家问好，并让我做他与苏联专家沟通的翻译工作。杨副院长告诉我，这位苏联专家是院长顾问，名叫杜巴索夫。我看向苏联专家，见他衣冠笔挺、正襟危坐。我立即用俄语代杨副院长表达了对专家的问候。杜巴索夫听后，脸上露出了微笑，也要我代他向杨副院长问好。两人相互问候后，杨副院长说没想到苏联专家这么快就来了，学校还没有做好接待的准备，非常抱歉，并问苏联专家今天要谈什么。杜巴索夫回答，这次被派到北京航空学院的苏联专家有9人，现已到京的有3人，还有4人过几天就到。这7人中，他自己做北航的院长顾问，其余6人分别是空气动力学专家、飞机设计专家、飞机工艺专家、航空发动机设计专家、航空发动机工艺专家和航空仪表专家。担任教务长的专家和特种设备专家因在苏联还有事情待处理，要晚些才能来。杜巴索夫说，他到北京已有两三天了，同伴都催促他快去北航把工作尽快安排下来。他们都认为被派到中国帮助办好第一所航空学院，是苏联政府对他们的高度信任，是非常光荣的一项政治任务，将尽力把这项任务完成好，因此请杨副院长尽快安排好他们的工作地点和工作时间。杜巴索夫说要谈的事情很多，但首先是有关教学工作，要求杨副院长指派相关人员与他们商谈。听了苏联专家的话，杨副院长表示非常感谢苏联专家对援建我国航空高校的热情与关怀，一定尽快安排好办公室，确定我校与他们商谈教学工作的人员。杨副院长告诉杜巴索夫，学校已为到来的每位专家配备了俄语译员，并指着我说，她将为您做翻译。听了杨副院长肯定的答复并知道北航已为每位专家都配备了俄语翻译，杜巴索夫满意地笑了。两人站起来握手告别。

虽然基本完成了这次翻译任务，但我对自己的表现并不满意，因有好几处没能及时翻译出来。回到办公室后，我仔细分析了卡壳的原因，有俄语生词不熟练的原因，也有专家语速快未听清楚的原因。总之，我必须认真提高自己的俄语水平。这是我第一次真刀真枪地做俄语口头翻译，也真正认识到了翻译工作的重要性。

二、讨论教学计划

不久之后，杜巴索夫开始与我们讨论北航的教学计划。参加人是北航当时的副院长沈元教授和教务长屠守锷教授。1951年，根据中央指示，厦门大学航空系、北洋大学和西北工学院航空系并入清华大学，与清华大学航空系一起组成清华大学航空工程学院，沈元被任命为院长。1952年沈元带领清华大学航空工程学院师生参与了创建北京航空学院的工作，并被任命为北航的副院长。屠守锷曾经获得美国麻省理工学院航空系硕士学位，在美国的飞机工厂任结构工程师数年，回国后到清华大学从事航空教育工作，不久晋升为教授。1952年，屠守锷为北航筹备委员会委员，兼任筹委会办公室主任，主管教学方面的筹建工作，并任北航教务长。1957年，他被中央抽调参加我国的火箭导弹研制工作，为中国空间技术的发展作出了突出贡献，1999年荣获“两弹一星”功勋奖章。沈元和屠守锷都具有丰富的航空高校的办学经验，带着清华大学航空工程学院的教学计划与苏联专家讨论。同他俩一起来的还有赵震炎，即当时北航的教务科长。在相互问候后，三位教授与杜巴索夫即开始了教学计划的正式讨论。

杜巴索夫首先说，苏联专家中任教务长顾问的专家因故尚未到北京，先由他兼代教务长顾问。要讨论的教学计划内容包括教学目标、教学内容、教学时数和教学年限。杜巴索夫是莫斯科航空学院的副院长，有极其丰富的教学经验，他提议可以莫斯科航空学院的教学计划为参考。杜巴索夫说，莫斯科航空学院的人才培养目标是航空工程师，要学习数十门理论课程并进行数次工程实践教学，前后需要几千学时，学习年限为五年。听他说完，三位中国教授面面相觑，因为这与清华大学航空系的教学计划差别太大。沉默一会儿后，三位中国教授先后发言：大学毕业即做工程师，这要求是否太高？一般来讲，大学刚刚毕业只能做技术员，工作几年后才能担负工程师的工作。五年的学习期限是否太长，学习内容能否少一点儿？针对中国教授的疑问，杜巴索夫慢慢说道：如果减少学习内容，缩短学习年限，降低教学要求，那就达不到培养工程师的目标了。而若用五年时间学完全部的教学内容，培养工程师的目标就可以达到，莫斯科航空学院的毕业生就达到了工程师的水平。杜巴索夫还特别强调了几门技术基础课的重要性。他说，“画法几何和机械制图”“机械原理和机械零件”“金属工学”“公差与技术测量”“电工原理”“电工学”等课程均能培养工程师的工程实践能力。这些课不仅要在课堂上学，还要到实验室、实习车间和工厂进行实际操作。除了这些技术基础课，各专业还有各自的专业基础课。例如，发动机专业的学生除了要学专业基础课“传热学”“热工学”；空气动力学专业的学生除了要学专业基础课“流体力学”，还可能要选修一些高等数学，如复变函数、线性代数、概率论；航空仪表专业的学生要学“调节原理”；工艺专业的学生要学“金属切削刀具与机床”等课程。在学好技术基础课和专业基础课的基础上再学本专业的专业课，通过上课、实验、课程设计、毕业设计、下厂实习等教学环节，学生才能够掌握本专业的知识和技术，担负起所学专业的工程师的工作。杜巴索夫一边说，赵震炎一边在笔记本上记录。杜巴索夫说完，沈元副院长和屠守锷教务长没再说什么。两人商量一下后，沈元说：“今天主要讨论了教学计划的培养目标和学制的相关问题，您的讲话对于我们来说很有启发意义，我们回去好好研究一下，下次再接着谈。”听沈元副院长的话带有肯定语气，杜巴索夫比较满意，同意下次再谈。最后，三位中国教授与杜巴索夫很友好地告别了。

这次谈话中有很多专业技术词汇，我大体都翻译出来了，不清楚的地方，请杜巴索夫稍加解释后也译出了。我庆幸在俄专的最后一学期，中苏民航公司的苏联技术人员到学校来，给我们上了好多次民航专业技术课，学了许多民航技术知识和俄语技术词汇。而且，把翻译过程中问过的问题再翻字典弄清楚，对提高自己的俄语听说能力很有帮助。

过了几天，屠守锷教授通知次日上午9点继续讨论教学计划，要我准时出席。我问："还是讨论培养目标和学制吗？"屠老师说："不，培养目标和学制就按苏联专家的意见办，培养目标是工程师，学制五年。"我问："你们怎么就同意了呢？能达到目标吗？"他说："杜巴索夫列举了那么多技术基础课和专业基础课，又有那么多实践环节，要达到工程师的目标是有可能的。清华大学在国内虽然是顶尖的工科院校，但是无论是技术基础课还是专业基础课都比苏联少，实践环节也少多了。五年制比四年制虽然多了一年，但学生成长为工程师早了两三年，应该向苏联学习。莫斯科航空学院能达到的目标我们北京航空学院也争取达到。"我问："那明天讨论什么？"他说："讨论具体的教学计划。"

第二天9点钟，我到杜巴索夫的办公室时，他和三位教授已经在等我了。相互问候后，沈元院长先发言。他说："经过商量，我们认为学生通过这么多技术基础课、专业基础课的学习，以及这么多实践环节，在这些基础上再学习专业知识和技能，最后达到工程师的水平是有可能的。学这么多课，四年不够，只能五年。学制虽然多了一年，但学生提前做工程师了，况且我国也正急需大量有真才实学的、合格的工程师。"杜巴索夫听了沈元的讲话后很高兴。他说："既然我们在培养目标和学制问题上意见已经一致，那么今天就讨论具体的教学计划吧。"

讨论从基础课开始，对于三门公共基础课政治、体育、外语，大家没有意见。接下来讨论的是数、理、化。杜巴索夫强调要特别重视打好数理基础，要尽可能多地给数学和物理一些学时，且设计专业应多学一些，工艺专业可以少学一点儿。沈元和屠守锷两位教授都非常重视数理基础，欣然同意杜巴索夫这一观点。杜巴索夫继续说，对化学等一般专业的要求不必太高，但对材料专业要求要高、要严格。对于这一点，沈元和屠守锷两位教授也无异议。“画法几何和机械制图”“机械原理和机械零件”这两门课比清华航空系的教学内容增加了许多，学时也不能少。“金属工学”“公差与技术测量”这两门课的学时按苏联专家的意见确定。接下来讨论一般力学的两门课——“理论力学”和“材料力学”，清华很重视，杜巴索夫也十分重视，给了许多教学时数，彼此都满意。赵震炎教授一直在做记录。屠守锷教授这时提出要赵震炎教授算一下总共多少学时了。一算不得了，已经两千多学时了。杜巴索夫说，不要紧，这些基础课占教学计划的50%甚至60%是正常的，加上专业基础课达到总学时的80%，剩下20%的学时留给专业课就可以了。杜巴索夫这样说后，大家放心了。杜巴索夫接着说，总学时的分配是否可以这样安排：三门公共基础课，数、理、化、理力、材力、机械制图、机械原理及机械零件、电工等技术基础课占50%的学时，热工学、流体力学、调节原理等专业基础课占30%的学时，专业课占20%的学时。一般基础课和技术基础课的学时全院大体相同，不同专业可略作调整，专业基础课的学时则由各专业自行确定。沈元和屠守锷两位教授对杜巴索夫的建议没有不同的意见。沈元补充道，中国有个成语“根深叶茂”，就是说，基础打得牢、打得深，内容丰富，则日后必然稳固，不易动摇，并且能获得强劲的发展。杜巴索夫说，中国这个成语很有哲理，他会通知各位苏联专家帮助各专业的中国教师制订教学计划。听杜巴索夫这样说，沈元和屠守锷两位教授都很高兴。屠守锷对杜巴索夫说，在制订好每份教学计划后，会再来向他请教。

这次关于教学计划的讨论非常圆满地结束了。三位中国教授与杜巴索夫告别时都比较亲切，彼此已开始建立友谊了。

这次翻译时间虽然很长，但我没遇到太大的困难，比较顺利地翻译下来了。回来后，我把杜巴索夫用过的一些我不会说的句型及一些词汇追忆记录下来。他说话的语调，我也追忆着模仿。在没有语言环境，甚至连一台能收听俄语广播的收音机都没有的情况下，能与一位苏联专家直接对话，是十分难得的学习机会。我十分珍惜这样的机会，要好好利用。

这次谈话后，赵震炎教授经常到办公室找屠守锷教授谈话，向他汇报情况（当时屠守锷教授的办公桌在我们大办公室内）。后来，赵震炎教授便叫我在他们与杜巴索夫交谈时做翻译。杜巴索夫一般没有太多意见，也就做些小修小改。专业教师与杜巴索夫谈完后便会把教学计划交给屠教授。当最后一位专业负责教师把教学计划交给屠教授后，屠教授说的几句话给我留下了深刻的印象。他感慨道："与现在根据莫斯科航空学院制订的教学计划相比，我们清华过去的教学计划，无论在基础方面还是专业方面都差远了！"屠守锷教授的这几句话在我的脑海里总是不断涌现。如果没有1952年全国院系的调整，就不会有北京航空学院。1992年北航40周年校庆，当时的航空航天部部长说："如果没有北航，就不会有新中国的航空工业。"

三、国庆聚会

光阴似箭，不知不觉快到10月1日国庆节了。一天，樊恭烋教师把我叫到跟前，拿了一叠邀请信，要我交给杜巴索夫。他说，国庆节马上到了，北航筹委会准备在国庆节晚上举行晚宴庆祝，邀请全体苏联专家参加，要我通过杜巴索夫把邀请函交到各位苏联专家手中。樊恭烋教师曾任清华大学党委常委、统战部部长和清华校务委员会秘书，而当时是北航筹委会委员、筹委会秘书，也是筹委会党支部书记，很多事情都是他和屠守锷教授一起商量决定的。他非常忙，总有教师找他谈话。有教师说，他做思想工作能恰到好处，就像圆周的切线一样，使教师的思想问题迎刃而解。

那天苏联专家休息，我只好坐车到宾馆去找杜巴索夫。他很奇怪我为什么会到住处找他。我说明了来意并把一叠邀请函送到他手上。他打开邀请函，取出信封内的信纸，上面写的都是中文。他问我上面写的是什么。我给他翻译了，并特别告诉他晚宴的时间与地点。他突然说道："三周年，你们国家成立才三周年。"我说："是呀，我国1949年10月1日才成立的。"他说："苏联1917年成立，现在已经35年了，两国相差这么多年。"我说："对呀，我们两国成立相差这么多年，我们要赶上你们有很长的路要走。"他说："你们成立才3年，现在北京已经秩序井然，我们的住处已相当豪华，中国同志都非常努力，会赶上来的。"我感谢他对我们的评价。临走时，我把晚宴的时间和地点写在纸上，又对杜巴索夫说了一遍。

10月1日，晚上我与樊恭烋教师、屠守锷教授一起到饭店。樊恭烋教师告诉我，这个饭店是由过去的外国饭店改建的。走进饭店，里面确实高大辉煌。我们订的包间有两张桌子，桌布已铺好，碗筷也已摆好。杨副院长先到了，随后沈元副院长，王俊奎、吴云书等筹委会委员陆续到场。不一会儿，几位苏联专家也来到饭店。宾主双方人员到齐后，杨副院长站起来讲话。他说："今天是中华人民共和国成立三周年国庆日，我们特举行这次酒会庆祝，并借此招待各位苏联专家以感谢你们的辛勤劳动。"接着由樊恭烋代表北航筹委会向苏联专家致辞。樊恭烋教师说："杜巴索夫同志及各位苏联专家，你们不远万里来到我们中国，帮助建立我国的第一所航空学院。你们不辞辛苦在这么短的时间内帮助我们制订了各专业的教学计划，又帮助拟定专业课的教学大纲，并利用业余时间写讲稿、备课，给我们的专业教师讲专业课，中国教师普遍感到深受裨益。苏联专家在讲课时十分注意教学法。有的苏联专家还讲了教学法示范课，对中国教师研究教学法很有帮助。除了教学工作，杜巴索夫同志还协助我们四处寻找挑选我校校址，并针对校址选择提出几项原则。这些原则很重要，我们都会采纳。杜巴索夫同志及各位苏联专家这样热情忘我地工作，使我们深受感动，在此谨代表北航筹委会向你们表示由衷的感谢！”樊恭烋教师说一句，我翻译一句。苏联专家听得很认真。当樊恭烋教师说完时，苏联专家脸上都露出微笑，在座全体人员热烈鼓掌。接着，杜巴索夫站起来代表苏联专家致答谢词。他说：“中国同志对我们做了这么高的评价，是对我们热情的鼓励，我对这些友好的鼓励表示感谢。我们来到中国，是受我国政府的委托工作的。到中国后，我们受到优待，生活上对我们照顾得十分周到，我们得以全心全意投入工作。在工作中我们发现，中国同志非常谦虚谨慎、聪慧好学、勤奋努力，进步很快。与中国同志一起工作，我们感到很愉快。我们之间已经建立起了友谊。你们建国才3年，我国建国已35年，两国成立相差32年。我相信，有你们这种不怕辛苦、艰苦奋斗的精神，你们迟早会赶上我们的，你们会赶上莫斯科航空学院的！苏中友谊亲密无间！”杜巴索夫讲完，大家也热烈鼓掌。宾主相互致辞后，开始享用一道道美味佳肴，相互频频举杯祝酒，畅饮至晚上八九点钟才散去。在20世纪50年代广泛流传一首歌曲《莫斯科——北京》，其中有句歌词是：“莫斯科——北京，莫斯科——北京，永恒的兄弟！永恒的兄弟！”每当听到这句歌词，我就会回想起1952年国庆节与苏联专家聚会的情景。

四、讨论北航基建规划

国庆节过后一天，沈院长和一位老教师来到办公室，说今天要与杜巴索夫讨论基建计划，让我翻译。

与杜巴索夫见面后，沈院长介绍了那位老教师，说他本来是一位专业教师，现任后勤处处长，负责北航的基建工作。接着，沈院长对杜巴索夫说：“根据您提出的几条校址选择原则，我们初步选好了校址。位置不能在市内，地方太小，但也不能在远郊，离市中心太远，交通和生活都不方便，所以要在近郊，有足够大的面积，又可远离城市的喧嚣。考虑到北京的气候条件，冬天总刮西北风，把尘土都刮走了，空气比较新鲜，因此，我们就集中精力在西北的近郊选址。北京工业学院（以下简称“京工”，现为北京理工大学）已先于我们在西北近郊选址并且已经开始建设了。那里有现成的大马路。如果学校建在京工附近，交通比较方便，但我们没有选，因为已有另一所学校在那里建校了。我们在与京工相对的方向选定了校址。那里很空旷，我们选了一块0.6至0.7平方千米的地方，叫柏彦庄。”听了沈元教授的详细讲述，杜巴索夫满意地点头笑了，说：“你们真聪明，真能干，选得很好。我们今天来讨论怎么建设校园。”沈元院长说：“先讨论教学大楼吧。这楼要多大呢？”杜巴索夫说：“这得看你们学校的规模有多大，一年招收多少学生。”沈元院长说：“一年招生人数还没讨论确定呢，今天只能假设一个人数来讨论，将来具体人数确定后，再根据讨论的结果按比例加减。”杜巴索夫说：“那好，就按一个假定的数讨论。”他要沈院长设个假定数，沈元院长假设一年招收1 000个学生，两人就此展开讨论。杜巴索夫说：“一个班30人，1 000个学生就有33个班。一年1 000人、五年5 000人，5 000人就有166个班。每个班最好都有间小教室，不能让五个年级的学生都在同一幢大楼内上课。一、二、三年级的学生在大楼内上基础课和技术基础课，四、五年级学生则应回到他们专业的系楼上课。沈元院长说：“那我们需要建好几幢楼了。”杜巴索夫说：“是的，得建好几幢楼。最大的这幢楼可称主楼，用于上基础课和技术基础课。为了提高教学质量，由教授或副教授上大班课，然后上小班习题课，由助教辅助指导。大班课少则3个班、100人，多则6个班、200人，这就需要盖100人和200人的阶梯教室。究竟要盖多少阶梯教室和小教室，要与教务处仔细商量计算才能确定。另外还要考虑各门课的要求，如画法几何与机械制图，需有高大的绘图桌，既不能在小教室上课，也不能在阶梯教室上课，要根据实际需求建教室。除了上课，还有各种实验室，如物理实验室、化学实验室、电工实验室等都有特定的要求。对每门课的要求都要弄清楚。除了学生还要考虑教师，每门课程的教师应该组成该课程的教学研究室，每个教研室都应有自己的办公室。办公室的多少、大小应根据该研究室的人数来定。”说到这里，杜巴索夫停了下来。和沈元院长一起来的后勤处长一直在本子上做记录，这时也停下笔。沈院长说：“根据您刚才提的这些意见，我们回去要先调查各门课程的具体要求，与教务处仔细商量计算，再确定建多少教室和实验室。所有这些教室、实验室、办公室盖下来将是好庞大、好高的一座楼。谢谢您的这些宝贵建议，以后系楼怎么盖，也参考您的这些建议。下面我谈谈教师和学生宿舍楼的建设。因为校址现在是一片农田，周围没有房屋，而学生、教师不可能在校外居住，所以必须在学院内为他们建宿舍，具体怎么建，由后勤处长介绍。”后勤处长说：“我们国家现在经济水平相对落后，学生不可能一人一间房，两人一间也不行，初步打算四人一间，先修四座三层楼的宿舍供1952、1953届这两届学生住，住不满的宿舍让单身教师住。已婚有家眷的教师则要给他们盖家属宿舍，初步打算先建四幢三层楼。”他接着说：“除宿舍外，还需建一座大饭厅供全校师生就餐。宿舍和饭厅是生活区，教学楼是教学区，生活区与教学区用柏油马路连接起来。教学区内的路铺小方砖。”杜巴索夫听到这里说道：“你们对生活考虑得很周到，不知对校园的绿化有什么打算？”后勤处长看了看沈院长说：“绿化的问题是沈院长考虑的。”沈院长接着说道：“我们准备在大马路两旁栽上高大的杨树、柳树，形成林荫道，在教学区主楼前种上高大的松树、柏树，构成松柏林。生活区内学生宿舍前栽上矮松，还可以种小些的树，如桃树、梨树、李子树。教师宿舍楼前也种上这样的树。这些树能开花，开起花来非常好看。”听到这里，杜巴索夫说：“对了，不但要种树，还应该养花。你们最好修一个花房，专门培养各种观赏花卉，这样你们不仅要有绿化工人，还要有花匠。”沈院长说："会考虑您的建议。"当我听到"花匠"这个词时，感到十分意外。讨论学校基建问题，杜巴索夫特别提出"花匠"，可见对北航未来的蓝图考虑得多全面。

月底，沈院长和后勤处长又来见杜巴索夫。后勤处长腋下夹着一大卷图纸。沈院长说："我们把上次讨论的结果画在图纸上了，今天拿来请您看看。"后勤处长打开了图纸，沈院长说："教学区主楼东面的南北两端分别建飞机系楼和发动机系楼，两楼之间用柏油马路连接。主楼西面的南端可建航空仪表和无线电系楼，北端也盖一座相对应的楼，供将来成立的新系使用。"杜巴索夫看完图纸后感叹道："这蓝图真美！你们将实现我们莫斯科航空学院在莫斯科不可能实现的梦想！"听到这种感叹，沈院长和后勤处长两人脸上都露出会心的微笑。正如毛主席所说，在我国一穷二白的大地上，在一张白纸上，能画出最新最美的图画。

五、从翻译到教师，专家对我的教诲

11月初的一天早上，樊恭烋教师把我叫来，很严肃地对我说："现在我们请了这么多苏联专家来讲课，但我们不能永远依赖苏联专家，要培养自己的教师，将来能独立地讲专业课，这就需要培养研究生。国家把全国顶尖大学的一批优秀毕业生分配到北航做助教，现让他们改做研究生。这批研究生可称在职研究生，共有26人，组成研究生班。每人跟不同专业的苏联专家学习研究生的课程。向苏联专家学习，俄语很重要，因为要学的都是俄语教科书，俄语好才能看得懂、学得快。有问题要问苏联专家，自己会问会听才方便，不能事事依赖翻译。但这些学生现在俄语水平很差，抱着字典勉强能看书，不仅很慢，不少地方还看不懂，因此学校决定为他们开设俄语课，提高他们的俄语水平。我们几人经过商量，认为你去教研究生俄语比较合适，就不再做专家翻译了。"让我不再做翻译，去教研究生俄语，这是我万万没想到的。

我和樊恭烋教师很熟，有什么想法都愿意跟他讲，于是说道："老樊，我不愿意去教研究生俄语，仍想做翻译。”听了我的话，樊恭烋教师睁大了眼睛，没想到我这么直截了当就拒绝了。他问我为什么不愿意，我答道：“因为我对教书没兴趣，对做翻译有兴趣。”樊恭烋教师耐心地对我说：“做事情不能只凭兴趣，要根据工作的需要。现在组织上需要你去教研究生俄语，你应该服从组织的决定。”听见“组织的决定”这几个字，我猛然想到自己是共青团员，还是争取入党的积极分子，应该无条件地服从组织的决定。于是我说：“既然是组织的决定，作为共青团员我服从，不过思想上和感情上一下还扭不过来，回去还得好好考虑考虑。”樊恭烋教师看我这样坦白，笑了，说道：“你回去好好想想吧，希望你能从思想上和感情上都服从组织的调动。”

从小我的姐姐就教我英语，因此我喜欢上了英语。从初一直至高三，我的英语成绩都很好。高中毕业我报考了英语系，将来想成为一个高级英语人才。后来改学俄语不是因为赶时髦，而是因为当时重庆大学英语系的学习条件不够好。我到北京学习俄语，因为这里是首都，是祖国的心脏，是我向往的地方。到俄专后，有很多苏联教师，俄语学习条件很好。可惜时间太短，只学了两年，离成为俄语高级人才的目标相差还太远。做苏联专家翻译是提高俄语听说能力极好的机会，能实现自己做俄语高级人才的理想。而教授只有俄语“突击水平”的研究生，是做照亮别人的教书匠。

怎么才能使樊恭烋教师改变决定呢？我想到一个办法——请杜巴索夫跟樊恭烋教师说，愿意留我继续做翻译。第二天，我见杜巴索夫一人在办公室，于是对他说：“您知不知道领导要调我离开您，去教研究生俄语？”没想到他说知道。我很奇怪，他怎么会知道？忽然，我想起来，张锡纯教师是哈工大来的，会说俄语。樊恭烋、屠守锷经常和他一起商量工作。我问杜巴索夫同意这个决定吗，他说同意。我问：“为什么同意呢？是不愿意我做您的翻译吗？”杜巴索夫说：“不是我不愿意你做我的翻译，而是我不能留你。研究生的俄语教学工作更需要你，你应该服从领导的调动。”我快快地自言自语：“那是一件只有付出没有收获的十分枯燥的工作。”杜巴索夫听后，放下要做的工作，叫我坐下来。他问我：“做工程师难不难？”我答道：“难。”他又问：“做工程师要求高不高？”我说：“高。”杜巴索夫问：“任何人都能做工程师吗？”我回答：“不是。”他接着问：“什么人才能做工程师呢？”我答道：“只有非常聪明的人，经过五年刻苦学习，完成毕业设计且毕业答辩合格才能取得工程师资格。”杜巴索夫说：“你对工程师的理解不错，可你对教师的理解完全错误。我们国家有句话，‘教师高出工程师一头’。工程师的知识是谁教的？是教师教的。工程师的品德是谁培养的？是教师培养的。所以教师必须高出工程师一头。也就是说，无论在业务能力上还是在道德品行修养上，对教师必须有比工程师高出一大截的要求。不是任何人都能做工程师，更不是任何人都能当教师，只有高尚的人、优秀的人才能做教师。在我们苏联，教师是十分光荣，人人都尊敬、都羡慕的职业。现在领导调你去做教师，是很看重你，你应该以对教师的极高标准来要求自己。你现在把研究生的俄语教好，不仅不会妨碍你俄语水平的提高，相反要求你尽快提高俄语水平。为教好俄语，你必须掌握好俄语语法，你应学习苏联科学院所著的《俄语语法》。不但要教好书，还必须懂得教学方法、钻研教学方法。要教好研究生，对你的要求很高，这很不容易。”

听完杜巴索夫的开导后，我说：“非常感谢您对我耐心、热情的教导。之前我对教师的理解完全错了，今后我会以您说的对教师的高标准严格要求自己，争取把研究生的俄语教好。”杜巴索夫听完我的话满意地笑了。

回来后，我把杜巴索夫说的话认真梳理了一下。之前，我把樊恭烋教师说的学校招收研究生的意义和研究生学习俄语的重要性完全抛诸脑后，强调自己的兴趣，强调个人的理想，甚至去找苏联专家为自己说情，这是把个人利益放到集体利益之上的极端个人主义的表现。又一想，自己原来对教师的理解也是错误的。现在去教研究生没有现成合适的教材，必须自己去编，而以我现有的俄语水平编写合适的教材，只有参考大量书籍，仔细钻研才能做到。我还想到，除俄语课外，研究生需要看不同的专业书，在文字上有弄不明白的地方如果问我，自己能答出来吗？能从语法上分析清楚吗？因此我还必须好好学习俄语语法。组织上把教研究生俄语这么重要的工作交给我，是看重我，我应该认识到组织对我的关怀，积极地服从调动。厘清思路后，我又去找樊恭烋教师。樊恭烋教师问我："怎么，想好了？思想和感情都扭过来了？"我答道："想好了。"樊恭烋教师问我是怎么想通的，我把找杜巴索夫的事告诉了他，把自我分析和自我批评也全讲了出来。樊恭烋教师听后说："你为了自己的兴趣私自找苏联专家，这是十分错误的行为，本应受到严厉的批评，但你自己做了诚恳的自我批评，主动克服了个人主义思想，并且表态坚决服从组织调动，就原谅你了。希望你切实把研究生的俄语教学工作做好。"我说："您放心，我会努力的，我会用行动证明！"

与樊恭烋教师谈完话，我就不再做苏联专家的翻译，去教研究生俄语了。我的团组织关系也转到北航研究生团支部。

从此，我成为一名俄语教师，教了十几年俄语，后来根据工作需要又教了30多年英语。一生做外语教师，忠于职守，无怨无悔。杜巴索夫所说的"教师高出工程师一头"这句话，我永远铭刻在心。

六、漫步校园

1953年秋，北航新生入学后，不能再在城里待下去，必须搬出城。但城外新校址集中力量在修教学楼，生活区只盖好了四栋学生宿舍和一座大饭厅。学生住一、二宿舍，8人一间。基础课教师住三宿舍并兼办公，此外还住了研究生。四宿舍为办公楼，行政人员在此办公。苏联专家仍住城内，但也必须出城上班。苏联专家在四宿舍办公。当时楼虽然建好了，但暖气未通，上下水道也没通，厕所在露天。苏联专家与我们一起度过了这段艰苦的日子。

刚刚成立的俄语教研室在三宿舍一层，我在里面办公。大概9月底10月初的某一天，院办的一位工作人员来找我，说苏联专家组长杜巴索夫的翻译王震华因病住院了，要我临时做翻译。我跟着他去见杜巴索夫。杜巴索夫的办公室在学生四宿舍二层，只有12平方米，里面放了一张办公桌就没有什么空间了。办公桌旁有一个烤暖用的电炉，室内显得十分拥挤。杜巴索夫见我来了很高兴，问道："你的研究生俄语教学工作结束了？"我说上一班级结束了，现在在教新一届的研究生。杜巴索夫说："同事们反映研究生俄语水平普遍都有很大长进，对专业学习有促进作用，有的研究生还能与导师用俄语交流。"他称赞我工作做得不错。我说感谢他对我的教导。我告诉杜巴索夫，现在我和另外一位同志负责俄语教研室的工作。他听后说，俄语教学课堂上讲练结合是正确的，应该精讲多练。但他对我们课外批改学生练习的做法提出了不同的意见，说应该在课堂上指导学生自己改正错误。当听我说20多个俄语教员不够，无法像苏联外语课15人一班（我们是30人一班）时，他问每位教师的教学工作量是多少，我说每周12学时。他说苏联的外语教师每周24学时，按照这个标准，我们应该减去一半人员。杜巴索夫在狭小简陋的办公室内办公，还这么仔细地询问、关心我们的外语教学，对我触动很大。

一天上午，沈元院长陪杜巴索夫去看教学楼的修建情况，让我陪同。杜巴索夫从办公室下楼，穿过三、四宿舍间方砖铺成的小道，与沈元院长走上了柏油马路。杜巴索夫说："你们这么快就修好马路了。"沈院长说："路先修好便于大家行走，但还没来得及种树。"马路左边，有一排排木板搭建的工棚。沈院长向杜巴索夫介绍："这些工棚是现在的教室，学生正在里面上课，这是我们基建处工程师想出来的办法。”杜巴索夫说：“你们这种艰苦奋斗的精神令人钦佩，与我们苏联在（20世纪）二三十年代的情况相似。”

两人边走边谈。沈院长说：“明年开春在马路两旁种高大的杨树，在宿舍楼前种桃树、李树、梨树、夹竹桃、迎春花……还有您说的花房，我们正在找花匠。”不知不觉两人就走到四宿舍杜巴索夫工作的办公室楼前。他很兴奋地向沈院长说：“今天您陪我观看了北航校园，使我亲眼看见了我们去年规划的蓝图正在变成现实，我很高兴，谢谢您！”沈院长答道：“我们要感谢您对我们的指导与帮助！”两人紧紧握手告别。

而此时的我则浮想联翩：今年我们要熬过一个没有暖气的寒冷的冬天，但寒冬终将过去。等明年开春后，教学大楼就修好了。学生将在宽敞明亮的教室内上课。教室外面，松树和柏树成林，沿着林荫大道回到宿舍，楼前的桃花、李花、梨花竞相开放，飘来阵阵花香……

七、别了，杜巴索夫！

1954年夏，杜巴索夫工作期满，将离开北航回国。大家听说杜巴索夫要离开北航，纷纷去欢送告别。杜巴索夫热情地向送别他的人们挥手。当发现我挤在人群中时，他特意向我挥了挥手。我也使劲地向他挥手，感谢他对我的教导。

再见，杜巴索夫！

苏联专家莅临指导的往事

高镇同

1952年至1955年，苏联专家组组长罗新多次在教研室全体会议上提出宝贵建议，主要有三项：编写教材、建立实验室和科学研究。校方曾赴天津查阅过我在北洋大学读书时的学业成绩，其中德文100分，俄文99分。这两门课都是请外教用英语讲授的，难度较大，我下了不少功夫。美国对华实行“禁运”后，英文资料奇缺，只能依靠苏联专家提供的俄文教学资料开展工作。我参加了教材编译并负责实验室建设。一般厂商不经营大型材料试验机，只能向德国公司订购，我的德文也派上了用场。

一、教材编译

经材料力学教研室讨论后，校方决定以苏联别廖耶夫所著的《材料力学》为依据编译教材。在全体教师的共同努力下，我们编译出最早的材料力学讲义（120学时），分三个学期讲授。作为我校专业基础课教材，最初使用该书授课的是李寿同教授和荆广生副教授。

二、筹建材料力学实验室

实验室建设从零开始，全部由我负责。首先是绘制图纸、盖房子；其次，试验机和仪表的设置则完全参照莫斯科航空学院材料力学实验室指导书；最后，除了向德国、瑞士等订购大型设备和精密仪表外，我们还自行设计制造了一批教具，供理论教学演示使用。

国外订购设备：德国产万能试验机1台、ZDM拉压试验机4台，英国产扭转试验机3台，瑞士产高频疲劳试验机1台、悬臂梁式旋转疲劳试验机4台、弯扭组合疲劳试验机1台、电阻丝应变指示器5件、胡根伯格式引伸计4件，苏联产纯弯曲梁式旋转疲劳试验机2台。

自制设备：光弹性仪1台、简支梁1件、连续梁1件、静不定梁1件、压杆稳定实验器1件。

1955年，订购和自制的试验设备全部安装调试完毕，且编译了实验课程说明书和试验数据记录报表，并按苏联专家提供的教学大纲开设了全部实验课程。

1956年，全国高校材料力学教学经验交流会在北京召开。我在会上做了实验室建设经验报告。百余名代表听取报告后不断有人到北航参观设备仪表状况，了解学生上实验课的情况，均给予高度评价。

我校在全国率先建成设施齐全完善的材料力学实验室。从国外订购的设备仪表大多是西欧国家制造的，说明书常为德文或英文。我以苏联专家提供的实验室指导书为依据，对照德国、瑞士的设备仪表说明仔细研究后，译成了中文使用手册，并按规范操作、维修保养，从而保障了教学科研的正常进行。这些设备从20世纪50年代至今都保存完好（个别的寿命到期，消耗受损）。

三、科学研究

苏联专家提出："教师的职责不仅是讲课答疑，还要通过科学研究培养学生独立思考和独立工作的能力，提高学生认识问题和解决问题的能力。"我深深认同这一观点。在任教学研究科科长期间，我又学习了苏联凯洛夫所著的《教育学》等著作，认识到：知识和能力相辅相成，掌握了知识有助于能力的提高，增长了能力则可扩大知识领域。知识和能力在一定条件下可互相转化，在转化过程中创造性地发挥能得到充分体现。知识和能力互相转化的条件是勤实践、敏思考、勇于创新。一切创新精神、创新意识都源于勤奋。业精于勤，勤能补拙，说的就是这个道理。科学实践是一个包罗万象的大实验室，里面有无穷的宝藏和未知，等待人们去发掘和探究。表面看似乎司空见惯的现象，深思熟虑后就能见微知著，触发思维的灵感，成为探索全新境界的契机。像苹果落地触发牛顿发现了万有引力；开水壶盖被汽顶起启示瓦特发明了蒸汽机。积极敏锐的思考活动历经长途跋涉之后，悬而未决的不解之谜就会在某一瞬间迎刃而解，而不经思索的重复操作只能在原地徘徊，停滞不前。

在翻译材料力学俄文教材时，我意外发现两个陌生的词汇——“结构疲劳”和“塑性变形”，百思不解，立刻去图书馆寻求答案。找到苏联专家编写的两本专著后，我认真阅读并做了实验分析，据此提高了教学水平，还完成了一篇塑性力学方面的论文《在弹塑性阶段矩形钣的稳定问题》，为以后研究结构疲劳奠定了基础。

北航建校拾遗

王震华

1950年，中共中央颁发的《关于航空工业建设的决定》中提出“决定成立航空大学”。1951年3月7日，教育部召开全国航空系会议，确定了调整的步骤方案。

1951年12月10日，周总理主持召开会议，李富春副总理提出急需办一所航空大学，周总理表示同意。1952年5月17日，教育部确定由清华大学航空工程学院、北京工业学院航空系和四川大学航空系合并组建北京航空学院。

王弼同志是20世纪20年代入党的老党员，1925年被送到苏联，先后在莫斯科中山大学、莫斯科茹科夫斯基空军学院等学校学习。1938年回国，曾在军事学校任职并参加空军创建工作，先后任中央军委作战部空军组组长、东北民主联军航空学校政委、军委航空局政委、解放军空军副政委、空军副司令员等职。1952年1月组建第二机械工业部四局（航空工业局）时王弼任副局长，1952年8月兼北京航空学院筹委会主任，主持航院的筹备工作。

1952年我们毕业时，钟赤兵要把我留在军委民航局。王弼说我是毕业班的班长，必须随毕业班一起调到二机部四局。而在到四局报到之前，王弼就把我们七八人借调到北京航空学院筹委会，由筹委会办公室主任屠守锷教授管理。

1952年8月24日，王弼拉着我去前门火车站迎接杜巴索夫等三位专家。从此我接手了院长顾问杜巴索夫教授的翻译工作。王弼还要我把三位苏联专家送到北京饭店，并负责与他们联系。

第二天，王弼与杜巴索夫教授直接用俄语交谈，按照外事规定，他让我在场旁听。两人第一次交谈就产生了激烈的争论，王弼传达上级意见：我国航空工业建设刚刚起步，急需大批航空技术干部，希望三年培养出大学毕业生（当时国家临时规定大学生三年毕业）。杜巴索夫教授则坚持他们来中国是办大学的，是为了培养合格的航空工程师，学制必须是五年。如果学制被压缩成三年，那只能办大专，四局请的办大专的苏联专家很快就到，自己这批苏联教授马上撤回苏联。双方争执不下。

其实，杜巴索夫教授有亲身的教训。他是农民的孩子，先被选进工农速成班学习，后被送到莫斯科大学力学系上大学。建立莫斯科航空学院时，他又被抽调出来，最后当上副院长。由于他大学学历不够，不得不补学历，深受其苦，因此他极力反对三年毕业的“凑合”办法。

第二天，杜巴索夫教授带我到教育部找苏联总顾问福明，向他汇报了昨天与王弼的谈话内容。福明要杜巴索夫教授将这一情况向四局的上级第二机械工业部领导反映。于是我请筹委会办公室主任帮忙联系，我陪杜巴索夫教授到第二机械工业部见张副部长。杜巴索夫教授向张副部长反映了他的意见。他在苏联接受的任务是帮助中国创办培养合格航空工程师的航空学院，学制至少要五年。张副部长表示完全同意，并请杜巴索夫教授马上开始编写五年制的教学计划。就此王弼结束在北航的筹备工作，由清华大学航空工程学院院长沈元教授参与筹建工作。

沈元教授调到北航后，清华大学航空工程学院党支部产生了误解，以为以后航空学院会交给清华大学管，于是派了大批党员教师。其中一位教师还在哈工大进修了俄文，以承担苏联专家的翻译工作，并要我交接，因此产生了一些矛盾。第二机械工业部领导知道这种情况后，急忙把北京机械专科学校校长杨待甫同志调到筹委会主持工作。

有了王弼的前车之鉴，杨待甫根据“苏联是社会主义的制度，我们先照搬过来，再消化吸收”的新精神，开始了一条新路的探索——苏联专家援助组建大学。他到任后以新的方式开展工作，把苏联顾问杜巴索夫教授的办公室安排在自己办公室的隔壁，中间有门相通，临时让我在他办公室办公，以便随时与杜巴索夫教授联系。

上级调来王大昌和刁震川组建院长办公室，任命杨待甫为副院长，又从撤销的平原省调了一批老干部组建航院的领导班子，从重工业部干部学校调来一批干部充实了干部队伍。

一、建立北京航空学院

院长顾问、专家杜巴索夫教授提出：一方面必须成立航空学院，在他两年聘期内，帮助北京航空学院走上正轨；另一方面是由任教务长顾问的苏联专家别略可夫帮助建立整套的教学体制，使教学工作正规化。

建校的关键是建立教学基层单位教研室。这是组织教学、研究教学法、培养教师、开展学术研究和科学研究的基础，所以必须从此着手，由苏联专家组分工负责指导组建。当时筹委会在北京集中了全国8所航空院系的专业教师。杜巴索夫教授马上召开全体教师大会，组建全院的教研室。而提高学校教学质量的关键是动员一些业务水平高的老教师到基础课和专业基础课教研室任教，并把一些年轻有为的青年教师（如高为炳和高镇同，后来都是院士）也充实到基础课和专业基础课教研室，加强政治力量和业务力量，以保证学校的基础教育，从而提高整体教学质量。

对于学校的组织机构，杜巴索夫教授认为要适应中国的体制，如建立政治辅导处。为适应建校需求，还建立了基建处，由另一位筹委会副主任、原华北大学工学院航空系主任王俊奎教授（曾参与美国夜间战斗机设计，与北京建筑设计院关系很好）负责。在苏联专家的指导下，王俊奎请设计院设计出全部教学楼图纸，并马上开工建设，要求1953年全校能集中到新楼上课。

杨待甫工作很有魄力，北航筹建工作得到上级的大力支持，很快成立了北京航空学院，当年请清华大学和北京工业学院代为招生（见1952年《光明日报》上公布的北航新生录取名单），并分别借用清华和京工的分校舍办学，按新制订的五年制教学计划上课。同时，从高年级抽出一个班，转为五年制，专门制订教学计划，便于苏联专家指导中国教师进行专业课和毕业设计的教学，提前培养出高质量的毕业生。

1952年11月，教务长顾问别略可夫来华后与沈元教授一起在我院引进了全套苏联的教学体系，包括加强理论基础的五年制教学计划，以及与其配套的教学大纲和实验大纲、教学日历，规定各门课程的深度和课程之间的有机衔接；建立辅导答疑制度、考查考试制度，保证了学生的学习质量；确定学工实习和两次下厂的课程设计实习和毕业设计实习，加强培养工程师的实践能力，从而保证学生大学毕业后具有实际工作能力。后来证明：我院毕业生业务能力和实际工作能力都很强，受到各毕业生接收单位的好评，成为国家航空航天领域的中坚力量。各类型号总设计师、总指挥中约有三分之一是北航毕业生。

苏联教授来华时还带来了大批的教科书和参考资料（包括苏联学生完成的课程设计和毕业设计、实验大纲和实验说明书等），解决了我国航空教育发展初期缺少教科书的燃眉之急。

二、外国专家局

我在院长办公室是负责苏联专家工作的秘书。一次国务院外国专家局召开苏联专家工作秘书会，办公室派车送我到国际饭店，从此我们与外国专家局有了工作关系。这次会议的内容是布置国庆节请苏联专家参加国宴。当场发给我请帖，由我陪同苏联专家前往。

当年的国宴在北京饭店国宴厅举行。我和苏联专家的桌子被安排在大厅边上。而让我想不到的是，国宴进行中，周总理竟来到我们这桌敬酒，让我感受到了总理对苏联专家的欢迎和对航空航天高等院校办学的重视。

三、北京航空学院成立大会

1952年10月25日，在北京元大都古城之下、燕京“蓟门烟树”之畔，中华人民共和国第一所航空航天高等院校——北京航空学院诞生了。来自八大院校的航空精英在北京工业学院大礼堂（东皇城根原中法大学的礼堂）举行了成立大会。何长工副部长代表第二机械工业部宣布成立北京航空学院，并讲了话。

从此，10月25日成为北航的校庆日，而选这天作为成立日具有很深的含义。1950年10月19日，中国人民志愿军在彭德怀将军的带领下雄赳赳、气昂昂地跨过鸭绿江。1950年10月25日，中国人民志愿军打响了赴朝后的第一次战役，拉开了抗美援朝战争的帷幕。1951年，党中央决定将10月25日定为抗美援朝纪念日。将这天作为北航的校庆日，就是让所有北航人牢牢记住赴朝初期志愿军没有空军保护的惨烈教训，永远传承“空天报国”的北航精神。

杨待甫和沈元教授一起带领苏联专家选校址，原定在友谊宾馆旁边，即现在北京理工大学的位置。但苏联专家考察后认为不利于保密，后改为现在的校址（当时叫十间房）。

为了筹建新校，启用了院筹委会副主任王俊奎主持设计的新校舍方案。调进大批干部后，他退居顾问，但仍负责航院的绿化工作。现在的“大绿园”就是王俊奎领导规划的。

1953年6月1日，举行了开工奠基典礼，基建迅速展开。当时，我们到一号楼工地参观，看到没有任何机械，全靠工人手工搅拌混凝土，人挑肩扛上脚手架浇筑。上千工人的劳动场面非常壮观，最终以神奇的建设速度，实现了1953年新生到新校报到上课，全校职工集中到新校上班的目标。

当时在东皇城根原中法大学内的苏联专家工作的办公室，用的都是大地毯和大办公桌。我和管理办公室的同事一起费了很大力气才从三楼将它们搬到门外的卡车上。结果我的慢性盲肠炎复发，住进北京市第三人民医院。住院的半个月，杜巴索夫教授的翻译工作只好请原负责教授翻译工作的佘名叔承担。

那时北航新校整个是个大工地。学生在宿舍走廊吃饭。教工食堂在席棚里，四面透风。最初学生也在席棚里上课，冬天冻得手拿不住笔。而学校附近没有公共汽车，要进城就得步行到海淀镇乘331路公共汽车，洗澡也要走到海淀镇或清华大学。虽然条件艰苦，但是大家都沉浸在有了自己新校舍的幸福中。刚成立的北航学风非常好，学生都很努力，工棚里上课、路灯下读书，成为北航学子口口相传的感人故事。

为了方便苏联专家工作，学校专门建了一个小院，而且请来西餐厨师。这样苏联专家中午就能在小院吃午餐和在房间里休息。苏联专家及其家属住在友谊宾馆，由外国专家局管理。

当时，担任院长顾问和教务长顾问的两位苏联专家和其他专家，按照苏联航空高校的办学模式，认真协助北航进行教学改革。他们带来了全套苏联高校的教学资料和教材，建立了整套苏联教学体系，在全国可以说是独一无二的。其中王弼功不可没。因为他在苏联留学多年，熟悉苏联的教学体制，1951年在苏联商定聘请苏联专家计划时，他起了非常关键的作用。

杨待甫上任后，充分利用了王弼在任时筹备的资源，作出了一定的贡献，但也有一些偏激的决定。例如，坚持课时安排为“六节一贯制”，学生上午要连续上六节课，到下午一点多才能吃中饭，饿得学生受不了，连院长顾问杜巴索夫教授都对这种安排有意见，并且解释：苏联学生都是走读，学校没有食堂，中午又无法回家吃饭，只能从家里带点儿吃的或在小卖部买点儿吃的充饥，坚持上完课再回家吃饭，而中国学生住校，有食堂供应午饭，完全没有必要照搬苏联的做法。

四、规划北航全面发展

当年，我陪杜巴索夫教授参观了陈列飞机的停机坪和实验室。场上除美国的“黑寡妇”外，全都是破旧的活塞发动机老飞机。发动机实验室用作试验的则是汽车发动机，根本无法适应现代航空教学的需要。为此，杜巴索夫教授要我陪他到空军司令部。他先找到空军司令部的苏联总顾问，经总顾问介绍见到了时任空军参谋长的王秉璋，提出了我们的申请，并得到了空军的支持，空军调拨了报废飞机等航空器材，更新了北航的教学设备。

1954年前，帮助筹建北航的第一批苏联专家有9位。这些苏联专家除了帮助北航建校和建立教学体系，还帮助其设立了飞机系、航空发动机系和航空设备系。

1954年，杜巴索夫教授离任时提出：要建设现代航空工业，还需聘请一些与航空生产有关的苏联专家，建立有关的系和专业。他还提出了相应的苏联专家聘请计划，由我编制成文，领导批准后上报外国专家局。

杜巴索夫教授在回国前还建议，为了适应建设航空工业的需要，要建立航空冶金系和航空设备系，而且帮助北航聘请铸造、焊接、压力加工和金属学的苏联专家，并建议在航空冶金系下面设立相应的专业。当时航空设备系已经有航空仪表自动器和特种设备专家，后又聘请了无线电设备专家和航空设备施工专家。

院长顾问杜巴索夫教授聘期结束前，华东航空学院邀请他去分享苏联高等教育经验，为期三天。我陪同他坐火车到南京，住在南京饭店。华东航空学院建在中山陵旁边，校园非常美。杜巴索夫教授到后，日程安排得非常紧，从早上一直到晚上十点，不间断地谈话。我作为翻译，紧张地工作了三天，除了路过中山陵走马观花地逛了一下，哪儿都没有去。工作结束返京后，杜巴索夫教授就回国了。

北航初创时的苏联专家

过崇伟

1952年，在中国共产党的领导下，经全国人民的共同努力，完成了恢复国民经济的任务。中央提出了过渡时期的总路线，制定了1953年至1957年发展国民经济的第一个五年计划。为发展航空工业，中央决定组建北京航空学院，我就是在当年（1952年）考入北航的。1952年10月25日，我有幸参加了在东皇城根原中法大学礼堂召开的北航成立大会，成为学校招收的第一届学生，毕业后留校任教。这次学校为本书约稿，勾起了我70年前的学习生活和向苏联专家学习的一些回忆。

一、建校初期的苏联专家

1952年，我考入北京航空学院，是由北京工业学院代招的。处于筹备阶段的北航，房无一间、地无一垄，是一张白纸。录取通知书上的报到地点是东皇城根，我坐了两天一夜的火车到了北京前门火车站。一下车我们就见到了接站的校友，他们热情地帮助我们拿行李到接待处报到，然后送我们上接站的汽车，将我们送至车道沟的延安大楼。这座楼高四层，外观、内设都很漂亮，在当时的北京并不多见。因为刚落成，大楼还未通水，早晨洗漱要在楼前排队用压水机取水。初冬若遇上寒流，必须先用热水化冰才能启用压水机，取水非常艰难。一个多月后，楼内通水了，不仅有冷水还供热水，学生的欣喜之情难以言表。当年我们住在楼内，但上课在大楼东侧类似工地库房的平房内，我们很感谢清华大学和北京工业学院的帮助，在北航初建时让我们有了安身之处。

1952年9月，8所航空院系的师生全部到京，精兵强将到齐了，但存在两个问题，影响学校进入正常工作状态：一是我国老一辈航空专业精英都是接受欧美体系教育成长起来的，对社会主义单科性的航空大学如何建立与建设不甚了解（苏联有这方面的经验，当时苏联的航空学院有好几个，莫斯科航空学院是其中的佼佼者）；二是航空工业人才的培养方法、途径等，如培养目标、学校规模、学制、专业设置、课程设置、教学计划、教学大纲等都尚未确定，因此急需借鉴苏联航空学院的办学经验。

遵照中央"先搬过来后再消化"的学习苏联的方针，当年8—11月首批9名具有丰富教学经验的苏联专家陆续受聘来校工作。

首批来北航工作的苏联专家有理论空气动力学专家杜巴索夫（院长顾问）、飞机工艺专家别略可夫（教务长顾问）、飞机设计专家契霍宁等。他们带来了北航办学急需参考的教学文件（教学计划、教学大纲，教材和资料等），真可谓雪中送炭。

入学后，我学的是飞机设计专业，课程设置和教学计划基本照搬苏联相应专业的教学计划。当然亦有差异，如政治课，按照我国特点设置了"中国革命史""政治经济学"和"马克思列宁主义基础"；外语是俄语。纵观苏联的教学计划，重基础，如对飞机设计专业，技术基础设置很丰满，有"机器零件""机械原理""起重运输机""金属工学""金相学"和"热处理""公差和技术测量""金属切削刀具及机床"等课程；专业基础课和专业课充实、新颖、实用，如空气动力学相关的课程有"理论空气动力学""实验空气动力学""飞机的气动力计算"和"飞机的操纵与稳定"。这些课程注重实践，学习难度大，但实用性强。

课程安排（学制五年）：前两年以基础课为主，第三年以学习技术基础课为主，后两年以学习专业基础课和专业课为主。从第三年开始安排课程设计，每学期都有一个大型作业：三上为减速器设计，三下为起重机械设计；四上为模具设计，四下为飞机零构件设计；五上为飞机部件设计，五下为毕业设计，包括飞机的总体、部件和几个典型零构件的设计。去外地飞机制造厂生产实习有三次：第一次安排在三年级下学期考试结束后、暑假开始前进行，内容以机械加工和钣金工艺为主，抽选部分学生按二级车工、冲压工的标准考工；第二次安排在四年级下学期考试结束后进行，内容以铆接装配和总装为主，鼓励学生上型架进行实际操作；第三次安排在五年级上学期结束，以设计员助手的身份参与设计室的工作。

我第一次的生产实习是在沈阳112厂，在冲压车间通过了按二级冲压工标准的考试；第二次（实习内容是部装与总装）和第三次生产实习都在南昌320厂。我第三次实习内容是参加安-2多用途飞机的试制，在模线样板车间画理论模线、结构模线约三个月。这样的实习只有部分学生参加。回校后，我们的毕业设计只做总体设计，免除部件和零件设计内容。

教材方面，早期使用的苏联教材占80%，我们一年级第一学期使用的高等数学教材因来不及装订，直接用的是留有墨香的大印张。

学习苏联经验带来的另一个变化是学习的考核方法，全部采用口试。我们五年内所有考试都是口试，唯一例外的是金属工学，因主讲教师年龄偏大，无法应对一对一口试，所以采用笔试。材料力学考试更具新意，考试分两个阶段进行：先考计算题，结果正确，再抽考理论题；如计算题结果有误，那就离场不再考理论题了。因此，学生对这门课的考试都心存恐惧，将这门课称为“门槛课”，意为如果补考还通不过，即跨不过这个“门槛”的话，那就有退学的危险了。口试的优点是有利于教师了解学生对知识的实际掌握情况，也有利于学生展示自己的水平和能力；缺点是教师的投入大、出题难，每份卷子难以全面照顾到本门课程的诸多重点内容且无重复，难以做到每份卷子公平公正。

苏联专家常到教学一线了解情况，看望任课教师或学生，听取意见，提出建议。一天，有位苏联专家到我们教室听课，那天是厉声林教师讲画法几何课。也许有人会问：苏联专家听不懂汉语怎么听课？虽然他们听不懂汉语，但他们可通过教师的板书、挂图、教具、手势及学生的反应等了解教学的情况，作出评估，并提出意见和建议。

我们是北航自主招生的第一届学生，经历了北航从无到有、从小到大的历程，对这个阶段的印象特别深刻，回忆起来深感亲切、激动。

二、向苏联学习，我们是首批受益者

入学三年后，即1955年的第四季度，我们进入专业课学习阶段，这意味着要开始学习飞机设计了。此时，在北航工作的苏联专家契霍宁已经回国。虽然我与他从未谋面，但契霍宁在北航工作期间留下的成果对我们帮助很大。学习飞机设计就要了解飞机的构造，一个高水平的设计师，脑袋里都应装有多个典型的飞机结构方案。1955年，契霍宁回国时，我校的飞机构造陈列室已初具规模，各类机翼、机身典型的结构形式都有陈列，如单梁式、双梁式、单块式机翼，桁架式、桁梁式、桁条式和无桁条式（硬壳式）机身，固定式、收放式起落架等。收放式起落架包括起落架舱的舱门，可以现场演示收起、放下的情况及其相应的运动图，位置和运动情况都与原机相同。所谓“外行看热闹，内行看门道”，看清内部的结构情况，如梁、墙、桁条、普通翼肋、加强翼肋、普通框、加强框等的构造与相互的连接关系，特别是一些关键部位，如外翼和中翼的相互连接关系及其结构方案，就是学生应该重视的“门道”。为此，我们必须将这些部件的局部扒开或切开一个剖面。这些扒、切、点、面都不是随便定的，是学生最应该看的关键部位，而且应是最佳的观察点、面。苏联专家经过仔细思考后确定，再手把手地教工人师傅如何下手扒、切，因此每一个切口都饱含了苏联专家的智慧和心血。他们的劳动成果提高了我们的学习效果。静动力实验室当时号称亚洲第一，我们在此做过起落架的落振实验。后来的“北京一号”“北京四号”“靶六”等型号也曾在这里进行试验。

可以说，当年北航的每一份教学文件、每一本教材，每一座建筑，以及同行称道的北航楼距大、窗户大、楼梯宽、走廊宽……一楼一厅、一草一木，无不饱含了苏联专家的智慧与心血。我们则是首批受益者。

1957年毕业后，我留校任教，被分配在飞机构造与设计（101）教研室任见习助教。第一学期的教学任务有三项：第一项是为三系53级发动机设计专业开设飞机构造学课程，杨国柱教师主讲，我辅导；第二项任务是指导本系54级一个小组的零件设计；第三项任务是指导本专业53级赴南昌320厂进行毕业实习，詹承禹教师带队，我当助手。之前我是学生，与苏联专家直接接触的机会几乎为零，他们在台上，我在台下。难得有一次和专家同听一堂课的机会，即前面提到的画法几何课，厉声林老师讲完后，苏联专家讲评，也是他讲，我听，没有对话，没有交流。毕业后我的身份变了，是教师了，虽然在见习期还算不上真正的助教。接替契霍宁来北航工作的苏联专家是库兹明。为了便于向专家深入学习，教研室安排了两个专题请专家指导。一个是轻型旅客机的设计，由张克明教师负责；另一个是高空高速飞行器的设计，由俞公沼教师负责。这两个专题后来发展成了“北京一号”和“北京四号”。当“北京一号”要上马制造、上天时，苏联专家就成了活字典和百科全书。飞机和发动机的设计问题，各种系统的制造、检验问题等，都被提到专家面前，并都得到了一定程度的解决。“北京一号”被设计制造出来并顺利地上了天，不仅在当年国庆节前后试飞成功，而且从北京出发，经济南、徐州、南京，直至上海，飞了个来回，航程2 500千米。

“北京一号”要进行研制，我是在南昌320厂作为詹教授的助手指导53级本专业的毕业实习时听说的，而且是从学生那里听说的。回校以后，我立即投入当时的中心工作——“北京一号”的研制。先到总体组，在张克明教师（当时任“北京一号”主管设计师）手下打杂，后被调至动力组，负责燃油系统的设计工作。尚未完全结束时，领导对我说："你在320厂搞过模线样板，现在要考虑生产问题了，你去筹建模线室。"可工作还未展开，102教研室就接管了模线样板室，我就退出了。此时领导又要我和李晨光一起拟定试飞大纲：飞行前的准备、滑跑至离地这部分大纲由我负责；离地后的飞行大纲由李晨光负责。这期间我与苏联专家的直接接触并不多，但间接听到的议论不少，如苏联专家的工作动态、我们的教师提出了什么问题、专家是如何回答的等。概括起来我对苏联专家的看法是：和蔼可亲、工作热情、知识面宽、有问必答、既能动脑也能动手。对于一些外形较复杂、难于加工的零件，苏联专家还可以演示，手把手地教，真是难得的飞机设计专家。

在初步设计阶段，为确定外形或一些总体参数时，常常需要应用一些统计数据。这些数据一般会有一定的变化范围，有时范围还很大。怎样才能获得和使用这些统计数据呢？一是从中寻找类型、总体性能相近的飞机的数据；二是分析这些统计数据发生差异的前因后果，为什么大了或小了，大了或小了影响什么，分析清楚了就知道该怎么取了；三是如果分析不清，那就只能取其中值了。在初步设计阶段，确定静稳定度、升降舵和副翼面积等问题经常出现，苏联专家处理这些问题的方法和思路，在当时总体组内被广泛传习。

三、苏联专家帮助我们建设新专业

1956年是我国第一个五年计划的第四年，年初在北京召开了全国十二年科学规划会议，强调发展火箭和喷气技术等国防尖端技术，还建议在建立导弹研究机构（五院）的同时，在北航建设导弹设计、火箭发动机、导弹控制等专业。北航闻风而动，抽调师生筹建导弹设计和火箭发动机设计专业。1958年7月，北航成立了火箭系（六系）。之前武光院长作为高校代表团成员访问苏联，与莫斯科航空学院等学校签订了友好互助协定，并与苏联教育部商定了聘请火箭专家。

1958年"北京一号"首飞成功后，我受派去国防部参加美制"响尾蛇”导弹残骸的分析、研究工作。几天后，工作尚未展开，我又回校办手续，转去火箭系（六系）弹道导弹设计（601）教研室。从飞机设计（101）教研室转至六系的教师有6人，我是其中最年轻的。到了六系，我们先在“北京八号”（中程弹道导弹）发动机架组参加设计，完成后，我们又从弹道导弹设计（601）教研室分离出来，组建有翼导弹设计（602）教研室。6位教师通力合作，合编了《导弹概论》讲义。1959年5月初，我受派去株洲331厂参加我国第一代空空导弹“霹雳一号”（PL–1）的试制，1959年12月底回校，准备向即将来校的苏联专家捷尔诺布罗夫金学习，这是当时我们教研室最重要的工作之一。

除了咨询教学、科研、实验室建设和专业发展方向等问题，为了向苏联专家深入学习，还有以下主要途径。

一是讲课。由苏联专家讲授“有翼导弹的总体设计”。当时我们从飞机设计（101）教研室转到火箭系（六系）搞导弹，都不了解导弹，通过听专家讲课，我们增加了对导弹的了解。2020年，随着最后一颗卫星并网，我国“北斗三号”卫星导航系统全面建成。实际上早在60年前，苏联专家已在“有翼导弹的总体设计”课中讲授了卫星导航系统的工作原理，分析了其优缺点，还讲了弹体的结构振动与控制系统的谐振问题等重要内容。

二是带专题研究。抽调教师在苏联专家的指导下进行专题研究，如“导弹气动形式的选择”等专题。

三是指导型号设计。1960年初，根据航空工业部召开的院校长会议提出的“大发展、大提高、大团结、大协作”的精神，由哈工大、西工大、京工、南航、成电和北航六校合作研究的科研项目上马。该项目有两个子项目：其一为中程弹道导弹（119–1）的研制，由北航抓总；其二是地对空导弹（119–2）的研制，由西工大抓总。指挥部设在北航，武光任总指挥，京工魏思文校长任政委。由西工大抓总的项目，参研人员本应集中到西安，但因北航有苏联专家，为便于向专家学习和咨询，所以不是北航人去西工大，而是西工大人来北航。但此任务在完成总体设计后，因国家正处于困难时期，难以为继。

当时苏联的有翼导弹技术先进，处于国际领先地位。著名的C-400地空导弹是俄罗斯军工外贸的拳头产品，享誉世界。

来我们专业的专家捷尔诺布罗夫金的学术水平很高。其与列别捷夫合著的《无人驾驶飞行器的飞行动力学》一书，气动力计算部分就是他撰写的。捷尔诺布罗夫金修身慎行、性格谦和，专长是气动力的工程计算。602教研室主任张锡纯以访问学者的身份在莫斯科航空学院进修时就与他熟悉，所以捷尔诺布罗夫金来北航工作，两人一见如故，相互配合得很好。他与北航的教师相处得也很和谐。

这段时间，我边听“有翼导弹的总体设计”，边听飞行力学（608）教研室专家列别捷夫的“飞行动力学”，参与型号（119-2）研制时，再“吃点儿小灶”，天天有学到新知识的感觉，业务上进步迅速。教研室将主要专业课“有翼导弹总体设计”交给我主讲，职称由助教提升为讲师，这成为我人生中精彩的一页。

苏联对华援助的大门并不是永远敞开的。对来自中国的访问学者先是不让去工厂，后来只能接触火箭不能接触导弹，回国时要检查携带的行李物品，不准夹带资料。来华工作的苏联专家携带的技术资料要存放在大使馆内，需要时再到大使馆查阅。当然，苏联专家在华工作时要遵守其国家的规定，这可以理解。我们与苏联专家的交往还是和谐的，没有感到别扭、尴尬，在允许范围内，可以充分交流。

随着中苏关系的不断恶化，苏联单方面撕毁合同，下令在华工作的专家全部撤走。至此，苏联专家到华工作画上了句号。

饮水不忘挖井人。是苏联专家扶我们上马，并送了我们一程，让北航驶上了快车道。北航师生会永远铭记这份友谊。

建校初期那些难忘的回忆

叶云鹏

1950年2月，《中苏友好同盟互助条约》签订，接着安排了156个重点建设项目，进入了改变中国一穷二白面貌的苏联援助阶段。1952年10月，在抗美援朝战争与国内极端困难的关键时刻，党中央高瞻远瞩，先后建立了一批新的高等院校。北京地区除清华、北大、北师大等历史悠久的大学外，还把中华人民共和国成立前的高校航空系合并组建为北京航空学院，同时创建石油、地质、医学、邮电、钢铁、矿业、农机等院校。北京航空学院就是为国家培养航空科技人才的，我有幸成为1952年第一批被北航录取的学生。

入学初只有临时校舍，师生住在清华大学和北京工业学院的校舍内。1952年10月25日，北航在北京工业学院礼堂（东皇城根原中法大学的礼堂）宣告成立。杨待甫任副院长兼总支书记。学校特聘的首批9位苏联专家先后到任。当时有教职工260名、本专科生737人、研究生26名，全体师生充满干劲，决心排除万难，一步一个脚印地学习苏联先进经验。基建、教学改革都紧张、有序、快速地推进，很快开设了34门课程。学生无食堂、无教室，席地通铺做宿舍。上课、开会都在红砖小平房内，一切虽很简陋，但处处充满生机。我住在西郊车道沟延安大楼内，清晨，只要起床号一响，大家立即起床、快速洗漱，冲出校门沿公路跑到紫竹院再返回（3 000多米），回校吃早饭，然后上课。这种晨跑健身活动成为当时学生承担繁重课程的一个很好支撑。

1953年秋，暂住清华大学与北京工业学院的师生迁入北航新址（柏彦庄）。尽管那里还未建成，但在党的坚强领导下，苏联专家、师生、建筑工人团结一心、共同努力，按照苏联的援助计划，全面建设北航。当时，只盖好两幢学生宿舍，用水要靠手动抽水机，吃饭无定处，上课在工棚。杨待甫副院长做报告时，把苏联援建与上级批准的计划讲得有声有色。很快，一号系楼（四层）封顶、东饭厅建成投入使用。大量苏联教材来不及翻译，学校组织教师参加俄文突击班，进行突击培训。没有操场，学校就发动师生参加义务劳动。校内新楼一个接一个竣工，教研室、实验室、实习车间、教学区、学生宿舍、教工住所、校医院、绿化区等逐步完善。一个庄严、朴素、生气勃勃的北航开始运转。同学的学习非常紧张（星期日很少休息），但在听课、作业、考试、下厂实习、帮助调干生（入校工农优秀青年）补课等教学环节中，都深深感受到苏联航空教育的先进性——不仅可提供扎实的理论，而且能与航空实践相结合。经过五年的培养，年轻的学生逐渐成长为航空工程师，都从心里感谢苏联专家的教导和帮助。

在党的培养和教导下，那个年代的学生有理想、有抱负、刻苦好学、重视锻炼，随时准备投身祖国的建设事业。我们在东北航空工厂实习时，切身感受到苏联专家的帮助，不由产生感恩的心，但怎样来表达呢，参加航模活动的同学建议：制造一架木质米格-15飞机，参加国庆节游行检阅，既能表达对苏联专家的感谢，也能表示北航学生所负的使命。这一建议得到大家的赞同，确定由航模小组制作一架木质飞机，抬到天安门接受毛主席的检阅。大家兴致勃勃，经常议论。一天几个同学建议，为了让每个同学都能参加感恩活动，可以开展象征性长跑到莫斯科的活动。这一建议立即得到广泛、热烈的支持，加上1953年毛主席号召做三好（身体好、学习好、工作好）学生，52级飞机设计专业的同学很快就组织了一个“北京—莫斯科”的国际象征性长跑活动。每天早晨都有统计员记录我们长跑的距离，直到1957年下半年，参与活动的同学共跑完12万多千米。这一活动，历经数年，也推动了北航群众的体育活动，如田径、球类、航模、射击、武术、跳伞、摩托、野营等，并完成了国家1954年推行劳卫制（准备劳动与卫国）中的多个项目。

1957年，飞机设计教研室主任建议在苏联专家库兹明的指导下，通过毕业设计，自制一架真实的飞机。后经上级审批，周总理同意拨款15万元支持北航创建新型号。全校师生兴高采烈，掀起了“百日造出一架轻型客机”向国庆献礼的高潮。经过一百天的奋战，1958年9月24日，“北京一号”在首都机场升空试飞，并在京沪航线上成功飞行2 500千米。紧接着，“北京二号”“北京五号”也相继试飞成功。1958年9月底，北航举办了向党中央、军委、各兵种领导汇报“十一”献礼的展览。周总理与元帅们参观后，都认为北航结合中国实际，贯彻党的教育方针取得了新成果。

在苏联专家的帮助下，经过五年艰苦奋斗，到1957年暑假，北航共培养毕业生419名。这些毕业生后来成为各设计院所、高教系统的骨干，为中华人民共和国航空航天事业自主研发打下了坚实的人才基础。

感谢、怀念苏联专家为北航作出的努力和贡献。

苏联专家帮助北航设立计算机专业

陈　忠

北航建校的时间是1952年10月25日，正是中国人民志愿军抗美援朝的纪念日。选定这个日期，表明了北航的定位是国防院校。当时名为北京航空学院，定位是为我国培养航空技术人才，给国家造飞机，强化我国的空军力量。那个时期来北航的苏联专家较多，前后共有60位。从院长顾问到很多专业教研室都有苏联专家的身影。

我于1953年入校，学的是特种设备专业。刚进校，赵震炎主任带着我们与罗新专家座谈，主要介绍什么是特种设备，为什么叫特种设备，答案是搞机载航空武器，即飞机上的机枪、机炮，包括弹舱、弹架等武器装备。与一般设计飞机不同，这个专业保密性更强。北航作为国防院校，学生进校要进行政治审查，学这个专业还要做二次审查，并签保密协议。记得当时苏联专家说："特种设备专业是研究航空军械、航空武器的，等到将来全世界和平了，不打仗了，学这个专业的搞机械设计、农业机械，也是顶呱呱的。"

在北航，学这个专业的学生在电气、机械专业领域都比较强。1958年，我们到科学院计算所进修时，需要做结构设计、机械设计，并把结构原理图拆解成零件图，我们都很好地完成了任务。对于我们的表现，当时的室主任说："北航出来的人，能力确实比较强。"

听科学院的前辈讲，他们从苏联学习回国后，计算机的外部设备、框架设备都是自己设计和制作的。那位工程师说，因为保密，在苏联到资料室看资料不准带笔记本，更不准带录音设备，只能用铅笔在纸上乱画（别人看不出来，只有自己知道什么意思），并把图记在脑子里，回来以后再把它复原。那时苏联对我国也不是完全开放的，而是有所保留的。前辈讲这个故事就是要告诉我们：应该自力更生、奋发图强，才不会受制于人。

大学四年级，我被提前抽调出来，到科学院进修计算机。当时的教研室主任是北航计算机专业的创始人陈望梅教师。我开始做辅导教师，跟着胡建平教师辅导“计算机理论与设计”，后来讲课，讲计算机的二进制，讲计算机的元器件，含存储器、控制器、外部设备等。

1959年到1960年，我们系来了一位苏联计算机专家——阿芬纳斯也夫，我们平常都叫他“阿老师”。他帮助学校建实验室、培养青年教师，带我们设计、制作乘法器（用电子元器件组成）。

这个阿老师特别好，参加过苏联的卫国战争，亲身经历了莫斯科保卫战，而且负过伤，被子弹打穿了脸，能从战争中生存下来非常不容易，所以他非常热爱和平，反对战争，对我国的建设很支持。

我们跟着阿老师做了一个使用磁带的专用机设计。因为每个星期都要向他汇报，所以接触较多。他拿出一份材料，是苏联培养研究生的一个设计方案。我们先将它翻译弄懂，然后把元器件画成结构图、做成插件，再拿给专家审阅指导。除了带我们设计，他还给我们青年教师讲课。外单位来听课的很多，包括当时的北京工业学院、南京航空学院和成都电讯工程学院都有人来北航听课。平时授课内容都是保密的，笔记本上课前发，下课就收走，并放在保密箱内交保卫处保管，因此下课后没有办法通过笔记复习。

每逢过节，我们都会带些礼物看望苏联专家，有时还陪他们去颐和园坐船游览观赏风景。当时的俄文翻译是王震华教师，苏联专家与他接触最多。王震华教师的翻译水平比较高，苏联专家讲课时，他能很流利地翻译出来，并将苏联专家所说的专业术语用中文写在黑板上。我上大学时虽然学过俄语，但只能看专业书，沟通交流还不行，都要依靠翻译。

1953年我国进行大规模经济建设时，基本是向苏联“一边倒”。我们原来的教师都是从国外（如美国、英国）留学回来的（如沈元院长），他们在文化方面与苏联专家的差异并不明显。当时，苏联文化对我们影响很大，所有课本都是苏联教材，并曾一度采用“六节一贯制”（7：30上课，12：30吃午饭，连上6节课）。北航一号楼、二号楼等都仿照了苏联高校建筑的布局风格，如一进教学楼，旁边有个衣帽间，是挂大衣的地方（苏联很冷，人们常穿大衣，进入教学楼，脱下的大衣要挂在专用衣柜内，再进教室上课）。

后来中苏关系紧张，苏联专家开始撤离。阿老师临走时，把很多计算机的讲义、胶卷都留给了北航，包括当时刚出现、我们国家还没有的晶体管也留下来了。这位具有国际主义精神的苏联专家，为北航计算机专业的建设作出了很大的贡献。

苏联专家帮助建立火箭系

张炳暄

北京航空航天大学成立70多年了。在学校诞生时就身为教师的我，亲眼看到了母校的发展壮大。70多年来，北航为我国特别是航空航天领域，培养了众多科技人才，其中很多人成为该领域的骨干。

回想中华人民共和国成立初期，美英等悍然入侵朝鲜，进而剑指我国，伟大的抗美援朝保家卫国战争粉碎了他们的罪恶企图。而抗美援朝战争期间志愿军武器装备落后的现实，使我国领导人深感建立强大空、海军的重要性，以及尽快拥有火箭、导弹和原子弹的紧迫性。

当时，中苏关系良好。首批9名苏联高教专家来到北航，帮助建立飞机与航空发动机系和相应的专业教研室。之后北航又聘请了包括火箭和导弹方面的一批苏联专家来校援助。

北航新建的火箭系，对外称六系，成立于1958年，从校内其他系抽调具有相应专业知识的人员组成教师队伍。我原是空气动力学教研室的教师，被调到该系导弹飞行力学及控制教研室（608）工作。当时的室主任是赵震炎教师，我被任命为教研室副主任。原空气动力学专业毕业班的一些同学也提前毕业进入教研室工作。

来自莫斯科航空学院的列别捷夫教授专门帮助教研室建立相应专业并进行示范教学。为便于大家更好地交流沟通，学校为列别捷夫教授配备了专职翻译。

新建教研室的首要任务是建立“导弹飞行力学及控制”专业。苏联专家和教研室正、副主任一起研讨，大致确定了培养目标和教学计划。随后列别捷夫教授草拟了“导弹飞行力学及控制专业”的教学计划，确定了培养目标，提出了应设置的课程，除设立本专业专门知识的课程外，还有“火箭导弹设计”“液体和固体火箭发动机”“自动控制”等多门课程及毕业设计，并以此范本确定了专业的教学计划。由于弹道火箭和有翼导弹的构造与飞行方式不同，两者的飞行力学及控制有差异，因此，为使学生能掌握这两方面的专业知识，赵震炎教授着重于有翼导弹的飞行力学及控制内容的研究和传授，而我则侧重弹道火箭的飞行力学及控制的课程开发与建设。

因为苏联专家在示范讲课中较详细地介绍了有翼导弹的飞行力学及控制的相关内容，所以赵震炎教授就以此为基本内容编写了“有翼导弹飞行力学及控制”课程讲义，而我则根据能收集到的资料及自我理解编写了“弹道火箭飞行动力学”讲义，作为内部使用资料印刷。

列别捷夫教授为火箭导弹系的教师和科技人员做了示范性讲课，不少外校教师和相关人员经审查批准后也前来听课。专家讲课的内容主要有两部分：实用气动力性能图册和有翼飞行器飞行力学。“实用气动力性能图册”是我起的名字，实际上是莫斯科航空学院教师和学生多年的科研成果，对机翼锥体等飞行器部件，均有相应的气动力性能图线，通过图册可查得在亚声速、跨声速和超声速不同飞行条件下的气动力性能。这些气动力性能图线综合了理论计算结果和实验数据，在跨声速条件下，图线的数据取自系统的实验数据。莫斯科航空学院学生做课程设计特别是做毕业设计时，常涉及飞行器的气动力性能，因为图册中的气动力性能图线具有理论计算和实验数据的依据，所以使用手册得出的气动力性能估值对科研和初步设计都很有参考价值。“实用气动力性能图册”经专家讲授后，听课者均感兴趣，为此教研室专门设置了一门课程让专业学生学习，并将图册作为教材使用。至于有翼飞行器飞行力学的部分，列别捷夫教授有意将其拓展为无人驾驶飞行器飞行力学进行讲述，也引起了听课人员的兴趣。

苏联专家讲课时，原定由夏培厚担任课堂翻译，但由于他缺乏相关知识，特别是导弹空气动力学方面的知识，而“实用气动力性能图册”的专业理论性较强，导致他在翻译时不能充分表达苏联专家的意思。我也是听课者，但当时已通过刻苦自学俄语、阅读俄文科技书籍及翻译苏联高等教育教科书《空气动力学》等较好地掌握了科技俄语。苏联专家的课程我不仅能听懂而且受益匪浅，于是萌发了一个大胆的想法：由我接替夏培厚担任苏联专家的讲课翻译。

荣任苏联专家讲课翻译初期，我担心不能胜任，很紧张。但我翻译时精力集中，在列别捷夫教授的讲课翻译过程中没有发生任何不协调的情况。之后，在课堂上我更放松，翻译时神态更自然、更自如。列别捷夫教授也很高兴，讲课时可以自由发挥和补充更多的科技内容。当看到听课者满意的笑脸，我非常高兴。

有翼飞行器飞行力学部分讲课内容与实用气动力性能图册相比，更易翻译，听者也易接受。赵震炎教师将此部分内容作为参考，编写了《有翼导弹飞行力学》讲义。按苏联专家制订的教学计划，教研室培养出了首批“导弹飞行力学和控制”的毕业生，这批毕业生也走上了国家急需的岗位。

建校初期学习苏联的往事

张　行

中华人民共和国成立后，学习苏联的教育经验是当时历史条件下的一项重要举措，也是改革旧式高等教育、培养新中国经济建设人才的迫切需求。1949年以来，我国的教育发展历程即是在继承和借鉴基础上不断改革和创新的过程。

1952年，北航机械零件教研室邀请来访的苏联专家座谈。座谈中，我校教师向苏联专家询问：在航空院校机械零件课中为何讲授起重运输机这门课？苏联专家回答：苏联是五年制大学，培养目标是学生毕业后即能胜任工段长或车间主任工作。

1952年，我在北航举办的俄语班学习。由于中苏文化协定的签订，俄文书籍物美价廉，而且既重视理论分析，又注重联系工程实际。例如，《薄壁结构力学》涉及飞机的受力分析和强度计算，对于后掠机翼和三角机翼的力的传递路线均进行了透彻的分析和研究。

1953年，我被分配到材料力学教研室工作。当时向莫斯科航空学院学习，实施“六节一贯制”，上午是理论课和习题课；下午学生上实验课和完成课堂作业；晚上进行有关理论课内容和习题的答疑。在习题课中，教师进一步提出若干问题，与学生探讨和交流，尽量当场解决学生习题中的问题。“材料力学”课选用的教材是苏联别辽耶夫教授的著作《材料力学》（或名《材料强度》）。

在苏联教育思想的影响下，我校“材料力学”课的考试命题和考试方式也进行了相应的改革。材料力学考试题目包括两类：计算题和理论题。每张试卷均有不同，计算题由辅导教师出，理论题则由讲课教师出。考卷数量比考生的数量略多。计算题要求命题教师亲自做过，以保证公式和计算准确无误。每张考卷还要经教研室全体教师审查，以保证符合教学大纲要求。此外，考试前教师须进行大量的答疑工作。考试中考生的计算题如若未达标，教师要对其进行启发，并等待考生作答，尽量使考生完成，否则考生将不能参加理论题考试而导致考试不通过。

第二次世界大战后，苏联著名教育实践家和教育理论家苏霍姆林斯基提出：学校教育的理想目标是培养全面和谐发展的人才。针对当时苏联学校教育的弊病，他认为："没有也不可能有抽象的学生，每个孩子都是一个世界——完全特殊的、独一无二的世界。"和谐的教育要求不要以分数取人，不要只用一把尺子去衡量学生，不要让上课、评分成为人的精神生活的唯一内容。为了培养全面和谐发展的人，就必须深入地改进整个教育过程。

1960年，时任五系主任的王德荣教授通知我为强度专业的高年级学生首次开设"蠕变理论"课。该理论是为高速飞行器设计提供理论基础。我在北京地区及航空系统进行调查了解，均未能发现适合的教材。正着急时，我在外文书店发现了苏联卡恰诺夫主编的教科书《蠕变理论》，于是我就以此书为基础写出讲稿，顺利完成了教学任务。杨乃宾教授就是当时的学生。这件事说明，当时学习苏联确有必要。苏联是世界上第一个社会主义国家，苏联的社会主义建设模式和科技成就为其他社会主义国家提供了宝贵经验。直至目前，俄罗斯在与国防密切相关的科学技术研究方面依然不逊于美国。

毛主席在《关于正确处理人民内部矛盾的问题》中提出："我们的教育方针，应该使受教育者在德育、智育、体育几方面都得到发展，成为有社会主义觉悟的有文化的劳动者。"借鉴苏联和西方教育成功经验的同时，只有根据我国国情，克服存在的缺陷和弊端，不断改革和创新，才能使我国的教育事业取得长足的进步。

我对苏联专家的印象

陈懋章

我是1952年入学的北航首届本科生，在学生时期，没有直接和苏联专家接触的机会，1957年毕业留校任教后，了解到一些情况。

1952年北航建校初期就到我系的苏联发动机专家赫罗宁，在系里工作了三年。接替他的尼基景也是发动机专家，两人都来自莫斯科航空学院。中华人民共和国成立前，我国一些大学虽有航空系，但没有专门的发动机系，在这方面更没有系统完整的教学计划和相应的设施。这两位苏联专家把莫斯科航空学院发动机系的一整套计划搬过来，对发动机原理和构造方面的课程设置、教材编写、实验室和陈列室建设等都进行了规划，而且指导实施，使北航发动机系建设初具规模，开始走上正轨，并为今后长远发展打下了很好的基础。发动机系是北航建校初期仅有的两个系之一，两位苏联专家的贡献尤为重要。

1957年春夏，短期到我系的叶尔索夫，来自哈尔科夫航空学院，讲授“叶片机原理”。这门课是发动机系的主要专业课之一，对我系的教师系统学习和实验设备建设都起了重要作用。

1959年，学校拟派范作民和我到苏联进修，临时给了我们一个房间，向莫斯科航空学院的谢尔盖尔专家学习俄文。他是燃烧学专家（1958年9月至1959年8月在北航），编写了厚厚一大本讲义，内容非常丰富、切合实际。例如，燃烧学中，包括层流燃烧、湍流燃烧、层流和湍流火焰传播、喷油雾化、油滴换热、雾化、燃烧、小孔射流掺混等。这些内容，表面看没什么特别之处，关键在于所涉及的知识很深很细，所要求的科学知识远远超出了大学本科的范围。其中很多内容，甚至我在1979年到英国帝国理工学院做访问学者，专门研究湍流问题时，才逐渐真正理解其价值。可以说，这本讲义都是真材实料，很多还是学科前沿的内容。这既反映了苏联专家的学术水平，也反映了他们认真、友好的态度。当我在英国回想这些讲义内容时深深感到，苏联确实有很深厚的科学技术基础，能在世界上第一个发射人造地球卫星，第一个把人送入太空，能长时期占据世界军事强国位置，绝不是偶然的。除了学俄文，学校也安排了少量时间让我们单独练习对话。后因我大哥在美国，苏联未同意我去，范作民去了。到苏联进修虽未成行，但那段时间我在专业和俄文方面的学习都很有收获，并且从学术上领略了苏联专家的深厚功底。

往事不是烟　记忆在心间

王春熙

北京航空学院成立于1952年10月25日，同时它也是抗美援朝纪念日。我于1953年10月2日来北航，被分配到院部办公室（曾改名院长办公室）担任接待和文书工作。1988年，北京航空学院更名为北京航空航天大学。

中华人民共和国成立之初，中苏两国签订了《中苏友好同盟互助条约》，苏联开始对我国各个领域进行支援，北航作为中华人民共和国第一所国防航空高校，名列其中，受益匪浅。

一、苏联专家为校园规划和基本建设献计

北航成立之初，苏联派出了以杜巴索夫为组长兼院长顾问的多名专家来校。当时的一项重要工作就是参与校园的规划和建设。有两件事给全校师生留下了深刻印象。

第一件是参考苏联专家的建议，把校区划分为教学区、学生宿舍区和教工住宅区，事实证明这样的划分是科学合理的。与这些规划同步，校方开始植树造林、挖池填坑、堆土成丘，使北航校园林木茂盛、曲径通幽，成为观赏、学习、生活和文娱活动的乐园，深受北航人的喜爱，也受到校外人员的普遍好评。北航的校园规划和建设堪称一流，被称为优秀校园，名副其实。

第二件是1952年开始招的新生与原来8所高校的航空专业学生合并到现在的校区上课。当时没有教学楼，只能临时搭建工棚，上课条件十分艰苦。苏联专家虽住在友谊宾馆，但他们在北航的工作条件却艰苦，

所以基础建设是北航当时的主要任务。北航首先要开建的是第一教学楼即现在的一号教学楼，为了省料省工省时省钱，采用与苏联楼型相似的四层平屋顶设计方案；后盖的二、三、四号楼也一样，并且南北对称；1956年又盖成了主楼，老主楼为六层楼，同样简洁大方，位居一、二、三、四号楼的中心，成为北航重要的标志。40多年后，校领导又把一、二、三、四号教学楼与主楼以回廊的形式连接在一起，成为北京高校中的保护性建筑。这两件事体现了苏联专家对北航规划建设的贡献，也体现了北航领导向苏联虚心学习的态度。

二、武光院长随团访问苏联

1956年11月初至12月底，武光院长随以中央教育部副部长曾昭抡为团长的高校代表团访问苏联两个月。在苏联期间，武光院长访问了莫斯科航空学院、莫斯科航空工艺学院以及列宁格勒以航空工科为主的9所名校，受到苏联各校领导和师生的热烈欢迎。为了完成访问的目标，武光院长不仅与这些院领导经常交谈，全面了解情况，还深入实验室参观，到教室里听课，与师生接触交流，深深感受到苏联的同仁对中华人民共和国建立的第一所航空学院极为关心和支持。回国前，武光代表北航与莫斯科航空学院、莫斯科航空工艺学院签订了友好互助协定。临别时，两校领导赠送了武院长一些重要的教学资料。回国后，武院长召开了多次会议，详谈苏联高校的办学经验和体会。他印象最深刻的有两方面：一是苏联教师水平高、科研劲头大、教学责任重；二是苏联学生学习积极性高、独立工作能力强、文体活动丰富多彩。为了加强对苏联先进经验的学习，进一步提高教师的教学水平，北航先后派出李哲浩、张锡纯、唐荣锡、曹传钧、何庆芝、朱自强等20多人，分批前往莫斯科两所航空高校及莫斯科大学进修。在苏联专家的援助和全校教师的努力下，北航科研发展迅速，教学水平明显提高。1959年，经中共中央批准，北航成为全国重点建设的16所大学之一。

三、招待苏联专家

为了感谢苏联专家的帮助，院领导拟定在苏联的十月革命节和中国的春节招待苏联专家，以表示庆祝和加深友谊。这项工作由我具体落实。由于当时食堂没有合适的厅，前两次地点只能定在工会俱乐部（现已拆除）。这就必须临时搭建炉灶、清洁卫生、采购食品、搬运餐具、布置桌椅，食堂也派了人员协助。席间，苏联专家和校领导及师生代表欢聚一堂，互相致辞，气氛热烈。苏联专家盛赞中国菜肴味道可口，还再三表示感谢。

为了能让苏联专家更多地了解中国的饮食文化，熟悉北京的世俗风情，按照院领导要求，我先后两次在王府井大街价格比较便宜的一家中餐馆安排他们用餐，苏联专家都十分满意。

一次，苏联专家得知酱油是中国饮食中的一个重要的调料，会让菜的味道变得更加鲜美，但之前他们从来没有听说和使用过，希望能带几瓶回国让家人尝尝。院领导觉得这事虽然不大，却不太好办：一是酱油为瓶装，少了不够、多了超重；二是瓶装含水量较多，一旦在飞机上被碰破，后果严重。院领导让我想想办法，饭店老板推荐送酱油精比较好，回去用开水一冲，与瓶装酱油效果一样。于是我们决定把酱油精送给苏联专家。尽管它是一种很小的礼品，但代表的是中国的饮食文化，苏联专家都非常高兴。

四、武光院长给离开北航的苏联专家寄感谢信

苏联专家回国后，武光院长提出要写信给回国的苏联专家，表达对他们的感谢和祝福，并让我起草。按当时的规定，信件只能以个人的名义书写。我按照此原则起了草稿，以武院长个人名义向苏联专家表达感谢和祝福，并欢迎他们有机会再到北航。武院长修改后，这封信经北京市外事办公室审批后发出，这也表明了当时中苏两国人民之间的友谊是永存的，北航人是不会忘记苏联专家对北航的贡献的。30多年后，1990

年苏联专家佘陆新（专家组长）、1991年苏联专家拉宾诺维奇相继来北航访问，老院长武光与他们相会，双方重逢的愿望成真。

回忆几位苏联专家和教师

谢希文

一、铸造专家卡拉普希金

他是北航成立的航空冶金系的第一位苏联专家，也是系内其他筹建专业的顾问，专职翻译为钱世民。记得卡拉普希金第一次来到位于原印刷所西翼金相热处理实验室的显微镜室，我到门口迎接，准备与他握手时，他却笑着说“隔着门框不能握手”，随即步入室内和我握手，我才知道苏联有这种礼貌和规矩。

我和卡拉普希金专家的接触主要是向他汇报航空冶金系未来系楼实验室的平面布置情况。金相热处理实验室位于系楼一层，主要由我负责；金属腐蚀实验室和非金属材料实验室位于二层西翼，分别由两个教学小组负责；物理化学及分析化学实验室位于三层东翼，由原化学教研室有关教师负责。航空冶金系系楼的建筑结构与已建成的两座系楼基本相同。金相热处理实验室的使用面积约200平方米。我们的任务是在承重墙和各个房间结构已经确定的条件下，安排各实验室的位置并提出原有房间是否需隔断，以及水、电、通风等具体安装要求，各实验室都需要使用的通风橱则由物理化学和分析化学实验室的教师统一设计。苏联专家意见中最突出的一点就是房间要视野宽阔，不宜再打隔断分成若干个小房间，而这与我们最初的考虑不同。学校规定，实验室平面布置图必须经过苏联专家审阅同意签字后才能上报。这期间正值系主任吴云书邀请哈尔滨工业大学金相热处理专业的苏联专家罗斯托夫切夫来我系讲学，内容是现代镁合金，我们便趁此机会听取了两位苏联专家对实验室平面布置图的意见，他们都赞成房间不宜再分割的方案。最后确定，金相热处理实验室和力学性能实验室分别位于系楼东、西两翼两间使用面积最大（约200平方米）的房间，后者与非金属材料实验室合用，二层和三层东、西两翼的大房间也基本未再分割。使用后的经验表明，房间有一点不足，即经常同时有两个小组一起做实验，而指导教师在做引导性发言时会受到一定的干扰。另外，当时的实验室还没有条件为每个人都提供一套设备，一般都是两三人一组，在房间做实验，有时会显得乱哄哄的。

卡拉普希金专家建议，金相热处理实验室楼道两侧要挂上常用的二元系相图，他所在的莫斯科有色金属及黄金学院就是这样做的。我们按照他的建议做了。这些相图在楼道两侧挂了有十多年。

卡拉普希金专家还提出，在系楼大厅旁要有一个衣帽间，我们便划出了一间，但这不太符合我国国情，后来改作其他用途了。

在一次铸造研究生毕业设计答辩会上，卡拉普希金专家提出一个问题，学生一时答不出来。他笑着说："你可以这样回答嘛……"（原话现在记不起来了）在学生即将结束学业的最后一刻，他还抓住机会培养学生的临机应变能力，尽可能避免冷场，这使我深受教育。

航空冶金系的前身为建校初期成立的金属工艺学教研室。其教学任务是负责全院各专业一年级的金属工艺学课、工厂实习的热加工工艺部分、三年级的金相热处理课，以及第一次生产实习的热加工工艺部分。曾担任过金属工艺学教研室顾问的苏联专家，有教务长顾问、飞机工艺专家别略可夫（翻译是袁幼卿和李汉康），发动机工艺专家费拉戈（翻译是唐荣锡）。

二、哈工大苏联专家罗斯托夫切夫

1955年春，系主任吴云书邀请哈尔滨工业大学金相热处理专业苏联专家罗斯托夫切夫来我系讲现代镁合金，由该校张吉人教师担任现场翻译。当时飞机上大量使用的轻合金主要是铝合金和镁合金，前者的资料较多，后者的资料却很少。此次罗斯托夫切夫专家给我们详细介绍了两大类镁合金，即铸造镁合金与变形镁合金，以及苏联当时生产的各类镁合金牌号、成分、显微组织、主要性能和用途。不久，在北京国际书店见到苏联新出版的《镁合金手册》，我们都买了一本。罗斯托夫切夫的讲课内容可以说是这本手册的浓缩，使我们提前得知了苏联镁合金生产和使用的现状，并及时将这些新材料收入外系技术基础课“金相热处理”的教材和讲课内容中。

罗斯托夫切夫专家还告知我们，苏联科学院院士博奇瓦尔的新著《金属学》第五版即将出版。该书已经苏联高等教育部审定作为苏联高等学校冶金专业和工艺专业的教科书，希望我们关注该书的出版。约一年后，我们在国际书店买到这本书。由于此前系主任吴云书曾与唐棣生和我合译了俄文书《有色金属及合金的组织和性质》（高等教育出版社1956年2月出版），我和唐棣生还合译了俄文书《合金热处理原理》（高等教育出版社1956年12月出版），因此我们及时与冶金工业出版社联系并签约翻译该书。吴云书先生也在百忙中翻译了书中的《镁及其合金》《铝及其合金》《铜及其合金》三章。此书于1958年5月作为高等学校教学用书出版，对我们早期的教学和教材编写都起了重要的参考作用（图1为此书的封面）。

图1　博奇瓦尔所著《金属学》封面

三、参加苏联专家讲课翻译口语短训班

为了解决苏联专家讲专业课时缺少现场翻译人员的问题，1955年学

校决定为即将担任课堂翻译的教师办一个短期口语培训班。1951年，我随厦门大学航空系到清华大学航空学院后，曾旁听了德国教师的“科技俄语”课程，可以借助字典阅读俄文专业书刊。家住清华的许多航空学院教师，通过参加清华大学卢谦等教师组织的“突击俄语短训班”脱产学习两周后，只要不中断自学，也能阅读俄文专业书刊。但是现场翻译还需掌握一些技能，如正确发音、常用口语词汇、记忆能力，以及翻译成通顺的中文。外语的正确发音很重要，如果自己发音不正确就不可能真正听懂苏联专家的讲话，甚至会产生误解。另外一点也很重要，因为汉语和俄语属不同语种，语序不同，差别很大，人们容易将俄文翻译成倒装句式的中文。

参加这次口语短训班的教师我记得有黄俊钦（飞机设备）、刘龄德（飞机工艺）、张炳暄（空气动力学）、徐德治（飞机结构力学）、郑光华（发动机设计）、颜士元（发动机工艺）、杜忠权（压力加工）、谢希文（有色金属热处理），由俄语教研室杨德富教师主持指导。院长顾问杜巴索夫专家还亲自为我们录制了一段课文，虽然过去了60多年，我已记不得具体课文了，但他的开场白“Сейчаспослушатетекст”（现在请听课文）至今令我记忆犹新。

为了让我们有机会更多地听到正确的俄语发音，学校从苏联大使馆请来一位工作人员的夫人指导我们。她让我们直呼她的名字“谢琳娜”。她讲课很认真，考查也非常严格。虽然整个学习时间不长，但是大家都有不少收获和进步。学习结束后，我们和这位苏联女教师一起游览了颐和园，并合影留念（图2）。

四、为苏联专家基尔比契尼可夫讲课担任口译

1956年秋，航空热加工工艺系金属学及热处理专业迎来了苏联有色金属热处理专家基尔比契尼可夫。基尔比契尼可夫来自莫斯科航空工艺学院，他的专职翻译是钱世民。在苏联，铝合金的各类半成品，

图2　与苏联教师游览颐和园合影

前排自左至右：张炳暄、杜忠权、谢琳娜、佘名叔（俄语教研室负责人）、杨德富（俄语教师）；后排自左至右：颜士元、黄俊钦、徐德治、郑光华、刘龄德。

如板材、型材、棒材、管材、箔材等生产厂归航空工业部（我国归冶金部）。基尔比契尼可夫专家除熟知航空工厂有色金属零件的热处理设备和工艺外，还擅长讲解铝合金各类半成品在生产过程中进行的各类热处理设备和工艺，而我们在这方面知之甚少，因此冶金部所属有色金属方面的两所高等学校，即东北工学院（现东北大学）和中南矿冶学院（现中南大学）都派教师来听他的课。

系领导指定我担任基尔比契尼可夫专家讲课的现场翻译。基尔比契尼可夫专家提前将俄文讲稿交给我们，由印刷所打印后在讲课前发给师资班研究生。基尔比契尼可夫专家的讲稿简明易懂，只要事先将其中不熟悉的词汇记住，现场翻译并不困难。第一学期他主要讲各类铝合金热处理的基本原理。寒假期间，他率领研究生去哈尔滨轻合金加工厂（第一批苏联援建的现代化轻合金加工厂）实习。第二学期的讲课内容主要是铝合金半成品生产过程中进行的各类热处理设备及工艺。虽然我因故未能一同去工厂实习，但通过认真预习讲稿，课前向专家请教不懂的部分，也顺利完成了现场翻译任务。前来听课和进修的哈尔滨工业大学的教师张吉人也参加了基尔比契尼可夫专家讲课的部分现场翻译工作。

这批师资班研究生的结业形式包括毕业设计与毕业论文两种。这也是莫斯科航空工艺学院采用的方式。当时在北航，其他系学生的结业工

图3　基尔比契尼可夫专家离京回国前，系主任吴云书与苏联 专家夫妇等游览颐和园时的合影

作都是做毕业设计，我们则初次尝试毕业设计与毕业论文这两种结业形式。我们系1956年招收的本科各专业学生，结业形式都是做毕业论文。由于基尔比契尼可夫专家在北航的工作时间只有一年，因此为了熟悉毕业设计这种结业形式，有几位师资班研究生提前做毕业设计，主要是设计热处理车间或工段的设备及工艺，由基尔比契尼可夫专家亲自指导。我的任务是协助基尔比契尼可夫专家指导师资班研究生陈汴琨完成毕业论文《Д16合金的快速退火工艺》。基尔比契尼可夫专家在离校前已和我们谈过这个论文的研究目的和主要实验方法，但因我在1957年10月下旬离校，所以只协助进行了少量工作。

1957年夏基尔比契尼可夫离京回国前，系主任吴云书与苏联专家夫妇，以及部分跟随专家学习的师资班研究生、外校进修教师、部分教研室教师一同游览了颐和园。图3为当时的合影。图中前排左起第一人为苏联专家夫人，第三排左起第二人为系主任吴云书、第三人为基尔比契尼可夫专家。

我在同一地点为基尔比契尼可夫以及他们夫妇二人分别拍了照片（图4、图5）。

基尔比契尼可夫专家身材高大，比我年长许多，为人和蔼可亲。某个下雪天，我俩在积雪的校园马路上行走，正当我专注地保护他别摔跤时，自己却差一点儿滑倒，幸好基尔比契尼可夫专家及时拉住了我的手臂。

图4　基尔比契尼可夫专家

图5　基尔比契尼可夫专家夫妇

基尔比契尼可夫专家还特意写出我名字的俄语拼音“СейСиВень”。其中“谢”和“文”的俄语拼音最后还要分别加上“й”和“ь”两个字母，这是我没有料到的，可见语音学还是很复杂的。

基尔比契尼可夫专家回国后，我曾和他互通信件。他的来信都是手写的，辨认起来有些困难，但这也是一个学习的过程。我只能慢慢地用工程字体写回信才不致出错。当我告诉基尔比契尼可夫专家我的女儿出世的消息后，他还寄来木制俄罗斯套娃作为礼物。

基尔比契尼可夫专家给我的来信中曾提到，我们系的潘雅琴教师1960年去莫斯科航空工艺学院进修，师从原压力加工专家克尔巴士尼可夫，她的研究课题中的部分实验工作还得到过他的指导，克尔巴士尼可夫还夸赞她工作勤奋。中苏关系破裂后，我们之间的通信来往就中断了。

怀念马卡洛夫教授

冯宗律

1952年10月25日，北京航空学院成立大会在城内北京工业学院礼堂隆重举行。当时有几位苏联专家来院帮助建校，其中马卡洛夫教授帮助筹建飞机工艺教研室。1953年3月，马卡洛夫教授首先为教研室开设了“飞机制造工艺”课程，内容包括飞机零件制造与装配工艺。

当时确定的飞机制造工艺的专业课程有：①“飞机钣金零件制造与冷压原理”（冷压原理后单独设课）；②“飞机装配工艺学”；③“飞机制造厂设计”；④“飞机零件表面保护”（后移至航空热加工工艺系）；⑤“飞机非金属材料制造工艺”（后移至航空热加工工艺系）。

马卡洛夫教授还指导了飞机工艺实验室的建设，其中包括钣金零件制造与装配工艺实验室。

1953年初，马卡洛夫教授开设了一门全新的专业课程——“飞机制造工艺”。他从零件制造的分类讲起，强调对飞机零件的要求是强度高而重量轻，但这往往导致制造工艺性差。他指出，在飞机制造中有一项重要的工作——飞机零件制造与装配的工艺性审查，它是很难求全的一项工作。因此，必须结合工厂的实际情况和技术水平来做。

在讲授飞机工艺专业课之后，要安排一次课程设计，即针对飞机某一钣金零件的制造编写工艺规程，以及设计、绘制所需配置的模具图，为下一学期进行较为繁重的毕业设计做准备。学生不负众望，设计、绘制出了压延制造钣金零件的模具图，马卡洛夫教授十分满意。

1954年初，马卡洛夫教授亲赴南昌320厂，为毕业班同学安排毕业实习。到厂第二天，马卡洛夫教授带领大家参观考察了工厂的整个生产流程，从毛坯生产的锻、铸工序，到飞机机械加工零件和钣金零件的生产流程，再到飞机部件装配和飞机总装配，最后是飞机试飞与包装发送。在开阔的机场跑道上，马卡洛夫教授兴奋地说："这是一座优美完整的飞机制造厂，也是北航学生学习深造的好地方。"

1954年夏，由马卡洛夫教授指导，完全按照苏联莫斯科航空学院的模式，北航进行了首届飞机工艺毕业设计答辩。21位同学着装整洁，在答辩教师面前有理有据，充分阐述了自己的设计内容，同时十分自信地回答了答辩教师提出的问题。担任翻译的唐荣锡教师同步向马卡洛夫教授轻声解说。

北航飞机工艺专业第一届毕业生毕业答辩于1954年7月顺利完成。马卡洛夫教授对工作的认真态度、对同事和学生的真诚热情给我们留下了深刻的印象。

马卡洛夫教授回国的那天，教研室所有教师一同前往北京火车站热烈欢送，明知马卡洛夫教授不会再来北航了，但再见之声还是不绝于耳，大家争先恐后地向可敬的马卡洛夫教授高喊："谢谢，再见！"

师恩难忘

培育空天栋梁

怀念帮助我成长的苏联专家

毛可久

1952年10月25日，在原中法大学礼堂举行了北京航空学院成立大会，重工业部代部长何长工宣读了中央关于组建北航的决定，并介绍了坐在第一排的几位苏联专家。看到这些不同专业的专家，我们都非常惊喜，热烈鼓掌欢迎。中华人民共和国成立不久，刚实行第一个五年计划，百废待兴，各工业部门都急需苏联专家的帮助。之前没听说过有苏联专家来北京工科高校，没想到北航竟然是第一批，尤其是对于一个刚组建的院校，连校舍都没着落，居然就有这么多的苏联专家前来指导，可见国家对航空教育事业的重视以及发展航空工业的急迫性。我们满怀激情，对未来充满期待。

我们这一届是从清华、京工等八个院校航空系合并过来的，我所在的三年级有近200个学生，是建校后的高年级学生。根据社会主义建设需要，原定我们将提前一年于1953年毕业，再被派往各航空企业及有关单位工作，但为了给苏联专家当“样本”，按照苏联航院的整套课程走一遍，于是从我们之中抽调了120人组成飞机设计、飞机工艺、发动机设计、发动机工艺四个班。我被分到发动机设计班，按照苏联模式继续培养，学校制订了过渡性教学计划，增加新课程，学制延长到五年。听到这个消息后，我们无比激动，高兴得彻夜不眠，兴奋地迎接这新的开始。

赫罗宁教授是第一批来我校的9位苏联专家之一，他原是莫斯科航空学院发动机系主任，教学经验丰富，工作严谨。他按照莫斯科航空学院的教学计划，并结合当时我校学生的情况，为我们重新制订了课程计划。在新课讲授中，他先给教师讲，然后教师再教我们，有时候也允许我们旁听他讲课，使我们学到不少新知识。

新教学计划和原来的相比，增加了许多新课。这些新课实用性更强，都是发动机设计所要用到的理论和计算，更加完整、系统，分类很细，不像旧课程那样空泛。尤其是新加的课程设计和毕业设计，这在以前的教学计划中是没有的，完全是按苏联的模式走，从气动计算、总体安排、零件设计、强度计算，再到工艺流程，整个走一遍。这样的设计可与今后工作中的设计过程衔接起来，学生被分配到航空企业设计单位后就能很快地接手工作，缩短了过渡期，对培养人才非常有利。而之前教学计划中的毕业论文，只是阐述了某一方面的问题，虽然也培养了能力，但还是片面的，与今后的设计工作脱节。当时，毕业生是计划分配，强调专业对口，这种人才培养的方法对我国航空工业的初期建设特别有利。

因为保密限制，我的毕业设计是以涡喷–5发动机为原型，进行总体设计。在沈阳发动机厂进行毕业实习时，某次夜班，我偶然看到分解后的涡喷–6发动机零件，将扩散叶片移到机匣内，减小了迎风面积，提高了性能，受此启发，我自作主张，将此改动用到我的设计中。后来赫罗宁专家发现了，就问我是从哪里弄来的资料。我很紧张，只能据实回答。他听了后没有责备，只是拍了拍我的肩膀，笑了笑就走了。

赫罗宁专家回国后，莫斯科航空学院的尼基景教授来校指导。这时，我已留校任教，有更多机会接触尼基景教授，听他讲课，定期答疑。他还帮助审查我辅导的学生的设计作业，提出意见，解决问题，带着我们提高教学业务水平，做好教学工作，使我们受益匪浅。

尼基景教授与妻儿同来中国，周末和我们一起游览过颐和园、香山、故宫等，过年还特意邀请我们去他的住所聚会。有时，他也会向我们说莫斯科航院的情况，我们如同一家人，相处得非常愉快。

1989年，我去雅典参加国际会议，宣读论文返回途中，特意到莫斯科航空学院拜访这两位苏联专家，并与他们相谈甚欢。他们回忆起在中国共同工作过的岁月，感慨颇深，也问起曹传钧、王绍曾、宁榥等教师的近况。这两位苏联专家身体很好，仍然在工作。莫斯科航空学院的保密制度很严，进门要打卡，但他们还是破例带我参观了学校，还参观了发动机系的陈列室、实验室和学生的设计作业。

图1是我们在莫斯科航空学院的合影，30多年沧桑，尼基景教授头发已白，但精神十足。

图1　笔者与苏联专家在莫斯科航空学院的合影

1956年，按照苏联专家的建议，系里准备开设一门新课，派我到哈尔滨军事工程学院空军系，向那里的苏联专家学习。苏联茹科夫斯基空军工程学院的上校系主任，地道的军人，要求非常严格，上课前喊起立，要求学生端坐听讲。他提供资料，指定阅读章节，专门安排答疑，要求提问题，如果提不出来，他就反问，搞懂为止，否则不让走。

1958年，我作为北航教师带10个学生到西安航空工厂做毕业设计，教研室又同时安排陈光和我到西工大听苏联专家谢米尼辛讲课。几个月的时间虽然短暂，但也学到不少东西。我们相处得很好，谢米尼辛专家很尊重我们这两位北航青年教师，专门给我们辅导答疑，课间休息时总要拉着我们一起散步，了解我们的工作和北航的情况。后来，他还专程来北航几天，讲课、座谈，看我们辅导的毕业设计。

然而，令我印象最深刻的专家还是1959年从哈尔科夫航空学院来的佛里特教授，他也是系主任。因为我们讲授的是同一门课程，相处的时间最长（当然他资历老得多）。佛里特教授像是专门为这门课程而来，对其他教学环节似乎不感兴趣。他带了很多资料，亲自写讲义，讲得非常细致，问题也分析得很透彻，甚至还旁听我讲课并提出意见，是使我收获最大的一位苏联专家。我们几乎天天见面，什么都聊，甚至他去西工大和南航讲课也点名要我陪同。我也从中学到很多新知识，连俄语水平也得到很大提高。我们住在市内宾馆，他经常带着我走街串巷，挤公交车去逛当地的名胜古迹。可惜的是，1960年苏联撤退了全部专家。那年暑假，我正在北戴河休养，接到电报，特意赶到山海关车站与佛里特教授告别，我俩紧紧拥抱，直到快开车才不得不分手告别。

时光荏苒，转眼60多年过去，但往事历历在目。我深深地怀念这些无私的苏联专家，感谢他们帮助我成长，把我从对专业一无所知的状态带进一个新的科学领域，使我能很好地完成课程开设、工厂故障排除，以及各项科研任务。同时我更感谢北航对我的培养，给了我许多向苏联专家学习的机会，使我能不断前进，掌握专业知识，走上讲台、深入实际，完成各项教学和科研任务，满怀信心、一步一步地走过人生这一大段历程。

回忆我的研究生导师

陈汴琨

1954年下半年，北航决定建立航空冶金系（现材料科学与工程学院）。当时，为了有别于其他院校如北京钢铁学院冶金系的金属加工专业，决定仿照苏联莫斯科航空工艺学院，将系名定为航空冶金系，1956年更名为航空热加工系，共有四个专业，即金相热处理、铸造、压力加工和焊接。

由于缺少师资力量，当时的院长武光提出聘请一批苏联莫斯科航空工艺学院航空材料专业的专家来北航讲学，帮助指导专业设置和制订教学计划，并培养一批师资班研究生。

1955年秋，北航正式成立航空热加工工艺系，1956年夏秋之际迎来了一批相关专业的苏联专家。其中有金相热处理专家基尔比契尼可夫，以及阿罗夫、卡拉普希金、克尔巴士尼可夫等热加工专业的专家。他们都住在离北航不远的专家公寓，即现在的友谊宾馆。

苏联专家指导的研究生，直接从北航工艺专业成绩优秀的四、五年级学生中挑选。其中，金相热处理和铸造专业从飞机工艺和发动机工艺专业四年级同学中选拔，压力加工和焊接专业则从上述两个工艺专业的五年级同学中选拔。当时航空热加工系已有的一批教师，包括刚分来的外校毕业研究生如王义虎、朱承兴等也旁听了专家讲课。

一天晚上，我被通知到一个小教室开会，到时已有一批同学在场。会上武光院长直接宣布了决定，从此我便正式成为金相热处理专业的研究生，也就是基尔比契尼可夫的研究生。

金相热处理专业的师资班研究生共13人，分别是：陈昌麒、钟群鹏、董宁辉、胡光立、赵敬世、邢淑仪、裴桂、高元坤、田荣璋、王世中、王世洪、韩玉润、陈汴琨（图1）。

图1　金相热处理专业全体研究生合影

前排从左至右：田荣璋、高元坤、邢淑仪、裴桂、胡光立；第二排从左至右：李定孝（钢铁学院进修研究生）、陈汴琨、陈昌麒、王世洪、赵敬世、钟群鹏；第三排从左至右：董宁辉、王世中、韩玉润、殷国谨（钢铁学院进修研究生）。

学校乃至航空工业部都很重视我们这批研究生。当时的系主任吴云书教授对我们的学习和课程安排十分用心。由于苏联专家不懂中文，而我们是从大学一年级才开始学习俄文的，中学学的是英语，俄文的听、说能力都较弱。因此，为了能上苏联专家的课，学校先是专门从哈工大请来懂专业、俄文会话水平也很高的教师张吉人做翻译，后来又由北航谢希文教师任本课程翻译。外语教研室的钱世民教师则负责苏联专家的其他工作和生活方面的事务翻译。苏联专家讲授的课程是“有色金属及其热处理”。除了授课，苏联专家还负责专业建设，如专业培养目标、课程设置、研究生毕业论文题目拟定和安排指导等。此外，苏联专家还指导了我们这批研究生去哈尔滨101厂的实习工作。101厂是由苏联援建的包括轻有色金属冶炼、轧制成材、热处理等国内唯一的航空工业用铝合金材料的供应加工厂，当时是很先进的企业，保密程度很高，一般人很难接触、进入和参观实习。

基尔比契尼可夫当年67岁，是莫斯科航空工艺学院金属热处理专业教研室的资深骨干教师。他的专长是轻有色金属和铝、镁合金的深加工、热处理，以及热处理车间设计等。这些轻有色金属都是航空工业尤其是飞机制造不可或缺的主要金属材料。基尔比契尼可夫对轻有色金属及生产过程具有多年教学、科研乃至工业实践经验，可以说是这个领域的权威人士。

然而，从科学技术的整体发展看，苏联工业院校的分工太细，与当时工业发展现状结合得太紧密，而基础研究却不够，致使培养的学生适应当前工作岗位需求的能力强，但在适应更广泛的需求和长远的发展目标方面则显现出不足。

从这个角度看，基尔比契尼可夫安排的研究生课题内容很具体但范围偏窄，如我本人的研究生毕业论文《Д16合金的快速退火工艺》，虽针对性强，但基础理论不足。

对我们这批研究生的培养，学校和系里花了很大的力气，除聘请苏联专家外，还从全国各地聘请了一些知名专家学者来北航为我们讲课。例如，“金属学”请的是北京钢铁学院的徐祖耀教授、“工业炉”课程请的是东北工学院的教师等。校内也请了有丰富教学经验的老教授授课，如吴云书教授、化学教研室主任曾实教授等，共开设了十几门课程和一些讲座。

在这种学习环境和氛围中，我们都很努力学习，专家的教学也很认真。我们就这样度过了1956年。

1957年初，援华苏联专家开始逐步撤离，但这批研究生的课程学习计划尚未结束，还没有进入毕业作业阶段。为了赶在苏联专家撤走之前多留下一些教学成果，学校决定从研究生中抽调一批学生提前进入毕业作业。学校我们13名研究生中抽出4人先行进行课程作业、毕业设计。他们分别是赵敬世、钟群鹏、田荣璋和董宁辉。苏联专家同意并安排布置了题目和进程计划后，4人中止了其他课程的学习，不分昼夜地努力工作，终于在苏联专家撤离前完成了任务。其余9人则继续按部就班地学习，并在1957年秋进入毕业阶段。我的论文《Д16合金的快速退火工艺》是由苏联专家直接布置并当面确定的，同时教研室也安排谢希文教师作为专家助手一起指导我的论文。我把题目大纲落实为具体方案和实施步骤，征得苏联专家同意后即开始了实验工作。但在我做毕业论文不久，苏联专家便接到指示，1957年7月后就回国了，因此我的研究生毕业论文是在谢希文教师的指导下完成的。

1957年7月，苏联专家临回国前，我们全体研究生先在北航食堂简单地宴请了一次，后来又在颐和园听鹂馆正式宴请了一次，图2即为在颐和园告别聚会时的合影。

图2　1957年7月在颐和园告别聚会时合影

1957年7月，基尔比契尼可夫专家离京返回莫斯科，继续在莫斯科航空工艺学院任教。1960—1962年，我系潘雅琴教师作为赴苏访问学者到莫斯科航空工艺学院学习了两年，回国后谈及她曾在基尔比契尼可夫专家所在教研室听其讲课。但1992年潘雅琴教师再去莫斯科出差访问时，基尔比契尼可夫专家已去世多年。

在这一年多的时间里，我与基尔比契尼可夫专家的接触并不多，但他认真负责的教学态度，和蔼可亲、平易近人的态度令我难以忘怀。

怀念苏联专家卡拉普希金

王义虎

1954年10月，正在清华大学机械制造系铸造专业读研究生的朱承兴、郑来苏、崔醒民和我接到通知，要被调到北航读研究生。当时北航已经来了一位苏联铸造专家，但由于学校尚未设置铸造专业，没有学生和研究生，因此从清华大学调我们四人到北航接受苏联专家的学业教导。

1954年，北航正在筹办航空冶金系（四系），并计划设置压力加工、铸造、焊接和金相热处理四个专业。位于教学区西北的四号楼——系教学楼正在建造中。作为航空冶金系所属的金属工学教研室（吴云书为主任），设在四号楼边的金属热加工厂房中。该厂房有金属压力加工、铸造及焊接三个实习车间。

当时，北航已来了多位苏联专家。其中莫斯科有色金属与黄金学院的有色金属专家——卡拉普希金教授就是我们的研究生导师。从航空工业局调来的钱世民教师负责卡拉普希金教授的俄文翻译工作。

卡拉普希金教授，约50岁，身体健壮，但头发已经稀疏发白了。他为人和蔼可亲，讲话幽默风趣。在了解了金属工学教研室当时的情况后，他提出了全面系统的改进意见。经过教研室所有人员一段时间的努力，教学、科研、实验及实习操作等方面的水平均得到显著提高。

卡拉普希金教授和系主任吴云书共同为我们制订了教学计划，设置了前期课程，如“物理”“化学”“冶金原理”“金相学及热处理”等，以强化我们的专业基础知识。然后，卡拉普希金教授在课堂上用俄文为我们研究生和部分教师讲课。他结合航空飞行器制造技术的特点，先后讲授了“金属铸造原理”“有色金属合金及熔炼”“成型铸造工艺学”“铸造车间设备”等课程。另外，他还协助我们建立了相关实验室并进行指导。我们也通过课外阅读和专题讨论，加深了对各门课程的理解。

卡拉普希金教授的讲课和指导，反映出他具有系统的学科理论和丰富的实践经验。可以说，在这一年多的时间内，我们向这位导师学到了很多有关有色金属铸造的知识。专业课学完，卡拉普希金教授要求每人做出课程设计和毕业设计。我的课程设计题目是“航空发动机铝合金机匣的铸造工艺”。我下了一番功夫，设计出了相关的模具图、铸型图及生产操作程序。主体内容是设计一种结构新颖的设备“热压罐”。它与工厂原有的设备相比，降低了罐体的制造成本，并提高了生产效率。这项课程设计获得了苏联专家的夸奖。当时的评分为五分制，他说应该得“6分”。

1956年暑假前，我们完成了研究生毕业设计，开始进行毕业答辩。答辩委员会由院长沈元、副教务长王俊奎、系主任吴云书及导师卡拉普希金教授等人组成。通过答辩程序后，答辩委员会对我们的研究生学业及毕业设计答辩均给予较高的评价。至此，我们完成学业，作为航空铸造专业研究生毕业。

当年，在北京的苏联专家都住在海淀中关村的专家招待所（现为友谊宾馆）。在卡拉普希金教授归国前，我们和俄文翻译教师一起到专家住处看望他，对他热情辛勤的教学工作表示衷心的感谢。他很高兴，和我们谈到苏德战争年代他在苏联有色金属工厂艰苦工作的情景。由于当年车间的生产条件较差、污染较重，因此工作时间长了，头发和牙齿几乎掉光，使正值壮年的他看起来就像个老头儿。

我们祝卡拉普希金教授健康长寿，希望以后能再见。遗憾的是，此后再未有机会相见，也没有他的消息。至今，我仍很想念他！

衷心感谢苏联专家费拉戈

杨光薰

1950年毛泽东主席访问苏联后，两国建立了良好的友谊。第一个五年计划期间，苏联对新中国工业援建了156个项目，1952年创建的北京航空学院就是其中之一。

我是1952年由南京大学统一分配到北航的。刚到学校，院领导便告诉我，苏联政府已决定派专家来校指导，第一批专家9人由莫斯科航空学院的杜巴索夫（任院长顾问）率领，不久便将抵华。我被分配在航空发动机工艺组，导师是苏联专家费拉戈。我们这组的研究生有我、戴约真、刁正邦、张继堂、丁鼎一、汪叔淳、张中钦和谭益智8人，加上其他专业的，共26人。沈元任研究生部主任，佘名叔为俄文专职教师，具体负责这个班。

苏联专家正式到来之前，全体人员突击学习俄文。因我迟到学校一个多月，在翻译马积明的鼓励和帮助下，日夜奋力追赶，终于顺利通过了三个月后的考试。

费拉戈是9位苏联专家中唯一工人（钳工）出身的年轻副教授，是航空发动机机械加工零件施工学（中专版）教材的撰写者。《夹具设计》是他在研究工艺学基础上撰写的一本专著。费拉戈上专业课时，既不带书也不用挂图，凭借其扎实的知识侃侃而谈，不慌不忙中显示出高超的专业水平和造诣。他十分关心与北航学生相关的设施建设，学生搬入新建宿舍楼时，他还特意与大家一起照了相片。

费拉戈专家在专业课中独创了一些计算方法，如费拉戈公式——计算总误差，见图1（多年前的学习笔记，可能有手写误差）。

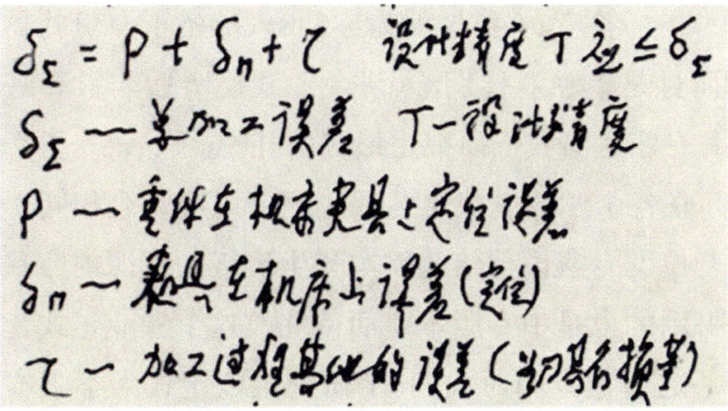

图1　笔者当年的学习笔记

在夹具设计中，用上述公式反求各元件精度设计要求，然后针对不同夹具元件精度提出数据要求。

费拉戈专家平易近人、办事认真、考虑周到、严谨细致，是一位优秀的苏联学者，也是一位非常值得敬爱的人。他诚心帮助中国建立新型航空学院，设置建设航空发动机加工工艺专业，悉心指导研究生，为北航建立了功勋。

专门突击完一段时间的俄文后，我们进入在苏联专家指导下的研究生学习阶段。当时小组8名研究生中我年龄最小，只是一名共青团员，而其他同志在政治上都比我成熟，有两位已是共产党员。没想到的是，费拉戈在与我们研究生的见面会议上竟然宣布让我担任航空发动机工艺研究生小组组长。这样我不仅要带头学好功课，还要关心全组成员，使其在学业上都能取得好成绩。苏联专家对我的信任增强了我的责任心，我暗自下决心一定要保证全组同学都学好专业知识，为建设新专业努力奋斗。

一天，我对费拉戈专家说：“很久以前就听说过您的名字和一些传说，您是莫斯科航空学院航空发动机零件加工工艺学方面有名的教师，我们8人被送来向您学习，业务上学得好不好与新建专业有很大关系，因此希望您能传授给我们一些‘绝技’。”令我没想到的是，费拉戈专家非常爽快，当场答应："我早就为你们8人准备了一份礼物，全部内容共分10讲，而且是单独对你们8人讲。"我们听后非常高兴和激动，认为这是费拉戈专家送给我们研究生最好的礼物。

当时，苏联各个学校制造工艺课大纲的内容完全相同，只是讲得深浅不一样。费拉戈专家说他给北航本科生班级的授课内容只能算是中专水平，教科书用的也是中专版本，而待北航这个专业正式建成就应提升为大学水平。之后他专门对我们8个研究生以正式大学版本陆续教授了10讲。

费拉戈专家在夹具设计中采用抽象符号代替实物，例如，车床用三爪卡盘定位圆形零件，如图2所示。

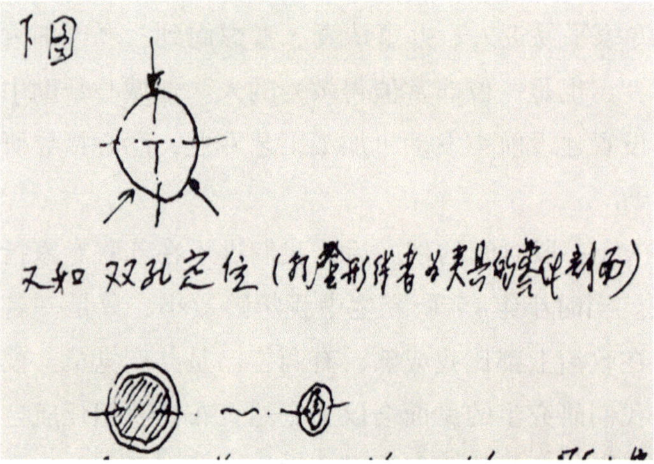

图2　三爪卡盘定位圆形零件

费拉戈专家给我们8个研究生讲课时，推荐了航空发动机零件加工工艺学，参考书有：索克洛夫斯基俄文版（Ⅰ）和（Ⅱ）；卡西林《机械制造工艺学》；雅兴俄文版《仪表工艺学》；巴拉克辛的《机床制造工艺学》。

在讲每一章内容时，费拉戈专家都会说明参考的主要是哪位大师的教法。我们翻阅参考书后发现，索克洛夫斯基的内容最多，此外卡西林（一般制造，如汽车等）、雅兴（仪表研究实验室工作、标准手册的设计制备工作）、巴拉克辛（尺寸链计算）的内容也较多。

当年听课的笔记本我一直保存着，并在以后的工作中多次使用。如在辅导由董寿莘主讲的为4401班、4402班所上的航空发动机制造零件加工工艺学时，白天董先生讲课，晚上我去辅导，常常有几十人来，因为他们想听苏联专家讲的新内容。在北京市制造工艺学科全国教学经验学术交流大会发言时，我也采用了其中的内容。

两年的研究生学习毕业后，我们很快进入新的工作岗位，每个人也都有了新的更细的专业分工：戴约真（外系工艺学）、杨光薰（本系专业工艺学）先后担任教研室领导；汪叔淳（航空发动机装配工艺学）、张中钦（转航空发动机设计专业）、丁鼎一（夹具设计）、刁正邦（制造厂设计）、张继堂和刁正邦担任系领导。刁正邦后来升至北航副校长，张继堂则被调到北京市市属北航分校任教学领导，直至担任分校长。谭益智毕业分配到西工大后，即被派往苏联留学。杨光薰1956年被航空部送到留苏预备部学习了8个月，但因中苏关系出现了一些问题返回北航。1978年改革开放后北航又派人员出国留学。在参加了一场千人以上规模的考试后，杨光薰、李未、陈懋章、陈昌麒被定为首批出国人员。杨光薰被分配到英国的一所航空学院。张中钦、汪叔淳、刁正邦等则先后去了美国。这些人后来大都成了教授、专家。而最重要的成果是，一个崭新的航空发动机制造工艺专业成长起来了。

难忘的回忆

范耀祖

1958年，苏联专家来我校访问，我接触较多的是依里因（图1）教授和克拉克雪夫（图2）教授。两人都来自列宁格勒精密机械与光学学院，主要从事惯性导航系统和惯性元件的理论和应用研究。

图1　依里因专家

图2　克拉克雪夫专家

列宁格勒精密机械与光学学院是一所著名的高校，有50多年历史，在苏联享有很高的声誉。学校有很多知名学者，培养出了一大批精密机械、光学、电气、物理领域的高材生。克拉克雪夫和依里因教授除参加我校第四研究室（中苏两国协作项目之一）的咨询外，还给我们授课，内容是惯性导航系统。他们讲课生动有趣。我记得一次讲装在惯性平台上的加速度计输出若不受平台运动影响，必须满足“休拉同期”即84.4。说明这个原理的图片中，平台上悬挂着一个长度为地球仪半径的摆锤，振动周期即84.4分钟。专家解释，实际上是不可能有这么长的摆锤的，但我们可在电气装置的回路中进行设计，以满足要求。专家形象、简单的解释，使我一下子就理解了原本深奥的设计原理，也让我在后来的工作中一直记着这个有趣的设计准则——“84.4休拉同期”。

一次，克拉克雪夫教授问我：北京的经纬度是多少？我一时答不上来。他说，只有结合日常实际讲课才能生动。两位专家还常说："你们很年轻，一定要珍惜时间多多学习。"虽然两位苏联专家在我校的时间很短，但给我们留下了很深的印象。图3为我和克拉克雪夫教授在校园内的合影。

图3　克拉克雪夫教授和我在北航的校园里（1959年）

幸运的是，我在毕业后于1960年被派往苏联进修，一直到1962年，共三年时间（图4）。我进修的学校就是列宁格勒精密机械与光学学院，而导师就是克拉克雪夫教授（惯性导航教研室主任），因此我与克拉克雪夫教授在苏联又见面了。

我进修的题目是"稳定平台"。除了我，另有三位中国留学生（西工大一位、南航一位、自动化所一位）都在他的研究室工作。克拉克雪夫教授给我分配了平台框架、平台的元零件，还给我指定了一位装备工人师傅，让我不仅能学理论，也有动手的机会。两位苏联导师随时回答我的提问，帮我处理装机中的问题，使我能够完成加工装配，做成一个可试验的稳定平台（图5），并撰写了相关的学术报告。进修期间，除两位苏联专家外，实验室主任和工人师傅也付出了大量的劳动。这些都让我十分感激，终生难忘。

图4　实验室主任和我、同学楼岳在分析飞机性能（1961年）

图5　平台框架组合成的模型（1961年）

怀念我的导师

柯明扬

我是北航发动机系发动机工艺专业57届研究生。我的导师尼基晓夫，是苏联哈尔科夫航空学院的专家。他对中国十分友好，经常邀请我们去他家（友谊宾馆），也常和我们一起到北京颐和园等风景点游览（图1）。

图1　与尼基晓夫专家一起游颐和园

尼基晓夫专家的研究方向是水力学切削原理。他把自己的研究成果和有关过程的笔记毫无保留地都给了我们，要求我们继续研究与学习。当知道我们将来的工作是发动机工艺专业的教师时，他便调整了针对我们的教学计划。计划共分四个阶段。

第一，俄语学时：600小时；学习时间：半年。由学校专门配备俄语翻译做任课教师，要求能顺利阅读俄语的科技教科书和资料。

第二，航空发动机机械加工工艺学时：850小时；学习时间：半年；教材：《机械制造过程中的科学基础》（萨克洛夫斯基著）、《航空发动机制造工艺学》（鲍德捷、苏里玛等著）、《机械加工工艺过程设计》（亚欣著）、《尺寸链》（杜拿也夫著）。

第三，航空工厂实习四个月。第一个月：压气机转子工艺实习；第二个月：涡轮转子工艺实习；第三个月：本体工艺实习；第四个月：工夹具设计室实习。

第四，论文写作时间：半年；题目：《仿形加工》。要求对机械仿形、液压仿形、电气和光电仿形进行分析与论述。

经过上述培养过程，我们基本上具备了做发动机工艺教研室教师的能力。

尼基晓夫专家对中国有很深的感情，在苏联国内发表了很多友好的言论。

后来，在去苏联参加国际会议期间，我们参访了莫斯科航空学院和莫斯科航空工艺学院，拜访了曾来我院的苏联专家费拉戈和苏里玛。他们所在的教研室为我们召开了欢迎茶话会，我们也赠送了礼品，大家畅谈友谊。当我们再次去苏联时，他们也十分热情，由教研室派人陪同我们去了列宁格勒（图2）和大型铣床厂。

图2　笔者在列宁格勒留影

与苏联专家相处的美好回忆

黄熙君

1953年8月，我毕业于华东航空学院发动机系，被分配至北京航空学院攻读研究生。当时北航发动机系教学楼尚未建成，仅有几栋学生宿舍和教工宿舍，教室则是由施工工棚改成的。根据我本科的专业，我被分到发动机系学习，由苏联专家和中国教授联合指导。中国指导教师是崔济亚教授，苏联专家是赫罗宁教授。我们这批研究生的学习培养计划由苏联专家制订，学制两年半。计划课程中包括基础课，如数学、理论力学、材料力学等；专业基础课包括热力学、工艺学及气体动力学等；专业课有喷气发动机原理、燃气涡轮原理等；最后半年为毕业论文学期。基础课主要由中国教授讲授，专业基础课和专业课则以自学答疑方式进行。“发动机构造”这门课由苏联专家赫罗宁讲授，所使用的教材《航空发动机结构图册》是苏联专家从莫斯科航空学院引进的。我的航空发动机课程设计由苏联专家指导，题目为“涡轮喷气式发动机单级涡轮的设计”（图1）。

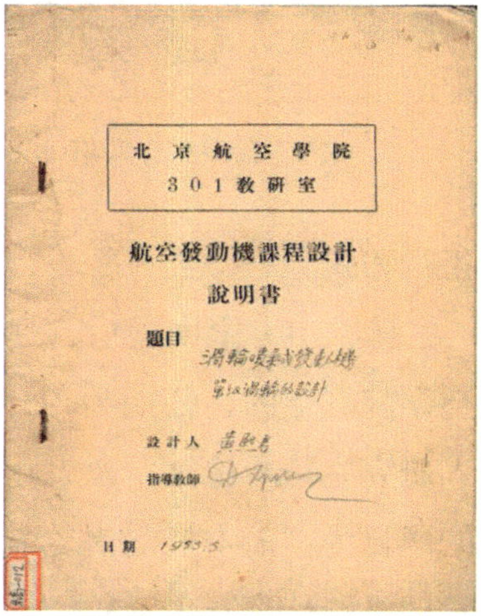
北京航空學院
301教研室

航空發動機課程設計
說明書

題目 渦輪噴氣式發動機
單級渦輪的設計

設計人 黃熙君
指導教師

日期 1953.5

图1　航空发动机课程设计说明书

赫罗宁专家来自莫斯科航空学院，在北航发动机系指导教学和科研以及航空发动机实验室的建立，时间是1952年9月至1955年6月。图2是赫罗宁专家与我们研究生的合影，其中有马铁犹、张中钦、冯文澜、姜

图2　赫罗宁专家与研究生的合影

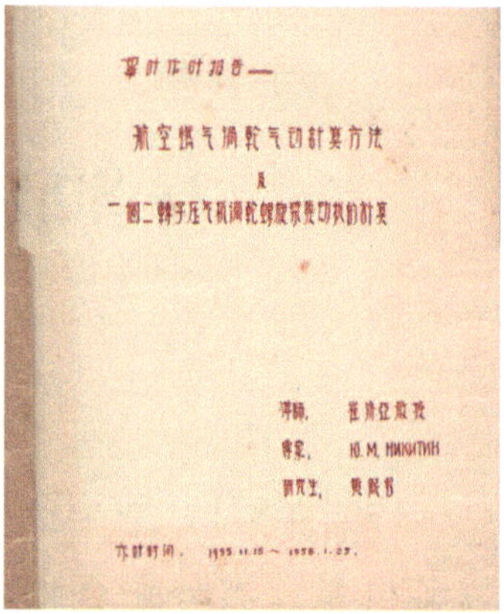

图3　研究生毕业论文原稿封面

正行和我。

赫罗宁专家回国后，尼基景专家接任。尼基景专家也是由莫斯科航空学院派遣的，任期为1955年9月至1956年7月。当时我的学习计划已进入研究生毕业论文阶段，由尼基景专家与崔济亚教授共同确定毕业论文的题目为“航空燃气涡轮气动计算方法及一个二转子压气机涡轮螺旋桨发动机的计算”（图3）。

尼基景专家在北航任职期间，曾多次与教研室教师和研究生一起游览颐和园（图4、图5）。

图4　尼基景专家与301教研室教师的合影

图5　尼基景专家与宁榥教授、崔济亚教授等人的合影

时隔34年，北航发动机系组成的访苏学术交流团于1991年7月访问了莫斯科航空学院，并进行了相关的学术交流和参观。这时尼基景专家已经退休。我们部分团员包括陈大光教授、宋兆泓教授及我本人一起去尼基景专家住处拜访。尼基景设家宴款待了我们。大家一起愉快地回忆了当年专家在华任职时的情景（图6）。

1956年2月，我研究生毕业后留校任教。1956年7月至1957年5月，无苏联专家在发动机系任职。1957年5月，苏联哈尔科夫航空学院派来叶尔索夫专家，他的专业是航空叶片机原理。我当时接受了一项“平面叶栅试验设备”的科研装置设计任务。该设计任务由叶尔索夫专家负责指导。我完成设备的初步气动设计后，由叶尔索夫专家审核。他审阅后指出：应进行叶栅试验设备与供气气源的共同工作计算，并在气源压气机工作特性线上标出共同工作点。该试验系统的气源是由一台活塞式发动机带动的离心式增压器供应的。我按照叶尔索夫专家的指导意见进行了共同工作点的计算，并标出了位置。虽然该设备建成时叶尔索夫专家已离任回国，但这个设备在我校发动机原理专业方面的教学和科研工作中发挥了积极的作用。

图6　在莫斯科尼基景专家的家中拜访

如上所述，从1953年至1957年，我先后得到过三位发动机专业方面的苏联专家的指导和帮助，提高和充实了专业知识，这为我之后的教学科研工作打下了良好的基础。

专家助我选定新专业方向

朱心雄

一、北京航空学院来了苏联专家

1952年10月25日北京航空学院成立时，就有7位苏联专家到校，协助建立新的苏联式教学体系。

大二时，我们班共有100余名学生，因尚未分专业，所以一起在大教室里上基础课。例如，电工课就是在同方部（清华大学的一幢建筑，进门就是一个大教室）讲授的。按照当时中央政府的决定，1949年和1950年入学的两届大学生都只学习三年，提前一年毕业，以满足第一个国民经济建设五年计划对专业人才的需求。因为苏联专家到了北航，学校决定将我们班一分为二：一部分同学按当时要求，提前一年于1953年夏季毕业；另一部分同学则维持四年学制，以便向苏联专家学习。我为后者，即学习四年毕业，由此获得了向苏联专家学习的机会。我们班属于飞机工艺专业，共有30名学生。

与我国传统的教学体系相比，苏联式高等教学体系在形式上有很多改变。以考试为例，从传统的笔试改为口试。口试步骤是：老师出一批考试题目，将其组合成许多试卷，每张试卷里有几道题；考生进考场后，随意抽取一张试卷进行准备；待准备完毕，即由老师进行口试；可以有数位考生同时进场，但口试必须依次进行。课程的评价分为“考试”和“考查”两类。前者的成绩依次为优等、良好、及格和不及格，后者只有及格和不及格之分。

二、马卡洛夫专家讲授“飞机装配工艺”

1952年在飞机工艺专业工作的苏联专家是马卡洛夫——一位和蔼可亲的长者。他给我们讲授“飞机装配工艺”，唐荣锡先生任翻译。马卡洛夫的课使我们对飞机装配工艺有了一个初步的了解。虽因年代久远具体讲课内容已无从查考，但我还记得他明确指出了飞机装配工艺技术的发展方向为装配基本原理、准确度和自动化。

三、两位苏联专家参加了我的课程设计和毕业论文答辩

四年级上学期的课程包括：“飞机装配施工法及装配夹具设计”“非金属航空材料及其施工法”“飞机设备”“金属热加工及焊接”“压制准备操作”“压制机构造及车间设备课程设计”“车间及工厂设计概论”“飞机构造及强度计算课程设计”“金属切削刀具及机械加工施工学”“表面保护施工法”和“企业的组织经济及计划”。

我的“飞机构造及强度计算”课程设计的题目是“设计一个V形发动机的机架”；“压制准备操作”课程设计的题目是“设计一个冲裁和压延（现称‘拉伸’）复合模”，由常荣福先生指导。常先生对我的设计比较满意，请了苏联专家马卡洛夫来参加我的课程设计答辩。

1954年初，我们到江西南昌320厂进行毕业实习。我的毕业论文课题是冲压成型方面的。当时320厂正在试制雅克-18初级教练机。该机尾轮叉的材料是30铬锰硅合金钢（30CrMnSiA），由板料冲压成型后再经焊接制成。工厂原来用的是常温冲压，但总是产生裂纹。我们曾学习过“金相学”，知道将金属材料加热到一定温度会发生再结晶现象，使结晶组织得到修复。因此我建议冲压车间先将尾轮叉的板坯加热，再进行冲压成型工序。车间负责人听取了我的建议，决定先做试验。操作工人用钳子夹住尾轮叉的板坯，送到炉子里加热，待毛料被烧红后，立即取出进行冲压。令在场的人们兴奋的是，试验很成功，裂纹消除了。后

来，遇到一位冲压车间的工艺员，他对我说：“北航有个学生解决了尾轮叉的裂纹问题。”我说：“这个学生就是我。”这是我第一次用学到的知识解决实际问题。

回到北京，我开始做毕业设计。我的毕业设计题目是“N型机冲压备料车间设计　生产量1000架　单班制”，设计对象为雅克-18尾轮叉的冲压成型。指导我毕业设计的是常荣福先生和冯宗律先生。

毕业设计的内容包括绘制一张包括尾轮叉和发动机排气管类零件在内的各种黑色金属冲压件带阴影的立体图；设计尾轮叉的冲裁模和压延模（现称拉伸模）各一套，并绘制其装配图；绘制上述模具的若干零件图；设计冲压车间并绘制平面布置图及毕业设计说明书。教研室请了别略可夫和马卡洛夫两位专家参加我的毕业设计答辩，给了“优等”的成绩。

四、听取别略可夫的建议，我改变了专业方向

大学毕业后，我进入研究生班深造。鉴于我课程设计和毕业设计的题目都是冲压成型方面的，进入研究生班后，我顺理成章地选择了冲压成型作为研究方向。当时，我的导师是梁炳文先生。别略可夫是钣金成型方面的专家，我偶尔也会向他请教。

1954年至1955年，时任北京航空学院教务长顾问、兼任飞机工艺教研室专家的别略可夫提议：随着整体结构在飞机设计中的广泛应用，飞机工艺教研室应当培养一位从事飞机整体结构机械加工方面的教师。

别略可夫提出的是一个具有前瞻性的建议。20世纪中叶，随着喷气推进技术的日臻完善，飞机的飞行速度得到了大幅提高。因为整体结构件在减轻结构重量、提高结构完整性和提高承载效率方面所展现出来的巨大优势，一些原来由众多钣金件以铆接或焊接方式构成的部件逐渐被整体结构件所取代，蒙皮则被整体壁板取代。这些整体结构都是由机械加工制成的。以20世纪50年代初的苏联航空工业为例，在歼击机领域，

已生产了米格-15、米格-17和米格-19，试飞了米格-21；在轰炸机领域，生产了图-16（1952年首飞）和图-95（1954年首飞）；在运输机领域，生产了安-10、安-12等机型。在这些飞机上，整体结构已初露头角，整体结构加工成为飞机制造中不可忽视的发展方向。

当时我正开始钣金件仿型成型方面的学习和研究，由于教研室在机械加工方面的需求，我放弃了钣金成型研究，“自告奋勇”地转到了飞机整体结构机械加工这个方向。

在航空发动机领域，机械加工工艺是一门成熟的学科，但在飞机整体结构制造领域还需要做很多基础性工作。我在本科阶段学习过“金属切削原理与刀具”“金属切削机床”和“机械加工工艺”等课程，但要成为合格的机械加工方面的教师还远远不够。因此，我又重新深入学习了相关课程：向郑兴人先生学习“金属切削原理与刀具”，向孙振钧先生学习“金属切削机床”，向李哲浩先生学习“机械加工工艺”等。此外，我自学了一些苏联学者的原著，如索科洛夫斯基所著《机器制造工艺学的科学原理》。1956年上半年，我在沈阳112厂的11车间学习了飞机整体结构零件的加工过程及其互换协调方法，结业报告的题目是“飞机制造中提高铣切生产率的方法、型面加工的方法以及互换协调的保证”。1956年夏，研究生毕业后，我开始了“飞机零件机械加工”的教学工作。

五、新课程的建立

1956年秋，我开始从事教学工作，那年我23岁。讲课对象是53级（1958届）飞机设计专业的学生，讲授内容是“机械加工工艺学”，地点为一号楼的212教室。1957年春，我第二次讲课，对象是53级（1958届）飞机工艺专业的学生，讲授内容仍为“机械加工工艺学”，地点为一号楼的202教室，那是一个很大的阶梯教室。这次听课的学生非常多。北航是最早在飞机工艺专业开设该课程的院校。

通过研究生阶段的学习，我对“飞机整体结构机械加工工艺学”课程应包括哪些内容有了比较清晰的概念。我认为它应包括三部分——工艺过程设计基本原理、加工方法和选择，以及夹具设计原理，且所有内容必须密切结合飞机整体结构件的特点。

1959年，借指导1961届学生到沈阳112厂生产实习的机会，我在工厂收集了一批米格–19所用整体结构及其加工的资料，并在现场绘制了必要的插图，又根据当时在《航空技术》《国际航空》《航空工业译丛》等期刊上刊载的文献，以及由唐荣锡先生提供的他在苏联留学期间收集的资料，编写了讲义《飞机零件机械加工工艺学》。讲义共分十章，分别为：1.各类表面的加工；2.特殊加工方法；3.工艺规程设计；4.起落架制造；5.型材类零件制造；6.整体梁与框的制造；7.整体壁板制造；8.大型复杂镁合金零件的制造；9.化学侵蚀加工；10.夹具设计。图1为米格–19的机翼大梁，图2为靠模铣切夹具（左）和钻模（右）。这些插图都是我在现场绘制的。

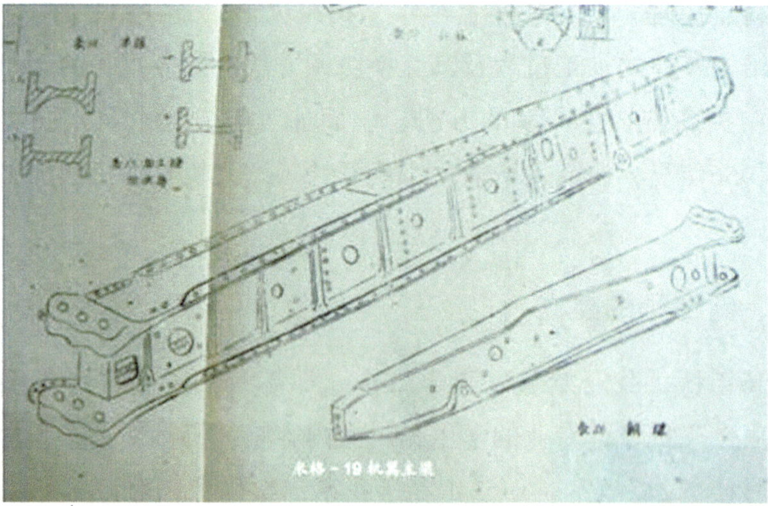

图1　米格–19机翼主梁（1959年）

在1958年“北京一号”轻型旅客机的设计和制造、20世纪60年代后期靶-6，以及20世纪70年代中期无人驾驶高空侦察机的制造过程中，我都参与了与机械加工和计算机辅助制造相关的技术工作。

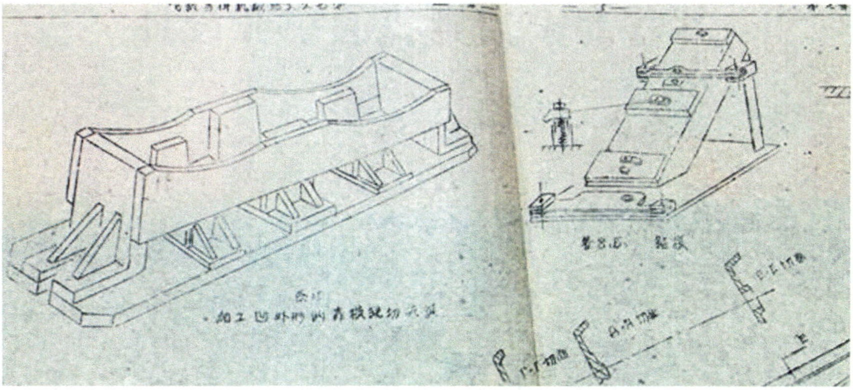
图2　凹外形靠模铣切夹具（左）和钻模（右）（1959年）

65年前，别略可夫的建议对我的专业生涯具有极其重要的影响，从最初踏入工作岗位直到退休，我一生所经历的教学、科研和生产工作都与机械加工密切相关。

为此，谨向苏联专家马卡洛夫和别略可夫致敬！致谢！

苏联专家指导我的毕业设计

吴骏恒

2020年5月10日，在珠海庆祝87岁生日后，我开始向88岁的目标迈进。

纵观自己的人生轨迹，完全与祖国的发展和崛起同步。而总结和回顾我这一辈子时，一个想法很自然地在脑子中出现：为什么能获得这些成绩？作为从教40余年的老教师，一些重要的经验值得总结。

我是1957届即北航建校时招收的第一届本科毕业学生。我们这届学生完全遵循了苏联莫斯科航空高等学校的教学大纲和教学计划，也就是世界上第一个社会主义国家的教育计划。这个计划经受了重重考验，在实践中被证明是先进的。

这个计划的主要特点如下。

一是数理基础要求严格。这点从教育计划的安排和教材的要求可见一斑。

二是技术基础广泛全面。如“车间设计”以及“起重运输机”等课程。

三是理论紧密联系实际。我们必须参加定点劳动，并要达到劳动技能的要求。三次下厂实习，前两次我取得了三级车工和四级铆工的成绩。

四是在学习过程中，要具有技术革新和创造的思维模式。这点对我一生所从事的所有工作都起了非常重要的指导作用。

我特别感触的是：这个教学计划与我国的教育方针“教育为无产阶级政治服务，教育与生产劳动相结合”非常契合。

我们这届学生，在这个教学计划所形成的环境中成长，而决定我人生的一个关键节点是苏联专家指导我的毕业设计。1957届毕业生的毕业设计由两部分组成：下工厂的毕业实习和撰写毕业设计论文。下厂前，教研室已决定我和蒋望瑶的毕业设计由苏联专家帕尔霍明柯教授指导，他是苏联喀山航空学院飞机系系主任。毕业实习教师是夏璿若老师。因本人俄语水平不高，所以与指导教师交流时，由教研室精通俄语的汪一彭老师当翻译。

工厂实习的内容根据毕业设计题目确定，要求搜索生产现场的各类资料并体验车间工艺员的工作。实习地点是沈阳飞机制造厂33车间；实习日期为1956年11月到1957年2月底；1957年3月到1957年6月底在校完成毕业设计。在此期间，苏联专家每星期对我进行指导并交流一次，每次约三小时。苏联专家的指导完全是启发式的，他会提出各种问题启发我思考，从未将自己的看法强加于我。每次指导讨论交流，都充满了活跃的气氛，活泼地讨论，严肃地、细微深入地剖析和论证，最后得到正确的结论，这些都使我受益匪浅。

通过这次毕业设计，我不仅获得了很多知识，而且更牢固地树立了不安于现状、力求用改革和创新的精神对待教学和科研工作的态度。这种观点和方法让我一生受用无穷。

因为苏联指导教师的要求高及设计的工作量大（超出其他同学将近一倍），所以我一直到1957年6月底才完成设计。

接下来的毕业分配，对我们来说非常重要，一旦确定了志愿和工作单位，就是一辈子的事。当组织上通知我留校时，我很吃惊，因为全专业100多名毕业生，留校的只有我一人！我从苏联专家回国后给教研室的一封信中得到了答案。帕尔霍明柯专家在信中写道：教研室接受了他的建议将吴骏恒留校，无疑是正确的……至此，我才恍然大悟，同时也非常感动。

苏联专家指导我做毕业设计，不仅让我获得了很多专业知识，而且大大提高了我分析问题和解决问题的能力。特别是专家的举荐，决定了我今后的工作方向。

从我生活工作近70年的时间跨度看，苏联专家指导我毕业设计的时间还不到一年，可以说是非常短暂的，但对我来说意义巨大，令我终生难忘。

我这辈子还有一个很大的遗憾：完成毕业设计后，本要去拜访帕尔霍明柯教授，向他表示感谢，但受当时政治形势影响，毕设答辩被取消，从此，我再也没有见过帕尔霍明柯教授。几十年过去了，2015年学校离退休处组织去俄罗斯旅游，我参加了。行程的最后一站是喀山市。我们参观了列宁故居和列宁的母校喀山大学。我向该校的讲解员和导游询问，喀山航空学院还在吗？她们回答无可奉告。我想，如果能找到喀山航空学院，即使帕尔霍明柯教授已作古，若能见到他的后人，也能了却我的心愿。但因时间和其他原因，我的心愿未能实现，回想起来唏嘘不已。谨以此文纪念我在北航这段难忘的经历，表达我对苏联专家的感激之情。

向苏联专家学习二三事

赵其寿

1958年秋末，苏联专家谢尔盖耳到发动机系讲授“涡轮喷气发动机燃烧室”课。系里指派我和范作民向苏联专家学习。因范作民后赴苏联留学，所以苏联专家来校后，只有我一人跟着他学习。

谢尔盖耳是莫斯科航空学院教师、苏联科学院物化所研究员，来系里主要讲授燃烧学和燃烧室工作原理，并辅导我学习和答疑。他每星期上两次课，每次2～3小时。除了学习，我还兼做助教。

图1　谢尔盖耳专家在辅导我

谢尔盖耳专家来时未带课本、讲稿、参考资料等教学资料，因此经常要到各图书馆看资料、写讲稿。他对我说，“理论要结合实际，理性认识要结合感性认识”；并提出，在他讲解各种火焰特性和火焰传播时，要有实物演示配合。他还建议用玻璃管显示火焰传播，用本生灯显示火焰特性。谢尔盖耳让我来做这些装置，而且装置方案、表演方式都要通过试验研究确定，要求安全、便于观察、简单轻便、易于搬动。当时我毕业才两年，负责从方案设计、器材采购、装置加工到试验一系列工作。由于白天要向专家学习，还有教学工作，还要带两个学生的毕业设计，因此我只能利用晚上时间做试验装置，经常工作到很晚。经过一个多月的苦干，我最后确定用气瓶压缩空气为氧化剂、汽油为燃料，混合气的成分及流量可调；观察火焰的传播装置采用三根耐热钼玻璃管，口径5厘米、长1.2米，可分可合，装在木板上，用电火花点火；本生灯用铁皮筒和耐热玻璃管制成，管内有孔隔板以防燃爆。装置做好后，谢尔盖耳专家做了检定，很满意。他讲课时，燃烧演示由我配合操作，结果很成功。

一次专家讲完课后没有立刻离开，对我说："下堂课讲冷焰要有演示，以前没有做过，现在试试。准备一个小电炉、一块铁板，还需一个热电偶温度计，一些柴油。"我随即从实验室备齐了这些物品，但试验了几次都未成功，只产生明火，没有冷焰。一个听课老师说："加上砂子试试。"于是，我把找到的砂子堆在铁板上，试了几次，成功了。我们第一次看到了淡蓝色火苗——冷焰。专家很高兴地说："还是集体力量大。"

有一天晚上，系主任请谢尔盖耳专家全家看文艺演出，我也陪同。演出前，我想到上午专家讲"燃烧室工作过程"时自己不明白的一个问题，便问："您讲燃烧室出口温度不均匀，物质流量也不均匀，所以试验时要在燃烧室出口平面上均匀安置很多测温计和测流速感应头，然后按测取值计算平均温度。为什么不在燃烧室出口加一段搅混段，使其搅混均匀后再测温度，岂不就简便多了。"专家说："你的问题很好，燃烧室试验主要是测燃烧室性能，其中一项是测出口温度及流速。燃烧室性能以后会讲，这次是我疏忽了，没有提到这点。"

1959年初秋，谢尔盖耳专家的课讲得差不多了。一天他对我说："有一节课'燃烧室热力计算'你替我讲，以向系里汇报你学习的成果。"他给了我一些参考资料目录，并提示了一些原则、要点。我准备了一个星期，把讲稿写完了。专家看后说，“不错，像论文”，并提出了一些意见。我讲课那天，谢尔盖耳专家也来了，而且坐在前排。我当时一惊，对他说：“我不知道您要来听课，所以没有请翻译。”他说：“你以后讲课也要翻译？放心讲，只当你前面坐的全是学生。”

1959年初夏，系里邀请谢尔盖耳专家与部分教师去颐和园游览。在长廊休息时，专家对我们说：“你们的集体真好，无私团结、忘我奋斗，我真羡慕你们。”我听了心中很高兴。

图2　谢尔盖耳专家在听我讲课

1959年8月，谢尔盖耳专家要回国了，我和教研室一些教师到火车站去送他。在握手告别时，专家眼中含着泪水。回顾这一年的相处，专家对我们真诚相待，真心帮助，讲课认真负责，辅导从未居高训斥，总是耐心解答，有时还共同探讨，我心里充满了感激、感动。

苏联专家走后，发动机原理教研室燃烧组作出规划：在开设“喷气发动机燃烧室”课前先编一本教科书，并建立示教实验室，以后再建燃烧室性能实验室。这本教科书基本参考了谢尔盖耳专家的讲课内容。示教实验室除了已建成的本生灯、冷焰炉和火焰传播装置外，还计划建燃烧室工作过程演示装置。这个示教实验室在国内是首创，而以后的教学实践也证明了其能够提高教学效果。

我的三位苏联导师

余英杰

饮水思源，北航的发展离不开苏联专家的帮助。我在北航学习和工作的开展，同样依赖于卡古林、别拉文、哈雷宾这三位来自苏联的专家。

一、卡古林专家

1952年，北航建校初期教师很少，部分专业如无线电，完全空白，没有教师。1953年高校分配，只有两名提前毕业的无线电毕业生被分到北航；1954年则没有这个专业的毕业生。为了培养师资，北航于1955年至1956年请了一批苏联专家，将1955年分配来的高校毕业生招收为第一届研究生，导师就是苏联专家卡古林。苏联专家住在友谊宾馆，研究生住在刚建好的学生第九宿舍。

卡古林专家的任务是指导四名无线电专业毕业生，分别是山东大学毕业的于冠生，华南工学院毕业的马余童、梁炳贵和我。卡古林为我们讲授和指导设计航空无线电设备，帮助建立无线电导航实验室。他还带来了苏联高校的实验说明书和实验桌图纸。

航空无线电设备包括超短波话音收发机、无线电罗盘、半罗盘、无线电大高度表、无线电小高度表（PB-2）、信标接收机、敌我识别机。讲授内容就是这些设备的作用原理和具体线路。

其中，无线电罗盘利用罗盘天线的方向性引导飞机的航向，无线电大、小高度表利用无线电波的反射作用测出并显示飞机的飞行高度，信标接收机通过接收机场跑道发出的定向信号引导飞机朝着跑道下滑着陆，敌我识别机则利用发射密码识别敌我飞机。

1958年“北京五号”无人驾驶飞机的无线电遥控和无线电遥测的发射机与接收机采用的就是超短波话音收发机。北航自己研制的是发射机的调制器和接收机的解调器。

要在两三个月内设计、调试一部可靠的航空发射机和接收机，以当时的人力、物力根本不可能完成。而“北京五号”能够于1959年1月29日试飞成功，卡古林专家讲授的无线电设备课功不可没。

1956年暑假后，系里要开两门新课：本专业的“电子管放大器”和外专业的“无线电技术与雷达”。当时因为没有教师，所以只好抽调两名研究生承担教学工作。电子管放大器我在大学时学过，有教科书。无线电技术与雷达基本是无线电专业课程的浓缩，内容包括电子管、放大器、无线电基础、接收发送设备，还有雷达原理。雷达原理我在大学时没学过，国内的大学也没开这门课，没有相关的教科书，而且只能利用暑假时间准备。因为在两个月内备课和编写讲义太匆促，加上内容多，要在一个学期讲完，“教好”不容易，“学好”亦不容易，所以谁都不愿意讲这门课。经过商谈，于冠生选择讲电子管放大器，我只好讲无线电技术与雷达。

由于没有设计任务，因此卡古林的无线电设备设计课我可以不听，但无线电导航实验室不仅必须在他回国前建成，而且要开出实验课。因为没有教师，所以只能由我负责建无线电导航实验室和讲实验课。对于一个刚学习一年的研究生，同时承担备课、讲课和建实验室的工作，压力很大。

建导航实验室，首先要把从空军调来的旧飞机上拆下的残旧无线电设备修好。这些设备有超短波电台、无线电罗盘、半罗盘，以及大、小高度表、信标接收机、敌我识别器等。这些设备都残缺不全，我从未见过，又没经验，无从下手。专家也很担心我能否完成任务。卡古林讲完设备课后经常来实验室，我有问题便向他请教，卡古林都很耐心地一一解答。本来苏联专家讲完课就要乘专用班车回友谊宾馆，但为解答问题，卡古林经常错过开车时间，学校只好另派车送他。

在卡古林的指导下，所有设备很快被修好，并按他带来的实验说明书要求开出了所有设备的实验，且在苏联专家回国前建成了无线电导航实验室。这一切，全靠卡古林的耐心辅导。

卡古林是位老专家，较严谨，讲话不多，开始时感觉有点生疏，后来为修设备常向他请教，接触次数增多。设备修好，他很高兴，开出实验，他更高兴，讲话也多了，我们的关系亦越来越密切。

通过修理设备，我积累了经验，这对我以后的工作帮助很大。1958年研制“北京五号”遥测发射机调制器时，我因为之前积累了经验，所以很快就完成了任务。

卡古林专家回国时，教研室全体出动欢送，并在前门火车站拍照留念（图1）。照相时，我本来站在边上，卡古林看见后要我站在他身前，使我倍感亲切。

图1　在前门火车站送卡古林专家回国

二、别拉文专家

1957年寒假后，教研室决定由我给3203班讲航空导航原理课，教科书则使用苏联航空导航专家别拉文所著的《导航原理》。由于这门课北航老师没学过，因此特聘别拉文专家来北航。这年冬天，十三陵水库动工兴建，教研室全体都参加了建设十三陵水库的劳动，只有我一人留校，为开讲做准备。在看别拉文所著俄文版《导航原理》一书的同时，我的俄文水平也提高了。

别拉文专家开学前到北航，主要讲授“导航原理”，内容有：导航的必要性、特点和要求，飞机和地面的关系，飞机航向导航系统、测距导航系统、高度导航系统，机场上空交通管制导航系统的作用（指挥、引导飞机起飞和着陆），各系统作用原理和要求，各系统之间的关系；地区导航系统、全球导航系统，以及对导航系统的评价。

开学前一周，别拉文专家先给教研室部分教师讲课，然后我将他的讲授内容在下一周给学生讲，如此交替循环，直到全部课程结束。

这门课我之前未学过，故必须完全了解才能给学生讲，所以问题很多，经常要向专家请教。别拉文专家脾气有点怪，他认为容易的问题不值一问时会生气，甚至会骂几句；而所问问题越深奥，他越高兴，会滔滔不绝地解答。因此每次提问前，我都反复思考，尽量自己解决、弄懂，解决不了才向专家请教。这样不仅专家高兴，彼此的关系亦越来越密切，还提高了自己独立思考的能力。

三、哈雷宾专家

1958年航空无线电系（七系）成立，设有雷达、导航、遥控、遥测教研室。为此，学校聘请了几位苏联专家，其中一位是航空雷达专家哈雷宾（图2）。他的任务是讲授雷达原理，建立雷达实验室，指导设计雷达。

专家来校时，正逢“北京五号”开始研制。我负责研制遥测发射机的调制器，同时讲授“无线电技术与雷达”，课时是一周三大节（1956年后每学期都有这门课）。在“北京五号”试飞期间，若调制器发生故障，我必须去机场修理，修好后再返校继续讲课，所以没有时间听专家的“雷达原理”课。

1959年初，“北京五号”试飞成功，相关工作告一段落，我便参加了雷达实验室的建立和雷达的设计工作。实验室调来三部苏联雷达：射击瞄准雷达、轰炸瞄准雷达和测距瞄准雷达。毛士艺负责调试设计射击瞄准雷达，我负责调试轰炸瞄准雷达和测距瞄准雷达，然后开实验课。在哈雷宾专家的指导下，这些工作最后都按时完成了。

图2　笔者与哈雷宾专家合影

实验室内有一张乒乓球桌，哈雷宾专家经常在休息时间和我们打乒乓球，我们在活跃、轻松的氛围中增进了友谊。

哈雷宾专家脾气很好，亲切又和善，对我们很友好。

卡古林专家只身一人来华。别拉文先到中国，夫人和孩子后到，孩子是个活泼可爱的女孩，不到三岁，像个洋娃娃。哈雷宾专家偕同夫人和孩子一起来华，孩子刚一岁多，还在学走路（图3）。

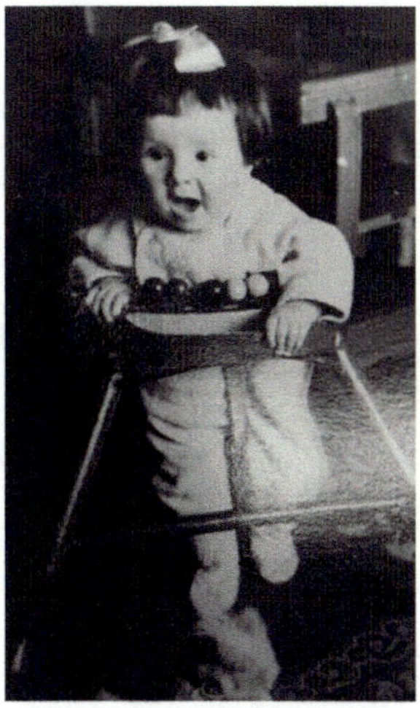
图3　哈雷宾专家的女儿

当时，学校有一笔接待苏联专家参观、郊游、用餐的费用。他们去过的景点有八达岭、颐和园、故宫、天坛、香山、八大处。每次参观郊游，别拉文和哈雷宾都是全家出动。

别拉文专家的孩子参观故宫时，开始还可以，后来就烦躁了，在珍宝馆前就是不愿进去。珍宝馆展出的都是当年各地进贡给皇帝的珍品，如象牙席、象牙雕刻、玉石雕刻等，都是奇珍异宝。专家和夫人都渴望一睹为快，但小姑娘就是不愿意进去。见此情景，我便自告奋勇，充当临时保姆，照看小女孩。很奇怪，小女孩对我毫不陌生，专家和夫人也就放心进馆参观了。而我在珍宝馆前逗小女孩开心，玩了很多当时小朋友喜欢玩的游戏，藏猫猫、拍手掌、猜手指等。

三位专家在参观的过程中还品尝了中国美食，都赞不绝口。通过观光游览，三位专家既大开了眼界，又大饱了口福，了解和感受了中国的古老艺术与文化。

每逢苏联的重大节日，三位专家都在住处招待部分北航教师。聚餐都是家庭式的，随便、热闹、友好。本来我滴酒不沾，酒杯都是空的，别拉文专家看见后，亲自为我敬酒，有碍专家盛情，又不能失礼，我只好破例饮了一点儿白酒。

通过向三位专家学习，以及一起参观、郊游、用餐，我们建立了深厚的友谊，使我终生难忘！

回忆苏联轻金属热处理专家

钟群鹏　赵敬世　田荣璋

北京航空学院于1952年10月25日在北京东皇城根北街的原中法大学校址正式宣告成立。成立时学校只有两个系，即飞机系和发动机系。下属四个专业：飞机设计、飞机施工（工艺）、发动机设计和发动机施工（工艺）。

北航初建时，由8所大学的航空院系科合并，8位带队教授是沈元、王俊奎、林士谔、王洪星、王绍曾、吴云书、饶国璋、张锡圣（图1）。

图1　建院时8位教授合影（1985年）

附注：右三为航空冶金系首任系主任吴云书教授。饶国璋教授1968年病逝，故1985年合影时，由赵世诚（右二）代替。

1954年10月，在金属工学（710）教研室的基础上成立了航空冶金系（四系），并计划尽快招收本科生。当时金属工学教研室只有吴云书教授、饶国璋教授、徐碧宇教授、彭德一副教授、张铨南讲师和谢希文助教等十几位教师和实验人员。系主任是8位建院元老之一的吴云书教授，总支书记是詹汉霖。

学校为航空冶金系先后聘请了6位苏联专家：铸造专家卡拉普希金、轻金属热处理专家基尔比契尼可夫、金属压力加工专家克尔巴士尼可夫、航空材料焊接专家阿罗夫、航空金属焊接专家斯卡贡和航空材料专家鲁日尼科夫。卡拉普希金来自莫斯科有色金属与黄金学院，鲁日尼科夫来自全苏航空材料研究院，其他4位专家来自莫斯科航空工艺学院。1955年11月，航空冶金系从全校已有的4个专业的四年级和五年级本科生中抽调了50多名学生作为师资班研究生，享受在职研究生待遇。根据苏联专家的意见，师资班研究生被分编为4个班——铸造师资班、金相热处理师资班、金属压力加工师资班和焊接师资班，由系主任助理宋作舟老师负责行政和教学管理（图2）。师资班研究生成立了党支部，党支部书记是陈昌麒，宣传委员是李崇谟，组织委员是钟群鹏，团

图2　系主任助理宋作舟与潘雅琴、金属压力加工专家克尔巴士尼可夫合影

支部书记是赵敬世。

我们金相热处理师资班有14人（图3），分别是陈汴琨、陈昌麒、董宁辉、高元坤、韩玉润、胡光立、裴桂、田荣璋、邢淑仪、王世中、王世洪、赵敬世和钟群鹏，加上为外单位代培的李定孝，班长是田荣璋（图4）。

图3　金相热处理师资班研究生与基尔比契尼可夫（前排右四）及其夫人（前排右六）、系主任吴云书、教研室主任李继尧、教研室副主任张铨南在友谊宾馆合影

图4　田荣璋（中）与谢希文（右）、张铨南（左）在中南矿冶学院校门前合影

前来向苏联专家学习的兄弟院校教师有：中南矿冶学院（中南大学前身）的张伟斌老师等4人、东北工学院（东北大学前身）的林肇琦老师、哈尔滨工业大学的张吉人老师（参与了苏联专家讲课的部分现场翻译工作）。苏联专家基尔比契尼可夫1956年8月来华就职，1957年7月离京回国，历时一年左右（图5）。

图5　基尔比契尼可夫（后排中）与部分师资班研究生、教师的合影

师资班研究生以上课为主，设置核心课程6门（图6）："物理化学"，96学时，曾实主讲；"轻有色金属学"，112学时，吴云书主讲；"有色金属合金热处理"，90学时，基尔比契尼可夫主讲；"冶金过程原理"，64学时，李继尧主讲；"冶金炉及课程设计"，60学时，东北工学院教师主讲；"有色金属合金热处理课程设计"，60学时，基尔比契尼可夫指导。

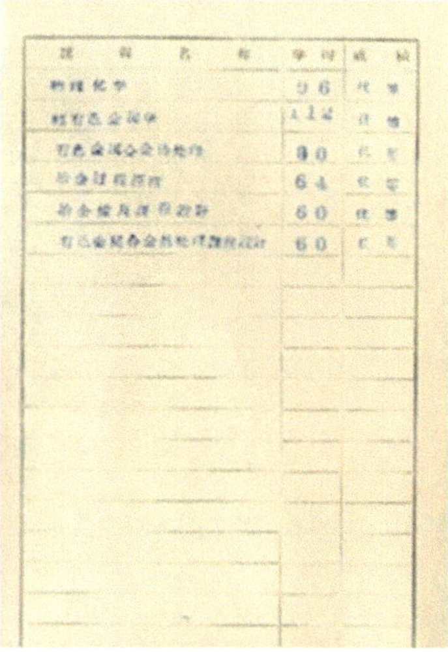

课程名称	学时	成绩
物理化学	96	[illegible]
轻有色金属学	112	[illegible]
有色金属合金热处理	90	[illegible]
冶金过程原理	64	[illegible]
冶金炉及课程设计	60	[illegible]
有色金属合金热处理课程设计	60	[illegible]

图6　钟群鹏研究生结业证书上的学习成绩

基尔比契尼可夫的翻译是钱世民

（图7），专业课程翻译是谢希文（图8）。除上述课目外，金相热处理师资班研究生还分别选修了“三元系”（北京钢铁学院徐祖耀主讲）、“X射线学”（清华大学范毓殿主讲，谢希文在北航负责实验课）和“弹性力学”（清华大学钱伟长主讲）等多门课程。

图7　时任苏联专家专职翻译的钱世民与邢淑仪、赵敬世、钟群鹏的合影

左起赵敬世、钱世民、钟群鹏、邢淑仪，2020年8月拍摄。

图8　苏联专家讲课现场翻译谢希文（右）与钟群鹏在北航老主楼前合影

为了“把苏联专家的知识学到手”，1957年3月系里决定从金相热处理师资班研究生中抽调董宁辉、田荣璋、赵敬世和钟群鹏4人提前进

行“有色金属合金热处理课程设计”和毕业设计，由苏联专家亲自指导（图9）。4人加班加点、夜以继日，终于完成了课程设计和毕业设计工作，于1957年7月14日通过了研究生毕业答辩（答辩委员有基尔比契尼可夫、荣科、吴云书、颜鸣皋、吴师哲、范棠等），并都取得了优良的成绩（图10—图12）。

图9　基尔比契尼可夫专家为学生答疑

左起钱世民、基尔比契尼可夫、赵敬世、钟群鹏、田荣璋。

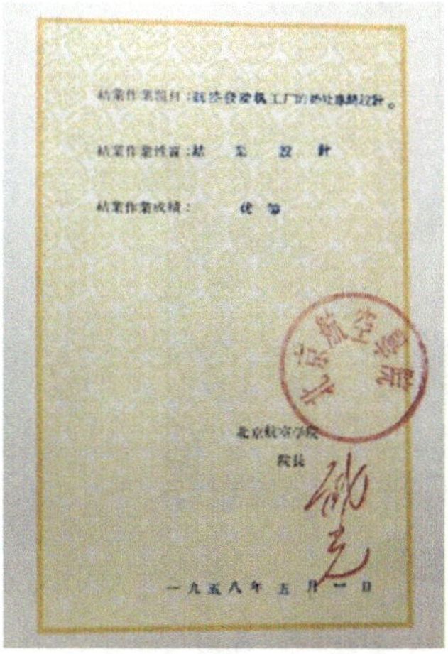

結業作業題目：

結業作業性質：結　業　設　計

結業作業成績：　优　等

北京航空学院

院長

一九五八年五月一日

图10　田荣璋研究生结业证书上的毕业设计成绩记录

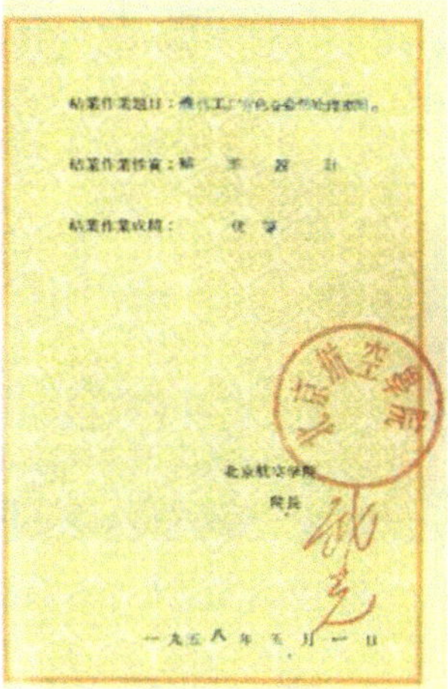

結業作業題目：

結業作業性質：結　業　設　計

結業作業成績：　优　等

北京航空学院

院長

一九五八年五月一日

图11　赵敬世研究生结业证书上的毕业设计成绩记录

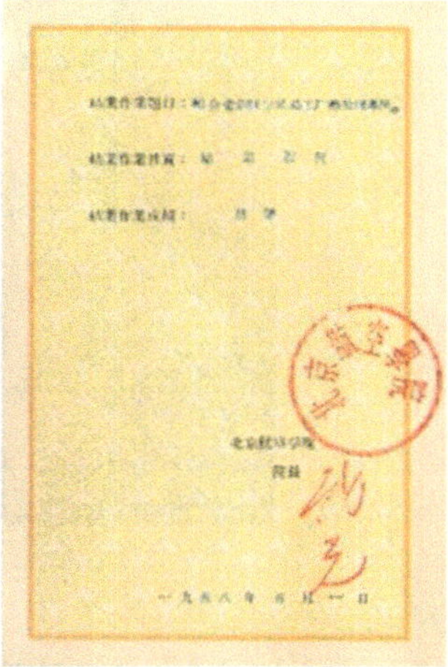

結業作業題目：

結業作業性質：結　業　設　計

結業作業成績：　优　等

北京航空学院

院長

一九五八年五月一日

图12　钟群鹏研究生结业证书上的毕业设计成绩记录

苏联轻金属热处理专家基尔比契尼可夫离华回国前，曾邀请部分教师和全体金相热处理师资班研究生到北京友谊宾馆驻地相见，气氛热烈。作为答谢，系主任吴云书和部分师生邀请他们夫妇在颐和园话别留影（图13）。

图13　吴云书等与基尔比契尼可夫夫妇回国前惜别留影

前排左起：裴桂、俞宝罗、专家夫人、高元坤、邢淑仪；后排左起：基尔比契尼可夫、吴云书、张伟斌。

图14　金相热处理师资班研究生班聚会合影

我们4人提前毕业后，就参加了教研室有关的教学、科研和实验室的工作。金相热处理师资班研究生的同学毕业后，有8人留校工作，其余5人则被调派到其他院校工作：董宁辉到上海大学任教，韩玉润到烟台海军炮兵学院任教，胡光立到西北工业大学任教，裴桂到安徽工学院任教，田荣璋到中南矿冶学院任教。金相热处理师资班研究生同学之间经常联系，有时还聚会（图14）。这个习惯一直保持至今。

这4个专业中的3个专业，即铸造、金属压力加工和焊接的大部分师资班研究生和本科生于1958年8月被调整到西北工业大学。金相热处理师资班研究生（包括调到外校工作的研究生）先后晋升为教授和副教授。陈昌麒担任系副主任和系主任多年，钟群鹏当选为中国工程院院士，他们都在各自的教学、科研和管理岗位上作出了重要贡献。

1954年10月成立的航空冶金系于1981年更名为材料科学与工程系，2001年正式定名为材料科学与工程学院。苏联专家指导的师资班研究生与全院教职员工为系（学院）的发展和建设作出了重要贡献。

衷心感谢苏联教师

于冠生

我原来在航空无线电系（二系）205教研室工作，1958年学院成立火箭系（六系）时，被调到火箭自动控制（605）教研室。朱开轩是教研室支部书记。没多久，学校成立了航空无线电系（七系），系主任为唐邑，我又被调到遥控遥测（701）教研室，教研室主任是马积明。我记得的教研室成员还有林德茂、卢维扬、刘志万、丁元顺、王凤翥、张俊秀、孔宪亭、王蕙、宋树欣等。我和刘志万是搞遥控的；林德茂、卢维扬是搞遥测的。这个教研室的专业包括遥控、遥测两个专业。学校在无线电遥控方面聘请了苏联专家高洛文讲课。听课的除北航的教师外，还有北京工业学院、南航、西工大、成电的教师。苏联专家和夫人、孩子都住在友谊宾馆，我和马积明去过几次。大约是五月的一个周日，学院派车拉我们和苏联专家到香山公园游览，登到半山处，可以俯瞰北京城。那时北京还未建大高楼，但我们没有相机，所以很遗憾没留下照片。苏联专家走后，我编写了“无线电遥控原理”讲义并给学生开课；刘志万负责“无线电遥控设备”课，主要是参考3069和7089（保密性更强的苏联设备）。我带着张俊秀、孔宪亭搞了几套实验设备：苏联专家带来一台古老的飞航导弹接收机，我们做了附加器；制作了1059的侧向校正接收机、反坦克导弹的模拟器等。这样就能开出遥控原理课的实验了。21所的胡志明在教研室进修一年，是我给他制订的进修计划。

关于遥测方面，学校聘请到鲍里索夫专家，主要讲无线电多路通信与遥测。同期，清华大学请了苏联专家别宁讲多路通信原理，我也去清华听过他的课。1961年，卢维扬专家去北京工业学院与其他院校听课的人员一起编写了“无线电遥测原理”课讲义，并负责给57级学生授课。

在遥测设备方面，学校进口了一台苏联的PTC-6号遥测车，在当时十分珍贵。鲍里索夫专家在北航参观该设备时，既感慨又兴奋地说：“在苏联还没机会看到这种机器，现在在中国见到了！”在了解该设备的过程中，苏联专家参与了指导。该设备的资料由黄行健、戴忠立负责整理并参照编写了“遥测设备”课讲义，给57级学生授课。

苏联派来专家并提供相关设备，对国家及学校在科研和培养人才方面都起了不可估量的作用。在此，向苏联专家表达深深的谢意！

忆苏联专家费阿发诺夫

黄执中

费阿发诺夫专家讲的课程是“飞机结构力学”。听课的是教师、研究生和西安航空学院来进修的一名副教授。讲课内容为三角形机翼机身，包括大开口情况的结构静力学。讲课时他利用了数学中的傅里叶级数来逼近待求的应力及其分布规律。费阿发诺夫讲课很认真、细致、严谨，并安排了几次讨论和答疑。

我印象最深的是求机翼的挠度时，对单位载荷状态可用静定方法求解，不必用静不定方法。这样对多度静不定的机翼结构求挠度时，节省了大量的繁复力学计算工作量。

另外，他特别重视和强调充分利用对称性来解决结构力学的问题，以减少力学计算工作量。这点对航空航天专业设计特别重要。

10多年后，我开设“变分法”课并编著讲义时，在《艾利斯哥尔兹的变分法》第136页的一个算例中，充分利用对称性，没有计算就发现并改正了其中一个错误。这主要得益于苏联专家费阿发诺夫对我的深刻影响。

费阿发诺夫专家与王德荣教授共同指导过两名研究生：诸德超和张纪刚。诸德超后来主攻飞机结构动力学、颤振。张纪刚主攻飞机结构静力学，在编写飞机结构力学教材时也很重视和强调充分利用对称条件。

十几年后，我在校图书馆查到了费阿发诺夫所著的新书，俄文版除进一步充实了力法内容，还增加了三角形机翼的位移法，从而使飞机结构力学内容更加全面。

当年，教研室主任徐鑫福教授、王德荣教授等曾两次陪同费阿发诺夫专家到颐和园观光。专家回国时，教研室宴请了他。费阿发诺夫、王德荣两位导师与研究生诸德超、张纪刚合了影。后来叶逢培老师到苏联进修，回国时带回了费阿发诺夫给教研室的礼物和照片。

1952年北航成立时，我是飞机设计专业的一名学生。当时所有的专业基础课、专业课的教材都是从苏联教科书翻译过来的，讲义内容多而深，例如机器零件课的讲义是从苏联最好的机械专业的教材翻译过来的。有一次上课，张锡圣教授的第一句话就是："按照教学大纲，这次讲课必须讲完大约40页讲义，所以只能讲授重点，希望同学们更加专注听课。"

苏联专家不定期地来听课，监督我们是否完成了教学大纲所要求的内容。每周排课时间高达32小时，学生们的负担很重。专业课主讲教师的任务也很繁重，既要完成教学大纲，还要与翻译一起将苏联教材译成中文讲义，因为翻译不懂专业，无法单独翻译。学生课代表隔天就要到印刷厂取讲义，并发放给同学们。

虽然教师、苏联专家、学生任务都很重，但大家积极性很高。因为当时抗美援朝战争严酷的形势使我们认识到，祖国的航空科技事业必须快速发展。遗憾的是，苏联专家工作还未到期，就被苏联政府全部召回了。

从58级开始，有关机械冶金的教材内容深度逐渐降低，课程设计改为直接与飞机有关的内容；在原有苏联教材基础上，吸收了欧美教材的优点；补充了教师的教学经验和研究成果，自编自创；减少了每周课时，减轻了学习负担，给学生以独立思考的时间和发现发展自身特长的机会。但毕业设计和到航空工厂实习，还是完全按照苏联专家制订的培训计划进行的。

回忆在北航的苏联计算机专家

李伟琴

计算机系的阿芬纳斯也夫和萨包什可夫两位苏联专家是1958年12月和1959年11月到北航的，都住在友谊宾馆，我们和他们在日常生活上的接触并不多。我印象比较深的一件事是1959年的“三八”妇女节，陈望梅教师安排三位女教师拜访苏联专家夫人，送上鲜花和节日祝福。那是我第一次去苏联专家的住所，虽然因语言问题无法进行交谈，但仍能感觉到专家夫人收到花后非常高兴。

苏联专家阿芬纳斯也夫是一位非常正直善良、严谨负责的教师。那个年代，我们全身心钻进学习里，都憋着一股劲儿，想用学到的本领为国家建设出一份力。对待教师，我们怀着一种发自内心的单纯的尊敬和尊重。苏联专家安排我们一个礼拜与他见一次面，以答疑解惑、指点迷津，每次半个到一个小时。第一次去时，我什么都不懂，觉得要一直看着他才显得尊重。苏联专家认为这样不好，却没有直接在课上批评，而是在课下让翻译单独转告我：“上课时要认真做笔记。”虽然只是一件小事，但专家这种严谨的教学态度，特别是维护学生自尊的举动，对我以后的教学和科学研究产生了很大的影响。

那时候全国的教学资源十分匮乏，为了学到知识，很多学生不远千里来到北京听课。我则很幸运，苏联专家就在北航，有机会与他们面对面交流。我也在那段时间完成了研究生学业。

当时跟苏联专家学习的女生并不多，我们教研室就只有我一个女生跟他学习做设计。苏联专家说，我与他在苏联教过的一个女学生在工作作风和学习态度上很像，都很严谨、认真。尽管那时的教学体系并不成熟，但我们都认真地听课，论文写得也很好，完成了正式的答辩。

当时我写的毕业论文属于专用机的范畴，名字叫天文导航计算机。它的原理就是跟踪天体，以天体为目标定位，根据天体位置的变化确定飞机的位置。当时也不是数字机，而是使用变压器来完成。答辩现场来了很多人，校内校外的都来观摩。我紧张地完成了答辩后，苏联专家起立鼓掌，说我答得非常好，给了我一个俄语的5分，在当时的五分制下就是满分。后来我才知道，苏联专家是按照苏联研究生的标准来培养我们中国学生的，而我也顺利完成了研究生学业。

在当时北京的几所大学里，北航是苏联专家最多的高校，而我们计算机系的苏联专家又是最年轻的。专家阿芬纳斯也夫，我们都叫他“阿先生”。阿先生对推动北航计算机系的人才培养起了非常大的作用。当时的课程大纲、实验学习大纲等都是他参考苏联模式制定的。而我的讲课工作、实验和毕业设计也是在他指导下完成的。平时，我先去听专家讲课，听懂后将教材翻译成中文，再给学生讲课。

苏联专家十分重视实验课，安排了各项实验任务，让我们几个教师负责制作实验设备，供学生实验用。因为那时还没有真正意义上的计算机设备，所以我们做的都不是数字机，而是模拟机，我们称之为专用计算机。实验设备做好后就像是一个个积木，由学生搭建成一座座城堡。

阿先生在北航只待了一年半时间，1958年底到中国，1960年中苏关系恶化后就回了苏联。临走时他没有与我们联系，而是给我们留下了很多宝贵的实验器材。我国改革开放之后，陈望梅教授等去苏联访问，带了信和纪念品准备顺道拜访苏联专家阿先生，感谢他对北航特别是对建立计算机系的贡献。遗憾的是没有见到。

虽然之后再没联系，但我至今还记得他认真讲课和耐心答疑时的情景。阿先生对我们真诚友好，不掺杂政治因素，让我非常感动，希望他一切都好。

交往情深

友谊地久天长

和苏联专家在一起的日子

杜忠权

1956年夏，我结束了在哈尔滨工业大学的研究生学习，到北京航空学院热加工工艺系（四系）压力加工（401）教研室工作。系内的专业设置与莫斯科航空工艺学院相同，有压力加工（401）、铸造（402）、焊接（403）、金属热处理（404）和金属工艺学（405）5个教研室。因为金属压力加工是一门新学科，而当时中国的底子较薄，所以需要从苏联聘请一位专家帮助指导专业建设和培养研究生。这位专家便是克尔巴士尼可夫（图1）。克尔巴士尼可夫专家当时是莫斯科航空工艺学院的教授，三十六七岁，比我早一年即1955年来到北航。学校专门为他配备了一位俄语翻译。由于是新建专业，专业建设、师资培养、本科生课程设置以及各项硬件建设，工作可谓千头万绪，因此翻译工作量很大，一位专职翻译有点忙不过来，于是系主任吴云书教授让我给专家做一些口译工作，以减轻他的负担。这样，我有一年的时间

图1　1956年克尔巴士尼可夫专家和笔者合影

图2　1957年春克尔巴士尼可夫在北京做学术报告

接触克尔巴士尼可夫专家。他是我一生中的第二位苏联老师。

克尔巴士尼可夫教授是一个十分谦虚、和蔼可亲的人，知识渊博、治学严谨、工作认真。在短短一年里，我多次担任他的口译，其中包括会见院领导、给研究生答疑、在校内外做学术报告或为本科学生介绍专业等。每次活动前，他都会认真做好准备。我印象最深的是1957年春，中国金属学会北京分会专门为他安排了一次报告会（图2），地点在民族文化宫附近。报告的题目是“关于有色金属板材轧制技术的现状和发展”。为了做好这次报告，他几乎花了一个星期的时间准备，写了一个详细的提纲，并在报告前详细地向我交代了提纲内容。报告会有一二百人参加，非常成功。会后有些听众特地找到我，要我向专家表达敬意和感谢，其中不乏当时国内金属压力加工界的知名人物，如长春第一汽车制造厂的总工程师俞云焕和第一机工业部第一设计院的资深工程师王树良等。我在会上有幸认识这些前辈，并且和他们建立了终身的友谊，也是意外的收获。

系主任吴云书教授给我的另一个任务是负责筹建压力加工实验室。当时的我还是一个刚刚跨出校门的年轻小伙子，知识面很窄。在金属压力加工这个领域里，就材料言，我只知道黑色金属钢铁，对有色金属铝、镁及其合金知之甚少；就加工工艺言，我只懂锻压，不懂轧制和挤压等。因此要我负责设计一个适用于航空材料的压力加工实验室，对我无疑是个巨大的挑战。就在我犯难的时候，专家及时地给了我具体的指导。他告诉我这个实验室负担的任务，应该包括哪些内容，照顾哪些方面的要求，拥有哪些种类的设备，在土建方面更应该注意哪些问题等。

图3　克尔巴士尼可夫专家正在审查笔者设计的金属压力加工实验室的平面布置图

此外，他还特地介绍我去当时的航空工业部设计院（在德胜门外）向负责指导“一五”期间苏联援建的航空工厂锻压车间的专家涅基拜洛夫请教一些问题。我完成设计后，他又亲自审查设计图纸，帮我把关（图3）。但没有想到，由于形势需要，1958年北航的压力加工专业合并到了西工大，金属压力加工实验室的建设计划也就因此被束之高阁了。

20世纪50年代的物质条件远远不如现在，讲课用的投影仪都没有，更别说测量应力和变形的应变仪之类的设备了。我们常为许多想做的事因条件不具备做不了而苦恼。每当遇到这种情况，克尔巴士尼可夫专家总是安慰我们：“Сейчаснет, нобудет.”（俄语意思：现在没有，将来会有。）这使我们联想到当时一部热映的苏联电影里的一句台词：“面包会有的，牛奶会有的。”他就这样鼓励我们要乐观地看待未来，不怕困难，勇敢前进。

图4　1957年北航热加工工艺系压力加工教研室全体教师和苏联专家克尔巴士尼可夫

20世纪50年代的压力加工（401）教研室好像一个小家庭，有4位年轻教师和一位苏联专家。这4人分别是潘雅琴、宋作舟、刘耀祖和我（图4）。克尔巴士尼可夫专家是我们这个小家庭的家长，每逢节庆假日，我们都会一起在他下榻的友谊宾馆里聚会。1957年的“五一”劳动节，我们收获了一个惊喜。当时苏联最高苏维埃主席团主席伏罗希洛夫元帅正在北京访问。“五一”那天，他计划到友谊宾馆探望在北京工作的苏联专家们。我们吃完一顿丰盛的午餐正准备告别时，克尔巴士尼可夫专家叫我们别急，要我们跟他一起到宾馆门口列队欢迎伏罗希洛夫元帅，使我们有幸一睹这位闻名于世的大人物的风采。

1957年初夏，克尔巴士尼可夫专家完成了援华任务，启程回国，吴云书主任率领我们到前门火车站送行。别情依依，吴老师表达了若干年后再请专家回来看看的愿望。谁能想到这个愿望在30余年后的1990年才实现。那年克尔巴士尼可夫专家重回北航时，只见到了宋、潘两位老师和专门从南昌赶来的笔者。

1957年克尔巴士尼可夫回到苏联时，正值莫斯科举行第六届世界青年联欢节，他托人送给我们每人一个新颖的塑料盒。这个纪念品我珍藏至今（图5）。

1992年秋，我应邀访问莫斯科航空工艺学院。当我乘坐的国际列车到达莫斯科车站时，已是午夜十一二点。令我意想不到的是，克尔巴士尼可夫专家竟独自一人站在月台上等我。我激动不已，情不自禁地跑上前去和他紧紧拥抱。他开车把我送到预先安排好的住处，也就是他们学校的学生公寓后才离去。

图5　1957年克尔巴士尼可夫专家归国后送给笔者的纪念品

克尔巴士尼可夫专家当时已是70多岁的老人，我以为他早已退休，但他告诉我，他还在工作，在学校里还有一间属于他的办公室。克尔巴士尼可夫专家约我第二天到他的办公室去。我有些疑惑，但又不方便问。翌日上午，我按时去他的学校赴约，发现他的办公室就在院长办公室附近，门旁墙上镶嵌着一块有机玻璃牌子，上面用俄文写着“俄罗斯联邦机械科学院院士阿·伊·克尔巴士尼可夫”，我这才恍然大悟。在莫斯科的半个月里，我发现他体力明显不如从前，动不动就需要休息。我怀着某种不祥的预感回国。果然，在我回国后三四年就传来噩耗：克尔巴士尼可夫专家永远地离开了我们。

我所接触的铸造专家卡拉普希金

马壮宇

1954年底，苏联铸造专家卡拉普希金来到北京航空学院，帮助航空冶金系（四系）建设铸造专业，并为首届铸造专业研究生授课。现今材料学院的王义虎教授（退休）即为当年苏联铸造专家的研究生之一。本人当时在铸造实验室工作，至今还记得与苏联专家接触的一些琐碎小事。

那时我在彭德一教授的领导下参加铸造专业实验室的筹建工作。彭先生的办公桌被安放在实验室一角。四系的四号楼还没有建造好，只有后面的小副楼。现在这个小楼还在（图1），偏僻安静、树木青翠、绿草茵茵，只是故人不在。

图1　四系楼后面的小副楼

那时，卡拉普希金专家经常来实验室，他提出了实验室添置设备的具体方案，甚至当场用铅笔画出草图，再由我们画出正规图纸送去加工。其中，包括轻合金熔炼设备及其辅助工具（如型砂试验设备、造型工具、砂箱、捣锤）等，几乎把他在苏联实验室的一切设备和工具方案都毫无保留地传授给了我们。图2和图3是笔者绘制的砂箱图和制作的捣锤。

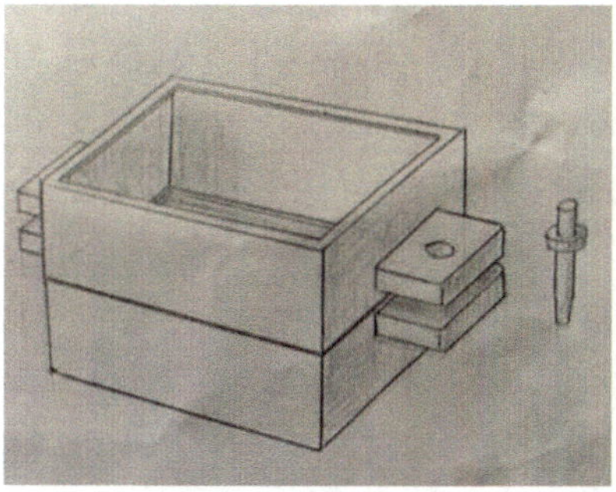

图2　砂箱

图3　捣锤

图4　语法课本

20世纪50年代，我国为向苏联学习，动员大家学习俄语。北方一些高校如哈尔滨工业大学都开设了俄语课，掀起了学习俄语的热潮，清华大学还特别为科技人员编写了俄语速成教材。我至今还保存着当年学习俄语的语法课本（图4）。1952年7月，北航筹委会也组建了教师短期突击俄语学习班。

一次，卡拉普希金专家突然来到实验室。我在刚刚刷完油漆的储砂柜上画了一个红色小五角星，他过来看了一眼，脸上露出笑容。

我说：“Здравствуйте！”（您好！）

他也说：“Здравствуйте！”（您好！）

我说：“Ямаляр.”（我是油漆匠。）

他笑一下说：“Не，тыхудожник.”（不，你是画家。）

我摇摇头，哈哈大笑。随后他过去和彭德一先生谈论工作上的事。这是我第一次也是唯一一次与卡拉普希金专家面对面对话，所以印象特别深刻。我是哈尔滨人，从中学开始学过一些俄语，但现在已经全忘了。

60多年过去了，时过境迁，物是人非。许多最早参加专业建设的人都不在了，但我回忆起来，往事依然历历在目。如今学校虽未开设铸造专业，却有了一个强大的材料学院。70多年前在北京北郊柏彦庄破土兴建的航空学院，如今已成为世界知名的北京航空航天大学。

我的业余专长是油画，在怀念苏联专家卡拉普希金的同时，以一幅油画“早春·柏彦大厦”（图5），表达我对北航建校初期包括苏联专家在内的创业者的敬意。

图5　早春·柏彦大厦

友谊长存

刘方杰

北航1952年成立时，我在航空发动机教研室工作。教研室主任是宁榥教授，副主任有罗德伟教授、曹传钧讲师。教研室还有王绍曾教授、宋懿昌教授、晏励堂副教授等。到我们教研室来帮助建设的苏联专家叫赫罗宁。

赫罗宁是莫斯科航空学院的一位副教授。他的业务知识很广，对教研室的建设考虑得非常全面；教学经验十分丰富，教学方法优秀，教学态度一丝不苟。赫罗宁为人平和、谦逊有礼，对宁榥教授等很尊敬。大家都愿意向赫罗宁专家请教，与他相处。

他的专职翻译是易正本女士。易正本非常负责任，工作也很有耐心，对中苏双方人士的语言表达进行了很好的完善。

一开始都是向专家提问，涉及的是我们在教学中碰到的具体问题，同时也使苏联专家了解了中国教师的水平。

当时我们教研室的业务从工程热力学到发动机原理、性能、气动、燃烧、结构、强度、振动都包括。除发动机工艺外，与发动机相关的课程与实验，也在我们教研室教学范围内。其中，发动机的构造、强度是弱项。而在苏联教学中，这两项特别是结构设计十分被看重，对于设计制造发动机是必不可少的知识。当时，苏联专家提供了七种计算方法，请教研室老师整理成中文。在编写中文教材时，遇到了很多不懂的问题，都需向专家请教。这些工作并未让我们这些青年教师承担，但我看了罗德伟教授整理的气门弹簧计算，感到很新颖。

不久，专家又提供了两门课程的手稿，可能是莫斯科航空学院开设的课程，其中一门叫“压气机”。“压气机”一词是宁榥教授定的。这门课程计划由罗德伟教授给中国学生讲授，但先要译成中文。那时，我们都只“突击”了三个月的俄文，阅读都相当困难。但有些老师学得早些，如教研室实验室主任王幼纯已经能够翻译了。他与罗德伟老师共同努力，就讲稿内容向专家请教答疑后，终于拿下了这门课程。另一门课是“燃气涡轮”，交给了崔济亚教授。崔老师的俄文“突击”得快，自己就能阅读。

当时北航的校址还是一片工地，只有一些工棚。住在清华大学的宁榥、晏励堂老师分配有住宅。青年教师住荷花池二宿舍，结了婚的住荷花池一宿舍。我和赵元凯、赵世诚、郭可谦老师等住在西郊车道沟京工宿舍；李哲浩、郑光华等住在亮果厂；罗德伟、崔济亚住在钱粮胡同；王绍曾老师住在景山东街自己家里。

办公地点在清华大学老校园内，位于电机系东北边。过一条小河有一小楼，就是我们的教研室，宁榥、曹传钧老师就在这里办公。城内东皇城根的北京工业学院给了我们几间房，其中一间大房子里放发动机，还有几张办公桌，我和王绍曾老师、赵法经老师就在此处办公。罗德伟、崔济亚老师常来我们这里看看。周化雨师傅和学徒关兆祥管理发动机。专家每次到办公室来都和他们打招呼，这使我们感受到苏联的高级知识分子对普通群众平易近人的态度。

这里特别要说说周化雨师傅，他曾经在白市驿机场工作过，技能水平很高，机、电都行，而且工作态度积极、诚恳，凡是请他解决的问题，周师傅都能迅速、圆满地完成。他还有一项本事——装拆发动机，虽然他连英文字母也不认识几个，却能把那本沉重的英文铁壳维修手册搬来，翻到某一页，让我讲一下这页的说明后，便会在某一隐蔽处，拧开一个螺丝钉，发动机就被他拆开了。

我们住在车道沟的教师，每天要到城里讲课，学校安排了一辆汽车，是私商的，能坐七八个人。那时北京比现在冷，清晨温度只有零下

20摄氏度。汽车哐咚哐咚要开一个多小时，才能到东皇城根。街上除了有轨电车和公交车外，小轿车很少，但我们为每位苏联专家都配了专车。专家说，就是在莫斯科航空学院，他们也没有这种待遇。

我在皇城根上班的第二天，崔济亚老师就来找我了，因为他住在钱粮胡同，离这里很近。他说苏联专家带了一本马斯连尼科夫所著的《活塞式航空发动机》，可能是莫斯科航空学院的“镇院之宝”，我们是不是可以把它翻译过来。我当然没有什么意见。于是就商定，他先把原书意思看懂，我们再字斟句酌形成文字，由我写成稿子。这个工作一周进行几次记不清了，但每次两小时。后来由于我的工作忙了，郑光华住在亮果厂，离钱粮胡同也很近，就由他接替，最后定稿出版。

为了提高教研室老师在航空发动机方面的专业知识水平，专家为我们开了一门航空发动机课，就在北航工地的工棚内讲，由易正本翻译。那时北航以王震华为首有一批翻译，但因每位专家都要专配一人，所以虽然他们也努力学习专业知识，但仍有差距，易正本翻译不到位时便由宁榥教授亲自翻译。尽管大家听课都很认真，但很难把课程内容全部听懂并记录下来。对此，教研室专门安排了晏励堂老师下课后向专家请教答疑，把所讲内容全部弄懂记全后写成讲义刻蜡版油印，再发给大家。当时请人刻蜡版很难，不能及时交出付印，因此王绍曾老师的讲义都是他自己刻在蜡版上再油印，否则赶不上讲课的进度。

晏励堂老师的工作没有做几次，因为他一讲课就忙不过来了，所以便推荐由我承担。我当时住在三宿舍西头，就是今天的学生三公寓西头，专家在四宿舍办公，所以去找专家答疑非常方便。听完专家讲课后，我立即就把已经记录的笔记整理一遍，然后把没有记全的、没有听懂的一一列出，通过易正本请专家答疑。专家非常耐心，解答了所有问题。这样，不仅能百分之百学到专家讲课的内容，还能多学到一些。我全弄清楚后，再写成完整的教材及时发给大家，教研室也有了存档的教学资料。时光如梭，不经意间，专家的这门课程，从发动机运动学开始，到各个部件构造，附件的功能、构造，一直讲到燃气涡轮。我们都掌握了讲课的内容，有了很大的收获，特别是发动机的构造部分——我们之前的短板。

讲课结束后，当我把很大一摞稿子呈给专家时，他高兴极了，立即送请院长顾问杜巴索夫专家一阅，尽管这两位专家都不认识几个汉字。

在苏联的教学计划中，有一门课叫“课程设计”，开始大家都不理解。其实，这是翻译的原因。课程设计，按中文理解，应该是设计课程。对于我们发动机专业的学生，在学专业课时要学会发动机的一个部件设计，而且要能从这个部件中取出一个零件，注尺寸、定光洁度、写技术条件，这样工艺员就可根据这个零件图，写出工艺规程进行加工，把零件做出来。这正是苏联教学的特点，这样培养出来的学生，到工厂就能直接承担工作。

这样一个重要的教学环节，当然应该向苏联专家学习。教研室安排我们三个最年轻的助教，由专家指导做课程设计。我是1951年毕业的，另外两位是1952年毕业的。题目由专家拟定，包括各种类型。我做的是曲轴设计，计算量大些，画图量少些。专家很注意工作方法，验收了，没有答辩。

由于这门课程必须有许多教师参与，包括拟定题目、分配学生、指导答疑方法、启发引导学生、组织答辩等，因此我向专家请教多些。后来我在教研室做了一个指导课程设计的报告，宁榥教授听了很高兴，说这应该叫课程设计教学法，教研室要存档。

随着我们与苏联专家的交往日益增多，关系也越发亲密。在曹传钧老师的筹划下，我们邀请赫罗宁先生一家游览了颐和园。他的夫人和一个活泼可爱的小女儿也参加了。

当时教研室最薄弱的教学环节是实验，只有原清华大学航空系留下的一台可以做发动机特性试验的设备，由霍信礼、王文良开车，王幼纯、来飏指导学生测数据画曲线等。为此，苏联专家一来就抓实验室建设。三馆就是由专家亲自设计，曹传钧、王绍曾老师等监督施工，经过两年的紧张施工才建成的。虽然这时王绍曾老师的试车台也可用了，但专家援华所签的两年合同已经到期。我们都极力挽留专家延期回国，赫罗宁先生也不忍离去，因此把合同延期了一年。

这时教研室的全部精力都放在实验室的建设上。专家拟定了项目，教研室分配好了三馆的房间。我们青年教师，一人承担一套装置。我负责的是曲轴扭转刚性和扭转振动实验，晏励堂老师也参加。专家上班时，车直接开到三馆。我与晏励堂老师设计的装置对试件精度的要求不高，让北京市的机械加工厂加工就可以。然而当时的电机只有1 000多转，而实验要求为两三千转，这就需要设计加速机构。当时一般机械厂的加工精度都达不到要求，也赶不上时间，我们只好拆卸航空发动机上的零件组装。因为配合精度降低了，所以开车到取录数据状态时，噪声非常大，但专家要靠前观察，我们吓得只得到前面去挡。在这样艰苦的条件下，经过大家的奋斗，实验室终于在专家的指导下建成了。

北航1952年入学的学生都是通过北京工业学院和清华大学招收的。京工招收的学生，就在京工的教室上课。京工的学生要到清华做实验，就由我带着学生去清华。而从清华招收的学生，就在清华上课。1952年，我们从清华招了9个班的学生，进校后调整为10个班。5个班为飞机工艺专业，5个班为发动机工艺专业。我国著名的火箭设计专家戚发轫院士，当时就是飞机工艺专业班的。我教的是发动机工艺专业的学生。那时招收的学生都很优秀，如我教的发动机工艺专业的学生周松清，毕业后被分配到沈阳黎明机械厂，后为支援三线被调到贵州新艺机械厂，专门做工艺要求很高的叶片。一次我到贵州开会，有他们厂的军代表参加，我问认不认识周松清，军代表说："怎么不认识，我们厂所有的发明创造，都是他做出来的。"

当年我给学生讲发动机运动学，讲得很精彩，帮助我辅导的老师也说这部分讲得好。其实，我完全是按专家给我们讲课的方法讲的。那时，我们前一天从专家那儿学来的东西，第二天就百分之百地传给了中国学生，当中没有任何“克扣”和“缩水”。当时，中国所有的航空工厂用的都是北航毕业生，因为当年也只有北航培养的学生。那几年，中国的航空工业发展很快，就是苏联专家援助的成果。

由于赫罗宁先生帮助北航成绩卓著，回国后就升了教授。后来他生病做手术时，不幸在手术台上故去。郑光华当时在莫斯科，参加了追悼会，表达了我们无限的哀痛。

赫罗宁先生回国后，又来了一位专家尼基景，因为我的工作很忙，所以没有向他学到更多的知识，但在文体方面我做了些工作，邀请他参加了我们的排球运动，宁榥、曹传钧老师等都参加了。特别是我组织了一次盛大的舞会，地点在发动机系楼西北面的一个大教室。由我发票给同学，青春焕发的文娱尖子都得到了邀请。音乐声起，一位身材高挑的女生请苏联专家跳了一曲华尔兹，一直到深夜大家才尽兴而散。

光阴荏苒，六七十年转瞬即逝，但教研室每个专家的名字、故事，仍然历历在目，让人感慨良深。

瞻翁少游情义深，亦师亦友传古今。
痛惜文伟西飞去，三尺讲坛无故人。

苏联专家给我留下的印象

李俊刚

20世纪50年代初，我校尚是一片荒野，苏联专家就怀着友谊之情来帮助建设，让刚进校学习的我印象深刻。初期来的专家人数不多，主要与校领导接触。各系成立后，苏联专家不断增加。他们主要是在上层出谋划策，与院系领导和校内专家学者联系，规划与制定体制、学制和教学环节。随着时间的流逝，当时学校的领导与专家学者现大都已过世，宝贵的相处细节已无从追忆，但当年他们对学校的贡献至今犹存，我在校学习期间对苏联专家的一些印象至今犹在。

一、在开学典礼上第一次与苏联专家会面

我是1953年秋北航校区刚刚确定并开始基建就入学的首批学生。当年除1952年入学的部分学生和全国院系调整从各地合并而来的学生外，数以千计的新生是学校人数最多的学生群。学校还在大兴土木，首批苏联专家就已来校。我第一次见到苏联专家是在当年的开学典礼上，地点为靠近学生宿舍东侧的操场（现图书馆前绿地）。主席台用建筑工地的木板和圆木搭建，中间挂有开学典礼的红色横幅。台上就座的院系领导有副院长杨待甫、秘书长王大昌以及著名专家陆士嘉、屠守锷、沈元、董守莘等，还有一些苏联专家。这是全校师生首次与苏联专家集体会面。我们学生按班按系整齐列队，每人都配一个小马扎坐在台下。校领导讲话后，苏联专家由学校翻译相助通过台上的高音喇叭也致了辞。

二、目睹苏联专家与师生同甘共苦

学校初建阶段，只有几栋学生宿舍和刚建的教学楼，几乎没有像样的路，唯一的通道就是现在的学生八楼与二号教学楼间的一条马路。说是马路，实际是一条两侧挖有深沟的土路，一下大雨，行人都成了“泥腿子”。我曾在学生八楼二层过道的窗口外望，看见衣冠楚楚的苏联专家与大家一样在雨后踩着泥泞，步履艰难地行走着。到教学楼后他们也要借助工具将鞋上的泥巴清除才能进教室。因当年学校还未建专家楼，所以苏联专家都住在友谊宾馆，有专车接送。后来学校盖了东、西两座二层小洋楼，准备给专家使用，但因中苏关系恶化，苏联撤走了全部专家，这两座小楼就空了下来。现在这两幢小楼是国际交流处、校友会和基金会等机构的办公地点。

三、苏联专家对我的指责

苏联专家对北航的体育运动也很关心和感兴趣，凡学校组织重大体育赛事，很多苏联专家都乐于参观助兴。图1是1959年国家体委组织来华做友好访问的阿尔巴尼亚国家排球队与北航队进行国际友谊比赛，许多苏联专家也来观赛。

当时学校曾多次组织国内知名球队来校比赛。有一次，北京排球代表队在国家排球总教练王祖洪的率领下到学校与我校进行友谊比赛，吸引了众多师生踊跃观看，很多苏联专家作为嘉宾现场观摩。在激烈的比赛中，我为扑救一个已打出界外的球做了一次鱼跃救球，但终因离球过远未能救回而丢失了宝贵的一分。由于当时动作过猛，因此胸部尚未着地嘴已碰到地面。一位苏联专家见此从座位上站起来对我加以指责。当时我觉得自己已做了极大努力，感到有些委屈，事后想想，专家也是出于关心和惋惜，苏联人性格直爽易激动，自己的球技确实也不过硬。再仔细琢磨，我明白了一个道理：任何失误都有自己一定的主观原因，特别是作为航空人，做任何事都应严谨、再严谨，否则就可能酿成大祸。

图1　1959年阿尔巴尼亚国家排球队与北航队友谊比赛现场

四、苏联专家帮助北航进行教学改革

1. 成套地引入苏联航空高校教学计划，为理论与实践相结合奠定基础

1949年前，大学培养的航空高等技术人才很少，且教学基本是搬抄英美等西方国家的内容。中华人民共和国成立后，国家教育部门进行院系调整，集中了分散在全国各地的八所高校的航空院系，成立北京航空学院，在苏联专家的援助下按莫斯科航空学院等高校的教学模式进行教学改革，使北航很快走上了正轨。

我入校时，北航已按上级领导部门“设飞机及航空发动机两个系，每个系各有设计与工艺两个专业”的要求进行教学工作。我被分在发动机工艺专业。当时该专业属于发动机工艺（302）教研室，李哲浩任主任。莫斯科航空工艺学院的费拉戈教授直接指导该专业的教学。李哲浩与费拉戈教授的接触和交流较多。由费拉戈编著的俄文版上、中、下三册《航空发动机工艺学》，就是由李哲浩主任翻译成中文作为专业教材的。费拉戈专家在北航工作两年，对发动机工艺专业的建成与发展有很大贡献，从基础课、基础专业课、专业课，到各类实验、下厂实习、课程设计、毕业设计等学制规划、教学制度的建立、各项教学措施的推行、课程设置、教材编写等各个环节，都留下了他不可磨灭的功绩。

我亲身经历了在该专业学习的全过程，毕业留校任教后，又多年从事这些教学工作。20世纪60年代初，教研室曾组织在职教师进行教学总结，着重分析各环节的工作重点与经验教训。因为我曾多次带学生下厂实习，所以由我着重编写“生产实习”的内容与要点。远离学校到航空工厂的两次生产实习，是学生直接接触生产实践的良好机会，也是理论学习与实践相结合的重要环节。学生可利用一个月的下厂时间，向生产一线的工人师傅学习劳动心得和知识。指导教员则须对学生进行保密与技安教育，请厂方讲技安教育课；组织学生到全厂各车间参观，与工人建立一对一的师徒学习关系。此外，教员要全面了解工厂的核心技术，聘请厂方专家为学生开设理论课讲座，使学生能学到航空生产一线的最新技术知识。这一系列活动所组成的整套下厂实习的固定教学内容，既有赖于苏联专家的传授，也离不开北航教师在工作中的创新。

2. 实施“六节一贯制”的作息时间，为学生开展文体活动创造了良好条件

北航在全面学习苏联的过程中，曾一度实行过“六节一贯制”的作息时间，即上午上六节课。虽然午饭延迟了，但下午的时间除个别实验课和习题课外，可由学生自由支配。大部分人午休后会去体育场锻炼身体，因此下午四点过后操场上常常是人满为患。体操、田径、球类等运动蓬勃兴起，涌现了不少优秀运动员，如许立芳曾创造了北京市百米短跑纪录，多年无人打破此纪录；北航航模队成绩显著，出了运动健将孙景桥；北航男排出了国家男排国手刘向翊。当时学校的文体活动开展得有声有色，爱好排球的我也有了充裕的运动时间提高技艺。晚饭后我们

听号声去教室上自习，复习当天课程，完成课外作业，一天的安排紧张而有序。

3. 严格的考试制度考验与巩固了每个学生的学习效果

之前考试都采取笔试的形式，北航全面学习苏联后曾一度改为口试。每学期主辅课程有六七门，但考试只选三门主课，其他课只要没旷课或完成作业均按及格通过。考试的三门课则比较严格，每门课约给一周的全面复习时间。学生必须将教程内容先精读一遍，再通读两遍，不理解的问题均须弄懂，因为书中所有内容都可能是考题。进入考场，主考老师会根据学生抽签的题目简要地提几个问题，然后经口试按优等、良好、及格和不及格评分，登录在每人的记分册中。每学期进行三门考试的那个月，是一学期中学习收获最大的一个月，也是付出努力最多的一个月。考试结果决定升留级甚至退学，三门主课中如有两门不及格可在下学期开学前补考，再不及格只能被劝令退学。大一入学时我们小班有40多个学生，因考试留级退学、身体或家庭、转学转系等因素，毕业时仅剩三分之二左右。这种考试制度最大的优点是严谨，使学生能真正掌握课程的全面内容，难于投机取巧，但学生也因此要付出艰苦的努力。

我所接触的两位苏联专家

吴寿生

20世纪50年代初，建立和发展火箭导弹技术是苏联对我国援助内容之一，此项工作先从培养人才开始。因为北航是从1952年起由苏联派专家援建的高校，所以根据中苏有关协议，1957年苏联派出了基本配套的专家组，涵盖了弹道式导弹、有翼导弹、火箭发动机、导弹控制、发射装置和飞行力学等相关专业，来北航帮助筹建我国第一个火箭导弹系。

我是1956年北航发动机工艺专业的毕业生，根据需要留校参加学校筹建火箭发动机专业的工作。1956年8月，原发动机系（三系）专门成立了火箭发动机设计（307）教研室，由3名教师、1名研究生和包括我在内的5名刚毕业的大学生组成，曹传钧任主任，在苏联专家的帮助下建立火箭发动机专业，并为培养我国自己的这个专业的学生做准备。1957年4月，两位液体火箭发动机专家西良廖夫与加列也夫和一位固体火箭发动机专家余陆新受聘到校。为此，火箭发动机（302）教研室一分为二，即液体火箭发动机（603）教研室与新设的固体火箭发动机（605）教研室。1958年7月，学校成立火箭系（六系）。

我留在液体火箭发动机（603）教研室。教研室的两位苏联专家，一位是来自莫斯科包尔曼工学院的西良廖夫，另一位是来自喀山航空学院的加列也夫，共同帮助北航建立液体火箭发动机专业，具体任务是帮我们开出专业课和建立实验室。西良廖夫讲授液体火箭发动机原理和推力室设计，加列也夫讲授液体火箭发动机系统与设计。听课的主要是603、605的教师和高年级学生（从三系航空发动机设计专业转来），此外还有南京航空学院和西北工业大学派来进修的年轻教师。专家讲课时没有教材（可能是保密原因），但课后会留下讲稿。这些讲稿和我们听课的笔记为教研室后来编写这两门专业课的教材打下了基础。苏联专家回国后，教研室在不到两年的时间内就编写出了这两门专业课的教材，并经审定，批准由北京教育出版社出版，作为全国同类专业的通用正式教材。

除讲授专业课外，苏联专家另一个重要任务是帮助北航建立火箭发动机实验室，包括液体和固体两部分的相关试验台。固体火箭发动机专业独立后，原液体火箭发动机实验室被分为液体火箭发动机实验室（603实验室）和固体火箭发动机实验室（605实验室）两部分。苏联专家提供了整个实验室的布置图及设计要求，包括液体火箭发动机推力室热试验台、固体火箭发动机试验台、涡轮泵试验台等，以及相应的操纵间、测量间、准备间、加工间、库房……实验室基本按学生教学实验要求建立，是火箭发动机专业必不可少的实践基地。它的建成不仅对培养学生的专业实验能力、加深对理论知识的理解和记忆有十分重要的作用，也为教研室后来进行“北京二号”火箭发动机的研制以及师生开展科研工作提供了试验场地。

两位专家除了指导整个液体火箭发动机实验室的规划设计和基建工作外，还具体负责指导和帮助我们青年教师筹建教学所需的两个小型液体火箭发动机推力室热试验台。西良廖夫负责推力50千克左右的气氧酒精推力室热试验台（在他回国前调试成功）。他帮助我们制定了相应的实验操作规程，并编写出配套的实验教学文件，包括教学说明书、指导书和实验报告等。1959年后，试验台开放，所有试验操作、测量、记录都由学生自己动手。该试验台在专业教学中发挥了重要作用。

加列也夫专家负责推力200千克左右的硝酸加煤油推力热试验台。一开始，教研室指定我跟他学习，并负责该试验台的建设工作。随后，1957年毕业留校工作的李稑加入，和我一起向专家学习，共同筹建该试验台。由于我和李稑都是刚毕业不久的学生，因此该试验台的建设工作基本上是在专家手把手的指导下进行的。试验台的基建设计，包括试验间、操纵间、测量间、准备间等，都是专家在实验室的基建布局中已经安排好的；试验台的设计，包括系统总图、具体布局、关键部件（如推力室试验件、压力调节器等）也由专家提供图纸。当时，基本上每周安排我们与专家见面一次，向他汇报建台情况和问题，并答疑。由于硝酸的强腐蚀性，整个试验台大都需用耐腐蚀材料，但当时没有塑料材料，因此受压力的储箱、管道、零部件等要用不锈钢材料，而不受压的储箱、管道、零部件则要使用耐腐蚀的铝合金材料。这些耐腐蚀不锈钢材和铝合金当时都是稀缺材料，绝大部分需从苏联进口，并由国家统一调配才能获得。除了材料，因当时我国工业基础薄弱，故很难找到现成的耐硝酸腐蚀的零部件，所以试验台系统所需的储箱、调节器、阀门开关、管道接头都须自己设计、画图，并找工厂加工，导致试验台建设进度十分缓慢。

1958年，受国家局势影响，火箭系（六系）被分配了研制“北京二号”高空探测火箭的任务。我们教研室负责火箭动力——火箭发动机的研制。为争取“北京二号”向1958年国庆献礼，要在不到8个月的时间内，让火箭发动机从无到有并上天，难度可想而知。当时教研室包括教师、职员、工人在内不到20人，因此人力、物力必须集中，我和李稑也参加了部分研制工作。这样，硝酸台的建设受到影响。在加列也夫专家工作期满回国前，没能看到他一手指导的硝酸加煤油推力室热试验台的建成，十分遗憾。

1958年，我们搞“北京二号”时，两位专家都在，基本采取旁观态度，不介入，但我们在研制中遇到问题时还是找他们答疑。西良廖夫专家的一些意见和建议对我们有重要帮助。例如，在研制中首先遇到的问题就是这次火箭发动机采用什么燃料，当时从资料上看，液体火箭发动机使用的常规液体燃料都是用液氧或硝酸作为氧化剂，燃烧剂则采用酒精、煤油等。但据我国当时的实际情况，如果采用这两种氧化剂之一做燃料，都不可能在很短时间也就是几个月内实现发动机从无到有且能上天。因此，我们采用了德国在V-2火箭上用作涡轮泵驱动的过氧化氢（H_2O_2）做氧化剂，燃烧剂采用的是相对容易得到的酒精（高浓度乙醇）。过氧化氢在固态二氧化锰的催化作用下，分解成水和氧，放出热量。其中，氧和酒精在发动机推力室内点燃并燃烧，产生高温燃气，从发动机推力室喷管排出产生推力，推动火箭飞行。这个方案对于当时国内的条件来说，难度相对较小，可保证在规定期限内让火箭上天。即使如此，为了获得足够量的过氧化氢，武光院长还是亲自到天津联系工厂，以求大批量生产。在当时没有任何经验的情况下，采用过氧化氢加酒精作为燃料的研制方案，没有苏联专家的指导和帮助是难以想象的。

我所接触的这两位苏联专家，除了专业领域，两人的外貌、性格、经历等都不同。西良廖夫专家矮胖，性格开朗、平易近人，参加过苏联卫国战争，在空军轰炸机队服役，战争胜利后进入莫斯科包尔曼工学院学习，取得副博士学位后留校工作，1957年被派来北航工作。加列也夫专家是苏联少数民族鞑靼族人，瘦而结实，平常比较严肃，很少闲谈，所以我们对他的经历基本上不了解。不过，他1959年回国前，曾邀请我们教研室几个一起工作学习的同志到他居住的友谊宾馆做客，他全家（还有夫人、两个未成年的孩子）接待了我们，共聚友谊，互相惜别。

总之，在同上述两位专家两年的接触中，我深深感受到了苏联人民对我们的真诚。两位专家的工作是认真负责的，帮助是实在的，这一段历史的确值得回忆和纪念。20世纪90年代初苏联解体前后，我校因20世纪50年代与苏联专家的关系，不少教师访问了苏联。曹传钧校长（当时我们教研室的创建者，第一任主任）1990年访苏时，见到了仍在莫斯科包尔曼工学院工作的西良廖夫专家，共叙当年的情谊。1991年，我也有机会访苏，并去了加列也夫专家工作的喀山航空学院访问，但由于时间紧迫，更主要的是他因病已退休，因此未能见面共叙友谊，非常遗憾。

回忆苏联专家尼基景

陈 光

1955年7月中旬，我通过了北航发动机设计专业的毕业答辩。1955年9月13日，发动机构造教研室主任曹传钧老师找到我，让我从第二天开始辅助陈大光、刘方杰两位老师，为发动机工艺专业三年级讲授“活塞发动机原理与结构”“喷气发动机原理与结构”两门课。该班160人，分4个小班，每周上六天课。这是我人生中的第一份工作，也是第一份教学工作。

一天，曹先生通知我，让我担任苏联专家工作室的秘书，负责协调安排教研室苏联专家每周的工作计划。

北航建校之初，应我国要求，苏联向北航派出了九位由莫斯科航空学院和莫斯科航空工艺学院各专业顶尖教授组成的苏联专家组。到发动机系工作的是赫罗宁教授。在三年时间中，他为我校发动机系的创建作出了卓越贡献。1955年，第一批专家回国后，苏联又派出了第二批专家，当时发动机系有原理与构造两个教研室，到发动机构造教研室的苏联专家是尼基景。

尼基景教授是莫航发动机系发动机结构设计专家。由于发动机系各专业的教学大纲、教学计划等重大决策工作已在赫罗宁专家指导下完成，因此尼基景来我们教研室的主要任务是指导研究生，为中国老师和研究生讲授发动机结构设计课。

1953年，为了加快社会主义建设，国家让一些大学的三年级学生提前毕业参加工作。当时华东航空学院发动机专业和清华大学航空发动机专业都有一些提前毕业的学生被分配到北航发动机系。这批毕业生组成了一个研究生班，开始由赫罗宁专家指导，后来由尼基景专家指导。

作为专家工作室秘书的我，主要是与专家协调，安排工作日程。尼基景专家特别负责，工作热情极高，要求把每天的工作都安排得满满的，也即从周一到周六的上、下午，基本都安排工作内容。而且，尼基景几次向曹传钧主任提出，上下班不要派专车接送，自己乘公交车即可。当时苏联专家住在西郊宾馆（现在的友谊宾馆），上下班都是由学校的汽车接送的。尼基景专家的要求虽然被曹先生婉言拒绝了，但这件事给大家留下了深刻的印象，反映出苏联老一代布尔什维克的优秀品质。

尼基景专家还多次参加教研室的体育活动。当时教研室的研究生与大部分老师的年龄为20多岁，经常在课后进行排球比赛。尼基景也常加入我们年轻人的排球活动中，图1中托球的高个子就是尼基景。他能放下专家的身份，与年轻人一起参加体育活动，给我留下了深刻印象。

图1　尼基景专家参加我们的排球比赛

尼基景回国后，仍然关心我们教研室的发展并保持着和我们的联系。1968年，他在苏联出版了一本专著《航空发动机零组件基本结构设计》。这是一本介绍发动机零组件结构细节设计的书，非常实用。英美有关发动机设计的书籍中，基本是介绍各个部件设计，很少涉及零组件的结构设计。该书出版时，中苏关系正处于恶化状态。当中苏关系恢复正常，莫斯科航空学院与北航逐渐恢复交流时，尼基景于1989年托人将他21年前出版的这本书带给我们教研室，送了我一本（图2）。

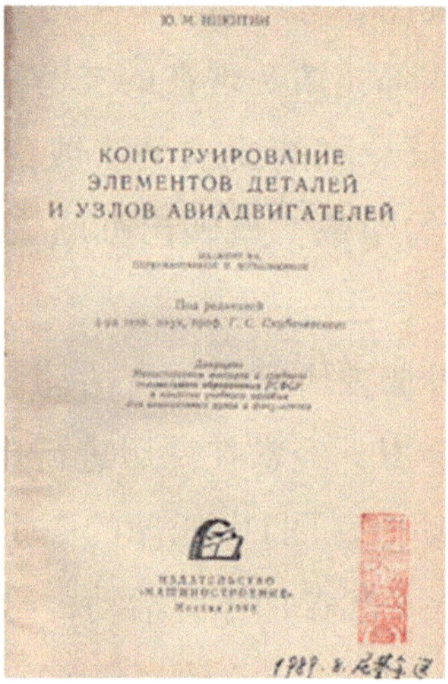

图2　1989年2月尼基景专家送给我的书

20世纪90年代初，北航与莫航的交流非常频繁，我们教研室曾有多人分批去莫航发动机教研室参观、访问与交流。1992年前后，郑光华教授访问莫航时，尼基景专家将自己于20世纪80年代后期出版的《航空发动机零组件基本结构设计》（第二版）托郑光华带给了我一本。在书的扉页上，他还用俄文写道："送给陈光同志，尼基景"。这位苏联老一代布尔什维克专家，在离开中国近40年后，仍然关心北航的发展，关心当年曾协助他工作过的我，使我深受感动。我现在主要从事航空发动机结构设计与分析工作。他送给我的两本书以及他的优秀品格，使我终身受益。

珍贵的记忆

钱士湘

20世纪50年代，中苏两国关系十分亲密。当时我国的科学技术人才非常缺乏，而苏联向我们提供了很多帮助。

从1952年开始，我在北航学习工作了几十年。下面说说我在大学学习的几年中，与苏联专家交往的几件事。

建校初期，北航白手起家，困难重重，特别是在专业技术和师资方面更是人才匮乏。很幸运的是，从1952年至1960年，先后有60名苏联专家被派到北京航空学院，指导和参加北航的建设工作。苏联专家专业知识渊博，敬业精神也令人钦佩。其中给我留下较深印象的是任院长顾问的苏联专家杜巴索夫教授，一点儿没有专家架子，平易近人，和蔼可亲，平素与我们师生关系十分融洽。当时我正读大学一年级，记得上数学分析课时，杜巴索夫教授亲自到教室听课。一天下课后，杜巴索夫教授直接找到负责授课的老师，严肃指出了这位老师在课上出现的几处错误，并且十分严肃地告诫这位老师，知识不能有半点儿虚假，教学不能有丝毫马虎。在我们这些学生眼中，杜巴索夫教授是一位严谨的学者，更是一位为学生着想的好老师。他十分在意学生们是否能够真正听懂课堂上的内容，大学一年级正是打好专业基础知识的重要时期，满足学生的学习需求是教学工作的重中之重，因此他只要有时间都会亲自来听我们的课，并随身携带记事本将每一堂课上的要点记录下来。发现问题之后，他都会在课下找到任课教师当面进行指正。对我们专业课程的安排他也十分关心，从任课教师口中得知课时安排紧张且缺少专业教材之后，杜巴索夫教授立即联系院方，通过专家组的关系为我们提供了专业的教学大纲和中文版教材。在杜巴索夫教授的亲自关怀下，我们在大学前两年学到了专业课的基础理论知识，为以后学习专业课程打下了扎实的基础。从杜巴索夫教授身上，我还学到了严谨的治学态度和对学生高度负责的敬业精神，让我受益终身。

1953年，北航的飞机及发动机工艺专业由四年制改成五年制。当时，国家正实施第一个五年计划，轰轰烈烈地开展社会主义建设。1956年，已经是大学五年级毕业生的我们接受院领导的委派，与西北工业大学的学生一起组成联合实习队，前往湖南株洲的331厂（现在的南方航空动力机械公司），开始了长达数月的实习生活，随行的有来自莫斯科航空学院的两位苏联专家。

株洲331厂原是国民党政府开办的兵工厂。中央决定将这个简陋工厂改建为我国第一家航空发动机厂，列入“一五”计划由苏联援助的重点项目。该厂调配了30名地县级干部、14名苏联专家、842名大中专毕业生和300多名工人师傅和技术人员。我有幸参加了这支创业队伍，并担任联合实习队的队长，带领60余人抵达株洲331厂。厂方热情接待并安排好食宿后，我们立即投入实习实践，每天穿着工作服上班，跟工人师傅们一起工作劳动。我依稀记得331厂还专门建了一座苏联专家楼，为苏联专家尽可能提供好一点儿的生活条件。专家喜欢跳舞，工厂就请苏联专家每个礼拜天在厂里的文艺室内参加舞会，有时候，也会邀请我们学生参加，我们与苏联专家的关系甚是亲切友好。苏联专家能与我们一起参加331厂的建设已经十分难得，他们还十分重视指导我们的专业实习。实习对工科学生来说非常必要，没有实习，学的知识不扎实，所学就未必能有所用。早在1954年，331厂便已成功试制出中国第一台航空发动机。我们趁这个机会，在苏联专家的指导下，把发动机的图纸仔仔细细地研究了一遍，从学习画理论图开始，并尝试用钢针画出钢板上的图纸。

就在实习期临近结束前，工厂领导和一位苏联专家找到我，希望联合实习队能够留下来继续在331厂工作，直至新型活塞发动机的研发工作完成。考虑到这个要求已经超出了我的职责范围，于是我顶着酷暑连夜赶回北京，请示了院领导。院长同意并批准我们继续在331厂实习并直至任务完成。得到肯定的答复之后，我于次日即刻返回株洲。当那位苏联专家得知北航领导同意我们留下来后，显得非常兴奋。他告诉我，眼下工程项目十分需要我们这些受过专业教育的大学生参与，相信有了我们的协助，一定能在上级规定时限之前完成任务。在接下来的日子里，我们夜以继日奋战在工作的第一线，终于完成了69号活塞飞机发动机的试制工作。331厂的领导和工人师傅对我们为工厂所作的贡献大加夸赞，我们心里十分欣慰的同时，也清楚这些成绩也有苏联专家的一份功劳。

时光如白驹过隙。当年来华的苏联专家如今大多已经离世，但他们为我国提供的帮助令我们这代人永远铭记。正是苏联专家帮助一穷二白的新中国构建了基本的工业体系，当年从苏联引进的基础科研资料和工业标准一直沿用了几十年。俗话说“授人以鱼，不如授人以渔”，有了这些宝贵的经验作为理论基础，我们才能自主研发汽车、飞机、导弹等。正因如此，我们更应感谢苏联专家的无私援助。

这就是我——一名普通的老北航人对于苏联专家的记忆。

难忘苏联专家马卡洛夫

孙世长

飞机工艺专业（现飞行器制造工程系）是在苏联专家帮助下于1952年北航建校时设置的。

图1　马卡洛夫专家

1952年北航请了九位苏联专家，七位来自莫斯科航空学院，两位来自莫斯科航空工艺学院。飞机工艺专业先后来过三位苏联专家。首任专家是莫斯科航空工艺学院的马卡洛夫（图1）。他曾是飞机工厂的总工程师，来中国时托运了几十本专业、教学用书。其中教学用书由梁炳文教授突击翻译，不仅解决了飞机工艺专业教学和科研用书的燃眉之急，也解决了国内其他高校以及社会上钣料冲压专业的工程技术人员急需用书的问题。另一位专家是莫斯科航空学院的别略可夫，他是莫斯科航空学院的教授、飞机工艺教研室主任，主要担任北航教务长顾问。还有一位帕尔霍明柯专家是喀山航空学院搞飞机装配的，只待了一年就回国了。我接触最多的是马卡洛夫专家。

1952年飞机工艺教研室（当时叫飞机施工教研室）只有四位教师，以及工人、实验员、绘图员兼办事员各一人。梁炳文教授是飞机工艺专业的第一任召集人。1953年底，常荣福教授被任命为飞机工艺教研室主任，唐荣锡先生担任飞机工艺专业的专职翻译。面对两年后要为学生开出专业课的任务，教师严重不足是个大问题。为解决这一难题，在苏联专家的帮助下，教研室先后开办了三届研究生班，目标是培养教师。

第一届研究生班（1952年10月—1954年9月）共7人，是中华人民共和国航空高等教育发展史上第一届飞机制造工艺专业研究生班。学生有王云渤、迟家骏、汪一彭、佟伟勋、张钧、刘世宁、刘绍昌。其中王云渤、迟家骏、汪一彭三人留校任教。

第二届研究生班（1953年9月—1956年1月）共13人，其中杨文龙、胡世光、陈鹤峥、王干、张关康、刘述尧、黄方谷留校任教。

第三届研究生班（1954年9月—1956年6月）共8人，学生有朱心雄、贺家驹、陈玉勋、周维贤、王人骅、胡凌云、郑淑芳、顾昌耀。其中朱心雄、王人骅、胡凌云、顾昌耀留校任教。

在苏联专家指导下培养出来的这些飞机工艺专业的研究生，除了部分留校任教，其他被分配到了西工大、南航、清华等高校和研究所，成为这些单位的学科带头人。

1952年北航建校时，由于没有自己的独立校址，飞机工艺专业的实验室被临时设在清华大学河东一座新盖的二层楼“新航空馆”内，是清华大学至今保留下来航空工程学院的唯一一座建筑（图2、图3）。

图2　1953年初夏，笔者在北航（清华一部）的新航空馆前留影

图3　北航（清华一部）新航空馆现貌，是清华校团委和广播站所在地

1952年飞机工艺专业刚刚起步，完全是白手起家。它有两间实验室，楼下是钣料冲压实验室，梁炳文和刘龄德先生从北京私人作坊买了一台手搬螺旋压力机和两个手搬捣子；楼上装配实验室只有一个工作台，两位老师从天津旧货市场买了几把日式旧风钻和铆枪，经过赵玺荣师傅的精心制作，加工出了一套简易的钣料冲压模具，并对风钻、铆枪进行了拆卸清洗修理。众人通过艰辛努力，于1953年在清华一部的实验室开出了两个深受同学欢迎的实验：一个是钣料冲压的拉伸（压延）实验，另一个是飞机装配的铆接实验。

马卡洛夫专家曾多次到清华一部察看实验室和教学实验准备情况，并对实验提出了严格的要求。几十年后，该实验室还传承和保持着对实验质量的这些要求：每个实验必须有实验指导书（图4）；必须经过有讲课教师（或辅导教师）、实验室主任等人参加的试做，确认实验环境、条件准备、试做实验数据良好；试验前对学生的考察和结束时讨论的问题准备充分……达到这些要求实验才能正式向学生开出，否则必须重新准备、试做。

学生来做实验，指导教师首先要对学生进行考查，检查学生是否预习了讲课内容和实验说明书。如果学生没有预习，对实验内容不太清楚，除对其适当批评外，还要请其回去预习，跟下组同学补做。

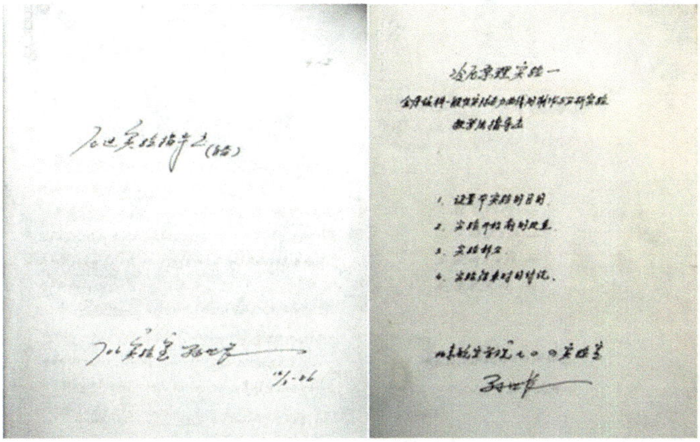

图4　当年的教学实验指导书

马卡洛夫专家除了检查实验室情况，更主要的工作是与梁先生研究飞机工艺专业的教学安排、新教师的培养、研究生班急需教材的配置、飞机工艺专业实验室新址的规划与安排、实验室设备的选购等。马卡洛夫身材魁梧高大，没有架子，平易近人，对工作热心认真。

1953年底，飞机工艺专业实验室和其他专业的实验室搬至新校址（图5），北航清华一部的使命宣告结束。

飞机工艺专业实验室新址建筑面积为1 100平方米，加上实验室西端100平方米的复式二层楼，合计1 200平方米。1953年6月动工的教学设施，1953年10月初步建成。因为新实验室教学设备不多，学校又需要一个较大的集会场所，所以实验室被校部暂时安排在现在的“超市发”对面的平房（工棚）内，并将二住宅的102室划归实验室使用，也作为苏联专家来实验室检查工作时的交谈休息之处。教研室被安置在学生四宿舍西端一层的几个房间内。新建成的实验室则用来召开全院大会、放电影、看演出。

图5　1954年马卡洛夫与教研室、实验室同事在北航新址学生二宿舍前合影

前排左起：姚正学、朱永昌、冯宗律、刘龄德、梁炳文、马卡洛夫、常荣福、许建钺、 张汉宾、唐荣锡；

后排左起：朱永丞、朱国桢、李庆洲、王明飞、孙世长、赵玺荣、熊谷峰、毛兴元、黄毓和、平申、杜修森、高赞华。

由于中国高校以前没有飞机制造工艺专业，因此过去搞航空的人大都不了解飞机是怎样制造出来的。从1951年苏联帮助中国建立航空工业开始，我国的飞机制造企业才获得了新生。而我真正体验飞机制造的全过程，是1957年带毕业班到沈阳松陵机械厂下厂实习，才全面了解了飞机模线样板的绘制与制作、工艺装备的设计制造、钣金和机加零件的加工、零件加工过程的热处理和表面保护，以及飞机的部装、总装和试飞整个过程。

1958年，为贯彻教育与生产劳动相结合的方针，学校进行了三个型号的研制。飞机工艺专业的师生成为型号生产的主力军，实验室成了主战场。除了杨文龙、张关康和孙世长被抽调去搞“北京二号”，其他教研室和实验室的同志都参加到“北京一号”的研制中。通过型号研制，以及在飞行器生产实践中真刀真枪地锻炼，我们成为一支理论与实践相结合的教师队伍。

为研制“北京二号”，在当时北航飞机库西库成立了由我担任工段长的“钣金工段”。在“北京二号”研制中，当时六系的苏联火箭专家也给予了关注，提供了咨询和支持，曾几次来钣金工段巡视，还发生过“箭头罩”的小插曲。

火箭对箭头罩的表面光滑度、直线度、椭圆度、垂直度等都有严格要求。因为学校没有合适的加工设备，“北京二号”的铝合金箭头罩是学校从南昌320厂请来的何宗桂老师傅手工精心做出来的，经钣金工段检验合格后，送交相关单位。两天后，相关单位的设计师、装配工艺师、检验师和几名学生，抱着包得严严实实的箭头罩，来到钣金工段，把包着的箭头罩打开，说箭头罩的椭圆度、直线度和表面光滑度超差，未达到设计要求，不合格。钣金工段的同志们听后，当时都愣住了。

恰好火箭系的苏联专家这时来工段巡视，听到这事，他十分关切，先是反复认真地查看了实物，然后仔细用手摸了又摸，问我们这个“箭头罩”是怎样加工出来的。我通过翻译，说是用手工做的。专家摇了摇头，不太相信，再次询问：“手工制作的？”我肯定地告诉他，的确是手工做的。专家听了，露出了惊奇的笑容，伸出大拇指说“好，很好！”并哈哈大笑起来。认为不合格的几个人，听了“权威”的赞赏，也不好意思地跟着大家一起笑了。“不合格”的箭头罩问题，就这样在令人愉快的气氛中解决了。

苏联专家马卡洛夫，为中华人民共和国航空高等院校培养了师资，为航空企业培养了工程技术人员，为我国高校飞机工艺专业教育的发展奠定了基础。而梁炳文教授在“钣料塑性冲压成型”学科发展中作出的突出贡献，以及在中国钣料冲压成型领域的影响，称其是该学科的奠基人亦不为过。我从内心尊敬、怀念马卡洛夫专家和梁炳文教授。

怀念阿罗夫专家

庄鸿寿

阿罗夫是莫斯科航空工艺学院焊接教研室主任，博士、教授。当年，在苏联取得博士学位很难，先要获得副博士学位，然后须在工作和学术上取得重大成果，才能申请博士学位评审，而在取得博士学位后才有可能晋升教授。当时苏联有不少高校都设置了焊接专业，专业教师不少于百位，但取得教授职称的只有四五位。他们都是焊接领域某一方面的专家，如阿罗夫就是焊接冶金专家。20世纪50年代，我国曾派出不少学生、教师到苏联学习和进修，绝大部分取得了学士和副博士学位，但能获得博士学位的凤毛麟角。之前来北航援建的苏联专家组组长基本上都是副教授、副博士，可见那时的苏联博士、教授都是真正的顶级专家。阿罗夫教授这样高水准的专家能来北航援建，对北航焊接专业的建设和发展具有重要的战略意义。

阿罗夫教授到北航的任务是援建焊接教研室，包括为北航专业教师和研究生讲课、修订教学计划和制订教学大纲等。当时的北航领导非常清楚地了解苏联专家对北航的重要性，为了更好地与他们交流，最大程度发挥其作用，学校专门给每位苏联专家配备了俄文翻译。但遗憾的是，由于配备的俄文翻译缺乏专业知识，在课堂翻译时不能充分准确地表达阿罗夫教授的讲课内容，因此影响了教师和研究生的听课效果。当时的焊接教研室主任徐碧宇教授及时进行了调整，指派我担任课堂俄文翻译。我不是专门学俄文的，在清华大学研究生毕业后被分配到北航任助教，攻读研究生时为了直接向苏联专家学习，曾学过几个月的俄文，加上在以后的听课和毕业设计过程中与苏联专家有较多的直接接触，俄文水平有所提高，可也有限，但迫于当时的形势，只能接受担任课堂翻译的任务。幸运的是，我的翻译获得了专家和学生的一致好评。

在承担阿罗夫教授的课堂翻译工作中，我有以下几点体会。

第一，阿罗夫教授讲授的第一门课是“焊接过程原理”。这是焊接专业的主课，也是他在莫斯科航空工艺学院讲授的课程。对他来说，应该是轻车熟路、轻而易举的事。但是苏联焊接专业学生的专业基础课是材料和机械，而我校的研究生是从飞机专业和发动机专业高年级学生中抽调出来的，学的专业基础课与苏联研究生不同。因此阿罗夫教授根据北航学生的实际情况调整和重新编写了讲课内容。他每周讲两次课，每次课前都会把该次讲课的简单提纲发给我，然后在讲课过程中就题发挥，深入浅出、尽心尽力地把专业知识传授给北航的学生们，课后再将全部授课内容编写成教材。为此，他必须花费更多的时间和精力。在离开中国时，他还将宝贵的教学手稿留给了我，由我翻译成中文，再由北航出版成书。

第二，讲课内容新颖，生动活泼，别开生面，有理论、有实践。苏联专家讲课一般都是以苏联教科书或教学参考书中的内容为中心，进行挑选、改编，结合自己的心得体会而讲授，学生学到的知识难以很快地被用于实际。而阿罗夫教授讲课内容新颖，在一般的教学参考书中不易找到。例如，焊条的配方原则在书本上容易找到，但如何具体应用这些原则就难找了。在阿罗夫教授的讲课中，列举了多种焊条配方的实例，分析配方中各种成分所起的作用，比较它们的优缺点，这样学生对焊条配方的理解就更深刻了。这就是理论联系实际。在与阿罗夫教授深层次接触后我才了解到，他的讲课内容很多出自他和他的好友柳巴夫基科教授团队的研究成果，包括各自的博士论文。所以他在讲课时条理清晰，内容丰富，相当精彩。

第三，阿罗夫教授有很强的责任心。他的任务是来北航工作一年，按常规讲一门课就可以了，他却主动提出在第二学期再多讲一门“熔焊工艺”。“熔焊工艺”也是焊接专业主课，但阿罗夫教授在莫斯科航空工艺学院并不讲这门课，这门课是由其他老师讲的，因此，他必须花费更多的时间备课。这是一项挑战，他却主动承担了。由于阿罗夫教授业务能力强、讲课水平高、知识面丰富，因此与讲授焊接过程原理课一样，也获得了听课教师和研究生们的一致好评。

此外，阿罗夫教授有深远的专业洞察力。我国其他院校的焊接专业都不设钎焊课，因为当时人们普遍认为钎焊在焊接领域中所起的作用太小。但阿罗夫教授认为钎焊在航空、电子等行业很有发展前途。北航是以航空为主的，钎焊专业课应为满足航空工业发展的需求而设置。在他的建议下，我校开设了钎焊课程，是当时全国唯一讲授钎焊课的高校，这使北航在钎焊方面站在了全国的前列。实践证明，钎焊在我国航空、航天、电子等行业中发挥了巨大作用。而钎焊课的设置则推动了钎焊技术的发展。在焊接学会中，钎焊委员会已成为最为活跃的委员会。

最近，我曾询问当年听过阿罗夫教授讲课的退休教师，他们都认为阿罗夫教授的讲课能力极强，讲课效果很好。60多年过去了，我仿佛还能看到教师和研究生们在教室内全神贯注地聆听苏联专家传授先进科学知识的场景，听到“沙沙沙”做笔记的声音。

北航与莫航发动机系互访的往事

郑克扬

北航是中华人民共和国成立初期在苏联专家直接援助下建立的第一所航空航天大学，并由苏联专家指导陆续建立了各种专业教研室与实验室，增建了多个新专业，1958年又完成了多个型号上天。学校专业特色明显、教学与科研紧密结合，并积极参与国家型号的研制工作。当时北航与苏联莫斯科航空学院等航空院校往来甚多。武光院长曾亲往苏联访问考察，曹传钧等老教师也曾到过苏联进修和访问。当年北航所培养的学生亦具苏联工科特色，有较强的科研计算分析能力和很强的工程设计及实验能力。可以说，北航建校初期受苏联教育体制影响较大。以后多年虽失去联系，但苏联的影响仍存在于所用教学计划、教材内容及科研选题等方面。

1958年，我在北航核动力教研室工作，限于保密，中苏并无交流。年底系主任董寿莘赴苏送审“北航三号”图纸并考察教育，去莫航时得知该校已设核动力专业。1959年来校工作的一位液体火箭发动机专业的苏联教师在无协议的情况下，又试探性提出要与我们开展化学火箭与核能联合工作的热力计算，随后我们也办了专业并开展科研。1960年中苏关系恶化后，来校的这批苏联教师全部返国，北航和莫航等校的交流被迫中止。

一、苏联莫斯科航院对北航的再访

20世纪80年代，我国步入改革开放时期，经济及科技获得快速发展，中苏关系逐步恢复。在校领导的关心和努力下，北航发动机系有了较快发展。学校北区新建了压气机及发动机结构强度等实验室，南区则在国家支持下从美国引进了连续气源设备，并利用世界银行贷款购进了一批国外实验测试仪器，成立了北航第二研究所（热动力所）。教师们热情高涨，为国防建设进行各种航空及航天领域应用性课题研究。

1990冬天，莫斯科航空学院派发动机系主任雷巴克夫来我校做先期探访，重叙友谊，在了解了学校的教学科研情况后，参观了北航动力系南北两区的实验室。他先在北区参观了压气机、发动机结构等实验室，然后到南区热动所了解实验室建设等情况，并参观了气动、燃烧、测试等实验室及气源设备。在交谈时，我询问雷巴克夫所从事的学科及学校在空间核动力方面的发展情况。他听后高兴地告知，他们也是1958年搞空间核动力的，后又转向电推进及空间核能电源等。他还表示，今后可进一步交流更多内容。

1991年春天，由莫斯科航空学院副院长带领发动机系教授14人，在雷巴克夫系主任陪同下，再次访问我校。在校领导接见并了解教学科研概况后，他们重到发动机系实验室进行参观。参观完北区压气机及发动机结构、传热等实验室后，他们在系楼前合影（图1、图2）。随后一行人乘车至学校南区北航二所参观了气动和燃烧实验室（图3）。他们对每个设备的功能等问得十分仔细，对二元喷管实验台和实验模型、固体火箭与冲压组合发动机补燃实验台看得更是认真，而且边看边讨论。这说明苏联教授不仅精通理论，对实验技术也很熟悉。在参观实验测试技术室时，苏联专家对计算机高速动态数据采控系统、FFT分析仪、激光粒度速度仪等仪器功能、性能指标也问得十分详细。最后他们参观了从美国引进的连续气源设备及其监控系统（图4、图5）。参观后，专家们议论热烈，很羡慕并称赞我国高校能有这样好的科研条件。

次日，苏联专家到颐和园游览，由中方对口专业教师陪同。我重点接待空间能源专家库拉尼克教授。他是1958年开始搞核动力专业的，后从事空间电源工作。此次，库拉尼克教授带来了一些专业资料和书籍准

图1　莫航访问团在北航发动机系楼前合影（1991年4月）

图2　莫航教授们参观压气机实验台

图3　莫航教授们参观二所气动燃烧实验室

图4　莫航教授们在二所参观引进的测试设备

图5　雷巴克夫主任参观连续气源控制台

备进行业务交流，并准备与我们讨论空间核能电源的技术问题，但得知我校核动力专业已停办，他感到非常遗憾。为此，我连忙找了正从事空间电源工作的学弟马宗承主任，邀请他一起与库拉尼克教授进行讨论。后来，他俩成了好朋友，曾多次交流和互访。

二、北航对莫斯科航院的回访

1991年苏联解体，经济出现困难，很多人想来华访问交流，但我们迟迟未做回访。后在对方催促下，北航动力系才决定在1992年4月对莫航回访，同时参观莫斯科国际航展。回访由系主任吴寿生领队，刘刚负责具体安排。为使回访人数与来访人数相近，除本系各室主任必须参加外，又邀请了宇航、机械系一些教授同往。

北航回访团于1992年春出发，为节省路费未乘飞机，坐北京—莫斯科专列火车前往。

列车由二连进入蒙古再入俄罗斯，到莫斯科后由莫航外办把大家直

图6　北航回访团在莫航楼前合影

送学校招待所。次日我们刚一入校即受到热烈欢迎，接着便是对口老友相互问候和合影（图6）。

当时，为表示技术无保留地对我们全面开放，莫航人员首先带我们去参观了该校最机密的电推进陈列室（图7）。电推进发动机是当时宇航领域的最新技术。在详细介绍了苏联研制的各种产品后，对方又带我们参观了火箭发动机烧蚀实验室和民用航空发动机反推力实验。

晚上莫航举行欢迎宴会。尽管当时苏联生活物资已很匮乏，但准备得仍很丰盛，雷巴克夫主任还多次祝酒，希望两校教师今后能经常往来，并欢迎研究生来校学习。

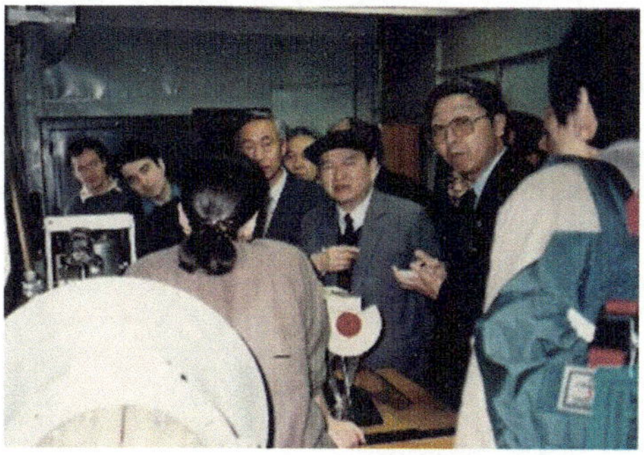
图7　北航教授参观莫航电推进陈列室

次日进行学术交流。由于大家已多年不说俄语，因此讨论时交流有些困难，双方要通过一位俄方年轻人翻译，效果不佳。

访问莫航后，我们参观了莫斯科航空航天展。俄方展示了多种航空发动机及战术火箭，美英公司也展出了一些新航空发动机。在这次航展上，还有个额外收获：克兰费尔德航院副院长主动找到我们，表示了访问北航的愿望，并希望今后两校能加强合作往来（图8）。

图8　笔者参观莫斯科国际航展时与俄方人员的合影

离开莫斯科航院，在外事部门的安排下，我们前往莫斯科和列宁格勒参观访问。在莫斯科，我们参观了红场、列宁墓、克里姆林宫、夏宫、莫斯科大学；在列宁格勒，我们参观了阿芙乐尔号巡洋舰、冬宫和多个军事博物馆。

回国时仍乘火车，由西伯利亚远东铁路东行经满洲里返回。车厢内十分安静，旅客不多。大家互相交谈着此行心得。车窗外一片冰天雪地，能看见远东最大的淡水湖——贝加尔湖及一望无际的西伯利亚森林。

难忘的岁月　诚挚的友谊

周伯生

一、连续两份加急电报

1958年7月，我刚刚完成北航自动控制系飞机特种设备专业五年的学习以及“北京二号”的研制任务，正在沈阳航空工厂出差，执行毕业后等待工作分配期间临时承担的国防科研任务。一天我突然接到了自动控制系胡孝宣主任连续给我发来的两封加急电报，要我火速返校。我把任务匆匆移交给同学申功勋后，就抓紧买了火车票火速返回北京。

匆匆返校后，我怀着忐忑不安的心情走进了系主任的办公室，问是否老家出了什么事情。他说我家里一切安好，让我回来是要我抓紧到人事处报到，做好准备，辅助陈望梅老师筹建计算机专业。

当时计算机是一个新兴领域，我只从王裕齐教授开设的“轰炸与空中射击”专业课中了解到对控制计算机的一些基本需求，而对当代计算机的内涵则非常模糊，只知道一些梗概。当时，我一下子就想起之前赵震炎老师任专业教研室领导时的苏联专家拉宾诺维奇教授，心想如果能聘请一位苏联专家来指导建设就好了。

二、“十八条枪”迎难而上

当时新成立的计算机专业教研室（207）共有18人，除了陈望梅老师，王仁庆和我是应届毕业生，其他15人都是从自动控制系三个不同专业抽调的提前一年毕业的学生，我们自称“十八条枪”。

这18人中，经与系领导商定，陈忠、陈枢、胡建平、程代杰、王钧、王应坤6人参加中国科学院计算所数字计算机的开创性研制工作，其他11人（周伯生、王仁庆、李伟琴、闫志欣、李秀春、王本颜、肖明光、张志诚、崔家麟、朱中兴、卢淑娴）在陈望梅老师的领导与组织下，留校筹办新专业，并准备承担相应专业课的教学工作。

要我们开专业课的最高年级是1955年入学的学生，1958年9月他们已是大学四年级。虽然当时已经制订了一个教育计划，但还需要进一步讨论、审定。而我们对各门专业课及其相关的专业基础课究竟应该讲什么并不清楚。可大家深知，这是党和院系领导交给我们的光荣任务，必须迎难而上，努力完成。

三、热烈欢迎，积极筹备

当得知学校已经为计算机专业聘请了苏联专家而且即将来校的消息时，我们都非常兴奋。在欢迎仪式上，通过王震华老师的翻译，我们知道所聘请的阿芬纳斯也夫专家来自苏联列宁格勒电工学院解算装置教研室。他的任务除了讲授“控制计算机原理”这门新课外，还要帮助我们修订计算机专业的教育计划，特别是关于专业课程和专业基础课程的设置，并指导筹备实验室建设。这才使我们心里的石头落了地。

经过教研室反复讨论，一致认为学生在学习基础课和专业基础课的基础上，首先要开4门专业课，即“数字电路”“数字计算机原理”“模拟计算机原理”和“控制计算机原理”，并确定分别由蒋士騛（当时借调在中国科学院计算所）、陈望梅、王仁庆、周伯生四位老师承担教学工作，同时确定由崔家麟老师任实验室主任，负责筹备相关课程的实验。

四、国防院校共享资源

当时我国有多所国防院校，在军用控制计算机方面，先后由北航聘请了阿芬纳斯也夫专家，讲授“控制计算机原理”；由京工（现在的北京理工大学）聘请了密特维耶夫专家，讲授控制计算机系统。

国防科工委系统所属其他院校都可派教师到有专家的院校听课，由聘请专家的院校负责安排食宿。当时哈工大派了李性存和刘明业两位老师，成都电讯工程学院（现电子科技大学）派了王学均老师到北航听课。他们都住在北航，其中有的老师在北航前后待了两年。

阿芬纳斯也夫专家在北航授课期间，我们经常组织听课教师在一起学习，消化课程内容，讨论疑点和难点，加深了对控制计算机原理的理解。

五、指导开设专业课程

在教材方面，阿芬纳斯也夫受派出单位列宁格勒电工学院解算装置教研室主任列别捷夫教授的委托，赠送了他所著的《解算装置》一书，并建议作为专业课程教材。陈望梅老师亲自将该书译成中文出版，并作为计算机专业课“模拟计算机原理”的教材，由王仁庆老师和肖明光老师共同讲授。

在“控制计算机原理”课程方面，按照学校的规定，专家每周来校讲课一次（半天）、答疑一次（半天）。当时几个院校的听课老师认为，除了要好好消化专家的课堂讲稿，还应该拓宽基础，因此希望专家指导我们阅读五院编译的《制导》和钱学森教授所著的《星际航行概论》两本有关军用控制机原理方面的著作。我们提出要求后，阿芬纳斯也夫专家欣然应允。每星期来北航答疑时，他都热情解答我们的提问，使我们对控制计算机原理课程有了更加准确的理解。

后来在国防科委教育局组织编写新专业教材时，几个院校的听课老师在消化专家讲稿、资料以及前述两部著作的基础上，商定由我主编，哈工大刘明业老师、成电王学均老师和北航李伟琴老师积极参与，合作编写了“控制计算机原理”课程的教材（代号为40171），并以“齐源”为笔名，作为教材在国防科委系统内部发行、试用。在北航由我负责讲授这门课程。这本教材后来经过评审，认为填补了国内的空白，获得了国防科委的奖励。

计算机专业的四门主要专业课，“数字电路”由蒋士騛老师负责编著教材并讲授；“数字计算机原理”由陈望梅老师负责编写并讲授；“模拟计算机原理”选用了专家带来的教材，由王仁庆讲授；“控制计算机原理”在专家帮助下编著教材，由我讲授。这样，计算机专业教育计划中的四门专业课程就全部开出来了。

六、专家帮助调试设备

按照解算装置课程的要求，要对各种运算部件（如加减部件、乘除部件等）开设实验课。在实验室主任崔家麟和任课教师王仁庆的共同努力下，我们顺利安装了各部件的实验装置并进行了相应的调试工作。唯独在调试乘除部件时发生了问题，不能进行正确的乘除运算。虽然大家共同努力，但问题仍然没有解决，我们心中十分焦急。

我们把情况报给了阿芬纳斯也夫专家，请求帮助。他知道情况后很快来到北航，与负责这个乘除部件的崔家麟老师一起调试。到了下班时间还没有找到原因，阿芬纳斯也夫专家不肯休息，一直忙到故障排除、能够准确进行乘除运算，满足了实验要求，而那时已经是晚上八点了。阿芬纳斯也夫专家亲手帮助我们完成了解算装置课程的全部实验准备工作，解了我们的燃眉之急。

七、恋恋不舍

阿芬纳斯也夫专家得知将要离开中国之际，在讲课时几度哽咽，恋恋不舍地说：“我要结束在这儿的工作了，我相信你们一定能把计算机专业办好。”走前，他还想给我们介绍他母校正在进行的一项科研工作，即基于数字部件构建模拟架构的计算机系统（学术界称之为数字模拟混合系统）。他说这个方向还需要探索，可能还会有变化，但值得研究借鉴。虽然这类系统后来没有在我国流行，但专家的这些介绍拓展了我们的思路。临别前，阿芬纳斯也夫把所知道的苏联计算机领域最新的进展毫无保留地告诉了我们，给我留下了深刻的印象。

八、结束语

苏联卫国战争期间，阿芬纳斯也夫是一名炮兵，曾在前线作战。一次我们一起在颐和园昆明湖上划船时，他非常激动地向我们讲述了当年前线战斗的情况。

阿芬纳斯也夫工作十分认真、负责，待我们非常友好、热情，每次来北航讲课和答疑时，都非常乐于解答我们的提问，并尽可能详细地讲解。他每次来北航答疑，都是在西小楼二层的一间房间。当时西小楼没有暖气，寒冷的冬天就用一盆炭火取暖，可他从无怨言。

临别前，阿芬纳斯也夫专家夫妇办了一场告别宴会，邀请北航、京工的有关领导和全体听课教师，去他的住处做客。北航自动控制系主任、京工无线电系书记，以及北航、京工、哈工大、成电等校的听课教员共十多人，欢聚一堂，依依不舍地共叙友谊，气氛十分热烈。

弹指一挥间，60多年飞快地过去了。但我依然能清晰地回忆起那些往事，就像刚刚发生在昨天一样。我深深地感谢在北航建设计算机专业初期，阿芬纳斯也夫专家对我们的热情指导与无私帮助。我会将这份感激之情永远铭刻在心。

苏联专家在北航的往事

林德茂

1958年，北航掀起了科研创新高潮。当时我所在的老二系，提出了研制无人驾驶飞机（“北京五号”）的任务。在全系教职工及部分学生的共同努力下，“北京五号”终于按计划试飞成功。通过研制实践，我们初步形成了遥控遥测概念：要实现无人驾驶，必须把飞机上的重要技术参数传送至地面站，地面站再根据检测到的有关参数对飞机进行精准控制。

1959年，北航建立火箭导弹系（六系），与无线电相关的专业机构也做了调整。当时的教研室领导派我向遥测专家学习，并让我担任学习组组长。学习组成员有张淑琴、黄行健、戴忠立（后来卢维扬也加入了学习组）。遥测组人员由当时的航空无线电系（二系）调到了火箭系（六系）的火箭自动控制（605）教研室。不久，苏联专家来北航指导，使我们在理论方面得以提高。这批苏联专家中，有无线电遥控专家高洛文和无线电遥测专家鲍里索夫。

鲍里索夫讲授的专业知识是多路通信原理即遥测理论基础，俄文翻译是张海超。鲍里索夫专家的授课内容由张海超翻译成中文讲义，作为主要参考教材。

此后不久，学校从苏联引进了PTC-6遥测站（由三辆车载组成）。我们遥测组成员全部投入对遥测站技术资料的消化吸收，以及对整个设备的操作掌握。鲍里索夫参加了研究讨论，并给予指导。

后来，无线电系（七系）成立，遥控遥测组成员又被调回无线电系，并正式成立了遥控（701）教研室和遥测（702）教研室。专家学习班仍照常进行。

后期，鲍里索夫专家介绍其好友别宁专家来华讲授多路通信课，授课地点在清华大学，我们也按时去听课。

在向苏联专家学习过程当中，我们的专业知识有了较大提升。在交往过程中，苏联专家真诚友好，给我们留下了深刻的印象。对此，我至今仍深怀感激之情。

我记忆中的苏联专家

宋作舟

我毕业于东北工学院冶金系。1953年5月东北工学院冶金系从当年的毕业生中调出一部分学生学习俄语，我是其中之一。1954年初，研究生班开学，设有炼铁、炼钢、冶金炉和有色金属压力加工专业，相应地聘请了苏联专家担任老师。我所在有色金属压力加工专业有8名学生，老师是莫斯科有色金属与黄金学院的教授基里洛夫（图1）。按照学校的要求，教学过程不用专职翻译，最初的两周与苏联专家在教室里交流，以让我们了解将要学习哪些专业课和相关课程。专家介绍了他的教学经历、方法，还顺便告诉我们他参加过苏联的卫国战争。交流过程有问有答，非常融洽，基里洛夫专家了解了我们的学业水平和俄语能力后，根据实际情况拟定了教学计划。第一阶段课堂教学（理论部分），主要内容是有色金属塑性变形理论和轧制、挤压和拉伸的变形特点，以及对金属组织和性能的影响。第二阶段为工厂实习，通过参观体验以及与工程技术人员的交流、讲解，学习掌握板材、棒材、管材和线材的生产工艺。第三阶段是为期大约四个月的毕业设计，在工厂进行。我和潘雅琴、周宜淼在哈尔滨101厂；马怀宪、白淑文在沈阳苏家屯有色金属加工厂；杨守山、李安国在沈阳电缆厂。这样安排的毕业设计使我们的理论和实践知识能够融合、深化。最后，经过学校老师和工厂工程技术人员组成的答辩小组审核答辩通过，我们完成了研究生学习计划。

1955年底，我研究生毕业。回顾向基里洛夫专家学习的两年，深感他学术造诣高、教学经验丰富、教学方法灵活，颇具高校教师的风范。这些都为我日后做高校教师树立了榜样。

图1　笔者宋作舟（后排左起第二）等七名同学与苏联专家基里洛夫合影

后排左一杨守山、左三马怀宪、左四李安国、左五周宜淼；前排左一白淑文、左三潘雅琴。

从东北工学院冶金系研究生班有色金属压力加工专业毕业后，1956年1月，我和潘雅琴被分配到北京航空学院航空热加工系（四系）压力加工专业做教师。到校后我俩的共同感受是：刚刚成立的北航呈现一派生机勃勃的景象。在教学方面，许多老教授和青年教师都用心地学习俄语，使用苏联教材。一次，沈元副院长在看到潘雅琴和苏联专家克尔巴士尼可夫用俄语流利地对话后，十分称赞并加以鼓励。克尔巴士尼可夫是压力加工专家，他一边帮助北航建立压力加工专业，一边热心地为北航培养压力加工专业的研究生。

我到校后不久，由系主任吴云书提议，武光院长任命我为四系主任助理，协助吴主任联系研究生班，落实教学计划的实施（图2）。当时我和同专业的克尔巴士尼可夫专家接触较多。

1957年春，我陪同克尔巴士尼可夫出差，先到东北工学院冶金系访问，专家应邀做了有色金属压力加工方面的学术报告。之后我们到苏联援建的哈尔滨101厂，想在工厂内实验改善铝合金板材生产工艺的一个项目——侧面包铝。在铝合金板材生产工艺流程中，热轧的主要工序是铸锭铣面包铝和热轧。半连续生产的铸锭表面有偏析漂出物

（偏析瘤），还有夹杂等，必须进行铣面，包括侧面。包铝板采用工业纯铝轧制的专用板材。常规包铝是上下两面放上与铸锭宽度相同的包铝板，以提高铝合金板材的抗腐蚀性，同时减少热轧过程的裂纹。专家的设想是把铸锭的两个侧面也包上包铝板。这个方案已设计好久了，只是没有机会在生产条件下使用。和相关领导商谈后，工厂同意在轧制车间实验。主要过程是：把包铝板上下两面适当加宽（比被轧的铸锭宽），经过专用清洗液清洗，放在清洁的铸锭上下面送入加热炉内，加热到热轧温度；通过热轧机加压一两次使其少许变形，包铝板就能与铸锭表面焊合，同时上面的包铝板加宽部分下弯，下面的包铝板宽出部分上翘；再经过热轧机的立辊碾压，侧面包铝板上下会连接，也与两个侧面焊合；继续热轧，使包铝板和铸锭整体变形，即可达到要求厚度的热轧板。试验证明，侧面包铝能够与边部形成一体，出现的裂纹不易扩展，提高了成品率。对于这项试验成果，工厂通过冶金部对苏联专家给予了奖励。

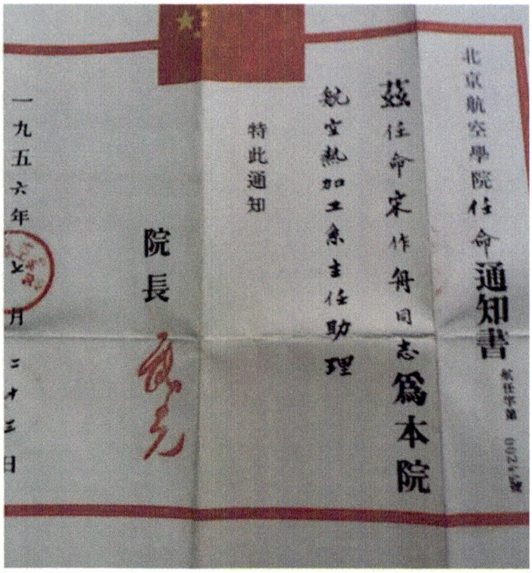
北京航空學院任命通知書
航任字第 [illegible] 號
茲任命宋作舟同志爲本院
航空熱加工系主任助理
特此通知
院長 武光
一九五六年七月二十三日

图2　武光院长签署的北京航空学院任命通知书

克尔巴士尼可夫的夫人应吴云书主任的邀请，数次来北航航空热加工系（四系）金相实验室参观指导工作，对实验室的建设、发展、管理也作出了较大的贡献。

当年，应聘到四系的苏联专家包括克尔巴士尼可夫共有四位，回国后和吴云书主任都有书信往来。大约是1958年3月，吴主任让潘雅琴代他写祝贺信给卡拉普希金、阿洛夫和基尔比契尼可夫。1962年7月，克尔巴士尼可夫来信问候我们，并向吴云书夫妇及子女问好。

1960年春，潘雅琴到莫斯科航空工艺学院进修，安排就绪后就急忙去基里洛夫家看望。见面后教授夫妇非常高兴，热情地互相拥抱。潘雅琴感谢恩师的培养，使自己有幸在北京航空学院当老师，并且有机会再次来到莫斯科航空工艺学院学习。教授感慨地说，没想到自己教授的中国研究生能来苏联高校进修。教授夫妇亲热地招待了潘雅琴，教授夫人还特意让潘雅琴多吃点儿辣椒，说辣椒含有比较多的维生素C，并关心地对她说，刚到莫斯科，生活和饮食可能还不习惯，应当多注意身体，有健康的身体才能够好好学习。临回住所前，教授夫妇说莫斯科很冷，还送给潘雅琴一条围巾保暖。这种不分国籍的浓浓的师生情谊永远让人感动。

1990年，苏联专家克尔巴士尼可夫应邀出席了在北航召开的第二届国际铝合金会议（ICAA-2，图3）。我和潘雅琴、杜忠权等与他久别重逢，非常高兴，共叙离别之情和难忘的友谊。

图3　苏联专家克尔巴士尼可夫（前排右起第9位）应邀出席北航1990年召开的第二届国际铝合金会议

对苏联专家的点滴回忆

王仁庆

1958年，陈望梅老师带领一批刚毕业和提前毕业的学生筹建计算机专业（解算装置教研室）。当时教研室既不掌握专业知识，更无实验设备，总共才有十几个人，连七八条“枪”都没有。

1958年下半年，一部分人到中科院计算机所学习“数字计算机”，另一部分人留在学校投入“电子模拟计算机”的设计和研制。

1958年底，苏联派列宁格勒电工学院教师阿芬纳斯也夫（图1）等帮助我们建立专业。苏联专家带来了苏联高校的教学计划和部分教学资料，如教学大纲、学生的毕业设计等，同时也给我们讲课。

图1　阿芬纳斯耶夫和夫人、孩子的照片
阿先生参加过苏联卫国战争，在下巴左边有一个取出子弹留下的小坑

阿芬纳斯也夫专家（我们都称他“阿先生”），在帮助和指导我们专业教学和实验室建立工作中尽心尽力，受到大家的尊敬。

当时，我承担了计算机专业成立以来第一门课——“解算装置”的讲课任务，只有三个月的准备时间，在阿先生的指导下，我匆匆看了一些书和资料，就上台开讲了，有不理解之处再去请教阿先生。由于没有讲课经验，再加上专业知识不足，因此开始几次讲课效果不佳。阿芬纳斯也夫专家知道后，强调每节课前都要进行试讲，并曾多次来听我的试讲。尽管他听不懂我讲的话，但从我在黑板上写的内容、板面的安排、讲课语气和动作等方面提出了不少有益的意见，这对我之后几十年的教学生涯都有很大的影响。

另一件事是在我调试一个实验设备时，因为当时的测试仪器和器件质量、精度都不高，导致调试进度较慢。他很着急，亲自帮我一起调试，有次连中午饭都顾不上吃，直到下午六点多钟，调试中的关键问题基本解决后他才回去，使我感动不已。

为了指导学生的毕业设计，阿先生拿来他们学院学生的一些毕业设计作为示范样本，要我参考并要我先做一遍，他审阅通过后再让我指导学生的毕业设计。

这几件事我印象很深，至今还记得很清楚。我深感：对一名初为人师的年轻教师来说，严格要求、踏实认真，并养成职业习惯，对提高教学质量至关重要。我由衷地敬佩曾帮助我成长的苏联专家认真负责的敬业精神和工作态度。

我为苏联专家做翻译：是工作伙伴，也是朋友

崔锦河

1956年9月，我从俄语专科学校（现北京外国语大学俄语系）毕业，被分配到北航的专家工作室从事翻译工作。那时经过建校几年的发展，北航校园已经有了一定规模。

当时北航有十几位苏联专家，分布在各个系，学校给每个系配备两到三名翻译人员。翻译人员工作的地方就是专家工作室，由院长助理刁震川主管，主任是马积明。由于我之前在南京航空专科学校（南京航空航天大学前身）学习的是发动机专业，当时王大昌副院长把我分配到发动机系（当时的三系）工作。

我负责的专家叫叶尔索夫，乌克兰人，是乌克兰哈尔科夫航空学院的教授。他四十多岁，人很和蔼，工作认真。虽然我们初次接触，但在沟通和工作交流上并没有遇到太大的困难。

苏联专家的公寓在中关村大街，离中国人民大学很近，翻译人员则住在校内，我们每天按约定时间见面。我日常的主要工作是给叶尔索夫教授做口语翻译，但我们直接面对的不是学生，而是老师。每周都有排好的课程表，老师从苏联专家这里学习知识，消化吸收之后再传授给学生。偶尔也会有300人以上的大课，苏联专家直接给学生讲授，我在旁边翻译。此外，学校每周都有苏联专家答疑会，北航师生与专家进行互动，学习的氛围还是很浓厚的，语言的不同并没有影响大家追求先进科技知识的热情。即使一个甲子的时间都过去了，闭上眼睛，我还是能想起那时的情景。除了口译，我还翻译过两个专家讲稿，一个是《轴流式

发动机原理》，另一个是《空气动力学原理》，这些后来都成为重要的学术资料。

除了教学翻译方面的工作，翻译人员还负责陪同苏联专家外出参观和参加会议等事务。我带叶尔索夫教授去过颐和园和天安门，给他介绍中国特色建筑和中国文化，他很感兴趣。

叶尔索夫教授曾经到我家吃过一次饭，我家人做了几个家常菜。我们围坐在一起，就像好朋友一样，大家没有太多的拘谨和客套，他吃得很开心。临走前，他送给我一枚突击队员的纪念章，上面写有“劳动先进工作者”，至今我还保留着（图1）。我回赠的是一幅自己写的书法。

图1　叶尔索夫教授送给笔者的突击队纪念章

1960年夏，叶尔索夫教授离开北航，武光院长亲自为他送行。那天夜空明净，月光皎洁，武院长说：“今天的月亮又圆又亮，它也在为你送行。”我将武院长的话翻译给叶尔索夫教授，他非常感动。我送他到机场，看着他离开，那是我们最后一次见面，但是我们的故事并没有结束。

苏联专家回国后，教研室的老师们时常写信问候，也会就一些专业问题进行请教。我将他们的信件翻译成俄文寄出，收到回复后，再翻译成中文给大家看。所以即使不在一起工作了，在1960年之后的一段时间里，苏联专家仍然为我们提供了很多帮助。

回忆那段时光，虽然很多细节已记不清楚了，但那段并肩作战、为了共同目标一起努力的日子，至今仍在我心中发光。那是一段充满激情、值得铭记的岁月，那里有令人尊敬的苏联专家，也有拼搏奋斗的北航人。这群人，在当时各种资源都有限的校园里，抬头看到的却是火箭升空、卫星环绕的祖国空天事业的未来。现在老一辈北航人曾经的梦想已经实现，祖国日益强大，航空航天技术发展迅猛。但我还是希望北航人不要忘记北航起步、发展的这段历史，为祖国作出更大的贡献。

学海拾贝

追忆留苏岁月

20世纪60年代前北航留苏人员情况

曹传钧

北航选派教师到苏联留学，是从1956年开始的，在这以前，只有国家派出的留学生，一般是从大一学生中挑选，送往苏联或东欧学习，如曾任航天部一院院长王永志，就是由北航一年级读完后被选去莫斯科航空学院留学的。

1956年，北航派李哲浩、张锡纯、唐荣锡去苏联进修。李哲浩先在莫斯科航空工艺学院后到莫斯科航空学院进修发动机工艺，1958年回国。张锡纯先到列宁格勒军事机械学院，之后到莫斯科航空学院进修飞航式导弹设计，1959年回国。唐荣锡一直在莫斯科航空工艺学院，1958年回国。

1958年11月，张启先同志被派往列宁格勒加里宁工学院，他攻读博士学位，专业是机构学，由国家考试委员会答辩后表决是否给他博士学位。他在1962年回国后收到别人带回的证书，却是副博士学位，原因不明。

从1956年派去三位留学生开始，中间除张启先外，直到1959年才又派人去苏联，中断的原因据我了解是武光院长为了建设新专业，决定派人去学苏联的国防尖端专业，而苏方保密很严，拖延不批。后来，利用北航和莫斯科航院的良好校际关系，于1959年11月派曹传钧去莫航作为发动机构造教研室（该室包括航空与火箭发动机构造）的进修教师，实际学习液体火箭发动机设计，派范作民作为莫航发动机原理教研室的进修教师，实际学习冲压发动机原理。曹、范二人都在1960年底回国。

1959年下半年和1960年初派去的人较多，除上述曹、范外，还有以下人员。

派往莫斯科航空学院三人，从1960年2月至1962年2月，都是进修，有结构力学的叶逢培、发动机设计的温俊峰和遥控遥测的欧阳长月。

派往莫斯科航空工艺学院的有四人，从1960年2月至1962年，也都是进修，有飞机工艺的温文彪、发动机工艺的邬学礼、金属材料的潘雅琴和非金属材料的栗成金。

派往莫斯科大学攻读空气动力学研究生的有张启南和朱自强，自1959年至1963年三年半时间，没有完成答辩，因国家之间关系不能延长而回国。

派往列宁格勒航空仪表学院的有三人，罗筱山进修雷达专业，时间是1960年至1962年，崔佩勇与许家永攻读陀螺专业的研究生，三年半后回国，这两人后来被调离北航。

派往莫斯科动力学院攻读传热专业副博士学位的是王丰，1959年赴苏，1963年回国。至苏联科学院动力研究所进修传热学的有邱绪光，时间为1959年至1961年。

1960年初派往哈尔科夫航空学院攻读叶轮气动力学副博士学位的为陆亚钧，于1963年回国。张炳暄也是1960年初到列宁格勒军事机械学院进修，中途因病回国。

在苏联学习和学术交流

张启南

我于1951年9月考入华北大学工学院航空系。1952年全国高校院系调整，我进入新成立的北京航空学院飞机系飞机工艺专业学习。1956年7月我从飞机工艺专业毕业后，被分配到空气动力学教研室工作。以我当时在工艺专业所学的数理基础要承担空气动力学的教学、科研工作，差距是很大的。学校领导为了尽快培养年轻教师，不仅让我接替顾高墀老师做教研室主任陆士嘉教授的助理，还让我担任理论力学教研室主任吴礼义教授讲授的“理论力学”大课的辅导教师。吴先生讲课以逻辑严谨、一丝不苟著称，给我留下了深刻印象，也为我进一步加深数理功底打下了一定的基础。为了能更主动地掌握空气动力学和流体力学知识，学校决定送我和朱自强去苏联学习。为此，1958年我去北京外国语学院进修了一年俄语，1959年底去莫斯科大学数学力学系流体力学教研室攻读研究生。

根据在莫斯科大学了解的情况，我提出做谢多夫院士的研究生。谢多夫院士是苏联空气动力学先驱茹科夫斯基和恰普列金学派的继承人。他的著作以严谨著称，在苏联乃至世界都有很高的名望。20世纪50年代谢多夫院士曾担任苏美空间技术谈判苏方主席，为中国培养了南开大学副校长胡国定教授、北京大学黄克智教授等多名学者。我实事求是地告诉导师我是学工艺出身。他非常细心地给我制订了学习计划，并对我提出了严格要求。莫斯科大学是全苏联最大的一所综合大学，一切活动均可在大楼内进行，繁重的学习任务使我在三年多时间内很少走出大楼。因我在莫斯科大学学习时还担任了数学力学系中国留学生党支部书记，所以只是在回大使馆汇报工作时才偶尔出去一趟。大使馆就在莫斯科大学所在的列宁山脚下，只相隔一条友谊街。莫斯科大学良好的学风给我留下了深刻印象，苏联同学刻苦学习的精神也激励我更加努力，我与他们互帮互学，结下了友谊，为20年后建立新联系打下了基础。

改革开放后，我国与西方国家科技交流日渐增多。但因20世纪50年代末与苏联的国家关系紧张，中苏文化科技交流基本停滞。随着世界形势不断发生变化，20世纪80年代末，中苏交往的大门逐渐打开。1989年，国家教委提出让我校派出一位高级访问学者对苏联进行学术交流，学校考虑到我于1959年底至1963年曾在莫斯科大学数学力学系读研究生，导师谢多夫院士是20世纪50年代国际著名学者、副导师乔尼院士是20世纪80年代苏联科学院主席团主席，均是享誉世界的流体力学大师，因此决定派我去莫斯科航空学院进行学术交流。学校没有提出具体的研究任务，只是让我尽量多了解苏联航空航天科研动态，多交朋友，为后续我校访苏的教师打下基础。

1990年3月，我乘飞机抵达阔别了27年的莫斯科，住在莫斯科航空学院招待所。这里仅有我一个中国学者，工作、生活上有诸多不便，幸亏有中国航空公司驻莫斯科的朋友给予多方协助。除了按学校计划与莫航的同行专家交流外，我充分利用自己与莫斯科大学老师、同学的关系，与他们积极联络，认真讨论学术问题，更加深了相互之间的了解。非常难得的是，通过苏联朋友的私人关系，我带中国航空公司的朋友参观了苏联中央空气动力学研究院实验室。这个实验室是苏联航空航天领域尖端的科研机构，对外国人有非常严格的保密限制。我与朋友是改革开放后首次进入该实验室的中国人，之前我在莫斯科大学攻读研究生三年半都没有进去过。这次有机会实地参观考察，初步了解了苏联在此领域的科研实力，感慨颇多。

7月苏联大学都放暑假，我爱人秦安琳自费来苏探访。我以与爱人去列宁格勒旅游为名，利用莫斯科大学同学的关系，主动联系了列宁格勒大学流体力学教研室的教师和实验室的工作人员，与他们比较深入地探讨了磁流体力学的有关问题，建立了基本的互信。经主人同意，我们参观了他们的磁悬浮机构实验室，还拍了照片，制成了幻灯片。在这些学术交流过程中，我深感必须自己有坚实的理论基础，才能有与对方深入探讨的机会。

此次访苏，学校领导还交派了一个重要任务，就是拜访20世纪50年代来我校援建的苏联专家，其中就有飞行力学专家斯特拉日娃教授。她的爱人是苏联著名的航天运载火箭设计专家、苏联科学院院士，当时已经去世。我和秦安琳带着专门为斯特拉日娃教授精心挑选的丝绸及工艺品礼物去她家探望。老人家慈祥和蔼，对中国人民非常友好。她清晰地记得与陆士嘉、张桂联等教授的交往，更记得翻译陈征老师的热情活泼……她衷心感谢这么多年后北航还挂念着她，送给她这么珍贵的礼物。斯特拉日娃教授将她丈夫设计的运载火箭的小模型和一个苏联小姑娘的工艺品送给了秦安琳。我们与斯特拉日娃教授恢复联系后，应我校邀请，斯特拉日娃教授曾访问我校流体力学研究所，并受到了热烈欢迎。在莫斯科，我和秦安琳在北京饭店宴请了谢多夫院士和乔尼院士。谢多夫院士谈笑风生，乔尼院士对我国的西凤酒情有独钟。我回国后，中国科学院和北航联合邀请谢多夫院士访问北京。在北航访问期间，我陪同吴礼义教授会见谢多夫院士时说："吴礼义教授是我的中国老师，谢多夫院士是我的苏联老师，你们共同培养了我！"两位老人双手紧紧相握，场面非常感人。

就在我将回国的半个多月前，我接到了接待北京航空航天大学访苏代表团的任务，并且要我也作为成员参加。这是以曹传钧老校长、夏人伟副校长为正、副团长的9人代表团，加上我正好10人，基本上是20世纪50年代在苏联学习、进修过的老教育工作者。来访的主要目的是进一步扩大中苏高校学术交流。代表团到达莫斯科后，兵分三路：夏人伟副校长、陆亚钧研究生院副院长和我去古比雪夫，那里有航空院校和航空研究所，也是苏联图-154的生产基地；张鸣瑞、于波教授去列宁格勒航空仪表学院；曹传钧老校长和张锡纯教授等人留在莫斯科航空工艺学院，参观莫斯科航空学院和一些研究单位。代表团成员利用当年认识的老同学、老朋友的关系，恢复联系、重续友情，签订了若干科技人员互访的协议，为下一步学术交流打下了一定的基础。

1990年9月我回国，1991年苏联解体。几年中我又两次出访俄罗斯，为增进两国航空航天技术交流做了一些有益的工作。通过多次学术探讨，俄方认可了我的业务理论水平，1993年评选我为俄罗斯宇航科学院外籍院士，并颁发了一枚航空航天金质奖章。这也是我为祖国航空航天事业作出的一份贡献。

异国钩沉

——赴苏联进修的回顾

温文彪

一、进入莫斯科航空工艺学院

1959年7月初，给我们讲过飞机装配课的飞机系副主任许建钺老师找我谈话，大意是：年底学校计划派一批教师去苏联进修，让飞机工艺报一个名额，经研究和听取58届部分学生的意见后，决定派我去学俄语。现在院内有一个留苏教师俄语进修班，已于5月中开学，让我尽快插班学习。去苏联进修的名单还没最后确定，年底高教部组织俄专老师考试，通过了才有可能。

我感到突然，但也很兴奋。俄语进修班有三四十人，班长是杨为民，俄语教研室有一位女老师任教，授课和学习方式与一般外语学习班相同，重点是听、说日常口语。年底考试，我通过了，成为去苏联进修的一员。

赴苏联出发前一天，许建钺老师拿来一个红色图案的缎子台布，是沈元院长托我送给苏联专家别略可夫的礼物。晚上，在院长小院，武院长设宴，欢送我们十一个人：叶逢培、温俊峰、潘雅琴、邬学礼、崔佩勇、许家勇、陆亚钧、欧阳长月、罗筱山、栗成金和我。

我们从北京乘坐火车出发，经过七天的旅途，抵达莫斯科，入住莫斯科航空工艺学院的公寓。邬学礼、张麒麟、栗成金和我四人住一个小套间。我在莫斯科航空工艺学院飞机工艺教研室进修。到了教研室，我们见到了主任格尔布诺夫，他很客气、很热情地接待了我们。随后，他带着我们去见院长。院长随和、风趣，问候几句后，从书柜中取出一本英文书，随便翻到一页，让我们四人每人用俄语口语翻译一段。这是一种很幽默、很巧妙的双外语阅读、口语测试，一下子就可测出我们的外语功底。

莫斯科航空工艺学院的飞机工艺教研室工整、有序、干净、紧凑，内外间一体式布局，墙上都是挂图。陈列柜中有装配的连接试件、简单的铆接用具。橱柜中放置了铆接工具，靠墙有一台液压机，墙上都是各种形状的冲压件陈列镜框。地下室的实验室，还有一台机床和钳工台。刚毕业的我，当时将这里视为自己的专业圣地。

飞机工艺教研室成员有：教研室主任格尔布诺夫，副博士、副教授，从事冷冲压课题研究；卡特阔夫，“年轻专家”，也是副教授，从事冷冲压课题研究，给本科生讲授冷冲压工艺；波波夫，副博士、副教授，从事冷冲压领域课题研究，我的指导教师；尼高尔斯基，原飞机厂老工程师，装配经验丰富，被请到莫斯科航空工艺学院飞机工艺教研室讲授飞机装配工艺课，教学严谨认真，连每种夹紧件的受力分析都画图讲明（多年后看到南航的教材，这些内容都加入其中了）。尼高尔斯基虽是一位老专家，但因没有读学位，不是副博士，就不能提升为副教授，也就不能被指定作为我们的指导教师。其实我心里很愿意由他指导，因为他经常跑飞机工厂，和实践联系紧密。

我们很快与波波夫副教授见面。幽默、风趣、诙谐的波波夫从格尔布诺夫那里知道了我们的大致情况，很直率地说：“你们语言都不过关，难于通畅交流。科研课题先不谈，本学期你们先听课、读书、学外语。”

“派你到苏联进修两年，回校后如何交差？学到了什么？”这个问题，成了我们开始时的负担和苦恼。之前北航的唐荣锡老师在苏联进修回国后，向教研室汇报时交出了一份俄文打印的报告。大家围观后都很佩服、惊叹。因此这次我们来苏联进修，也一致认为要写一个俄文的材料，打印装订出来，反映自己在苏进修的成果。这成了我们心中的一个具体目标。

恰好新学期（1960年2月—1960年7月）开始，飞机工艺教研室为本专业本科生（四年级第二学期，也就是61届）讲授飞机装配课和冷冲压课。我完整地听了这两门专业课，购买了刚刚出版的巴依措夫主编的《飞机装配和安装工作》和格力高里耶夫主编的《飞机制造工艺学》。两位教师基本是按这两本教科书讲课。我还单独听了焊接教研室为本专业本科生讲授的“金属钎焊”课。

二、拜访莫斯科航空学院的别略可夫

莫斯科航空工艺学院的学生公寓与莫斯科航空学院校区很近，我请西工大来进修的张钧帮我联系拜访别略可夫，以转交沈元院长的礼物。别略可夫是飞机制造教研室主任兼莫斯科航空学院党委书记。为迎接北航院长的“代表”，他精心地做了准备：墙上挂着中国壁毯，地面铺着中国地毯，屋内还摆放了中国工艺品。张钧先做了介绍，我“背出”准备好的“语句”，送上沈元院长托我给他们的礼物。夫妇二人站起捧接，当场打开。夫人异常惊喜，同时请我转达致谢。

女主人拿出准备好的相册，一页一页翻看，都是夫妇二人在中国工作和生活的照片。特别是翻到有沈院长照片的那几页，他们谈起了美好的回忆以及对沈院长的尊敬和喜爱。话题逐渐转到我的简况以及进修希望，别略可夫提出可以到莫航听课，在飞机制造实验室看看有关课题的实验，在图书馆阅读、借阅资料。听后我非常高兴。别略可夫还与我约定：第二天去他办公室。第二天上午，别略可夫带我参观了莫斯科航空学院飞机制造教研室、实验室。由于师资力量雄厚，莫航培养的研究生数量众多，教师的科研课题也很丰富。我办了一个莫斯科航空学院的出入证和图书馆资料借阅证，由此多了几个学习场所——该校图书馆和飞机制造教研室、实验室。

学校认为我们口语不过关，影响交流，于是专为我们六人开设了俄语口语课。一位老教师上课，没有课本，上课自由交谈，方式多种多样，很有趣。一学期后，我们进行专业口语练习。一位很开朗的女同学帮助我们学习专业口语，练习专业听、说，时间有多半个学期，最后她将两个笔记本送给了我。

此时，恰好赶上莫斯科航空工艺学院飞机工艺60届毕业设计答辩，我们参加了全过程。答辩很正规、隆重。答辩委员和答辩学生前的桌面上均有整洁的台布和鲜花。家长参加，同班同学旁听。流程为报告→提问→（答辩委员会商议）→宣布具有工程师水平、鼓掌→同班同学献花→家长亲吻→同学、朋友吻额、握手。有些事情，内容当然是第一位的，最重要，但配以一定的形式也很重要，参加某种仪式能激发一种新的力量，能镌刻在深层的记忆内，使人长久铭记并保持一种向上的心理状态。答辩之后，一名优秀生留校任助教，飞机工艺教研室多了一位教师。我们的第一个学期就这样紧张地过去了。

三、组织生活和暑期活动

我们的组织生活是一个支部为一个活动小组。按照我国驻苏使馆规定：人数少的高校留学生和居住相近的另一个公寓的留学生组成一个活动单位。莫斯科航空工艺学院的公寓位于大学生宿舍区，1960年初我们到达时，只有7个本科生，后来加上进修教师，共13人。我们去照相馆很正规地拍摄了一张“全家福”。

1960年夏，全部留苏本科生回国度假。正值苏联撤回全部在华专家，我国政府停止回国的本科生再去苏联，只有极个别专业的四、五年级学生返苏，所有研究生和进修教师则按计划继续学习。莫斯科航空工艺学院仅剩的6个进修教师都是党员，组成了一个党支部。支部书记胡启恒、支部委员潘雅琴。胡启恒精明能干、活泼开朗，把两校中国进修教师的政治学习、业余活动组织得有声有色。

我们几个进修教师星期天基本不休息，都抓紧时间学习，1960年暑假也是如此。胡启恒认为这样不行，潘雅琴反驳说：“你们研究生两年半后答辩通过就是副博士。我们不行，不抓紧学习，回去怎么交代。”胡启恒说：“进修教师就是进修而已，又没有具体指标。”潘雅琴说：“没有具体指标比有具体指标还难，只能尽全力取得更多收获。”为调节一学期学习的紧张，胡启恒组织了一系列的支部集体活动，使我们愉快地度过了来苏后的第一个暑假。当时，莫斯科组织全市高校系统留学生分期、分批参加为期12天的“国际友谊夏令营”，我们支部有10人参加。结束当天，又来了新营员，有朱自强和王丰。我们被带到莫斯科河上游的森林和水库边，野营三天两夜。河边、湖边处处燃起篝火，手风琴声、歌声回荡在莫斯科的郊外。我们还乘坐小火车和游艇，到远郊区参观小博物馆及名人故居。此外，我们在市内参观了列宁博物馆、奥斯特洛夫斯基故居、画廊（现在仍记得列宾的油画《伏尔加河上的纤夫》）。我们还参观了当时被称为“新处女”的墓地（现称“新圣女公墓”）。凡是到莫斯科的中国人，无不前往这里参观。该墓地是俄罗斯时代、苏联时代艺术家、文学家、政治家、名家们的墓地，包括果戈理、托尔斯泰、法捷耶夫、卓娅与舒拉等。墓园庄严、肃穆、恢宏、壮丽。

四、工厂实习和新的科研课题

我们在莫斯科航空工艺学院进修的六个人手持学校介绍信，到民用工厂实习和参观，给我留下的印象极为深刻。在汽车制造厂实习2～3周，工厂名称早期为“吉斯”，生产“吉斯”牌汽车，后更名为“吉尔”（以该厂初期劳动模范利哈乔夫命名），生产“吉尔”牌汽车。这次实习使我看到了“超”大规模批量生产的机械化和“自动化”。至今难忘的有冷冲压车间，黑色板料、大尺寸、形状复杂的零件，冲压成型过程机械化、“自动化”。工人只在旁边看着，是“机械原理课”和

“起重运输机”课的现实版。在总装配厂房出口处，3~5分钟就开出一辆卡车，让人甚为叹佩。之后我们参观了以“卡岗诺维奇”命名的莫斯科轴承厂，大、中、小滚珠和滚柱轴承生产完全机械化、“自动化”、精密化，最后参观了机床厂。20多天的实习和参观，我们开阔了视野，看到了从未见过的东西，虽然与飞机无关，但制造过程令人印象深刻。

1960年9月初，新学期（1960年9月—1961年1月）开始，我找指导教师波波夫副教授谈话，请教科研课题。他把我领到教研室的地下实验室，指着两把步枪说“爆炸冲孔”，即让我设计、制造一套装置，一端放置、固紧冲孔用可更换的凹模和不同厚度的板材，另一端调整并紧紧固定不同步枪，保证枪管与凹模同轴，即射出的子弹垂直板材准确冲入凹模。材料采用有色金属和黑色金属板材。波波夫让我设计凹模，子弹头相当于凸模。要求：根据子弹圆柱部分直径及冲孔测量尺寸，计算冲孔的精确度；根据孔边毛刺放大观测，分析可行性；测量数据并进行统计分析，可以参考爆炸成形文献和冷冲压冲孔资料，计算后绘出装置图。听完专家布置后我的第一感觉是奇特、不难和麻烦。奇特的是用步枪子弹当凸模冲孔；不难的是上学时做过冲裁压延复合模课程设计，虽过了几年，但还有点印象；麻烦的是装置必须使凹模能更换且必须保证绝对同轴，否则射出的子弹进不了凹模，有可能伤人，而且要设计保护装置。我借了两本冷冲压手册计算，用大号坐标纸绘制出装置草图。现在回忆发现自己当时在保证同轴、刚度、保护方面，确实费了不少心思，射击、“冲裁”过程要确保两侧丝毫不动。这些工作，用了2~3周时间。拿着装置草图请导师审查，他说：“太复杂了。”格尔布诺夫过来看，也说太复杂了，让我简化。我回去后不知如何简化，似乎哪个零件都不可少，思考许久，想出另一种方案，画了一个简图，再请波波夫审查。我解释说：“左边固定步枪部分不变，右边用同样面积、不同厚度、不同材料的板材若干，四周都钻孔，钉在木块上。木块则用两个钳工虎钳夹住，射击。”波波夫说：“原理性错误，子弹前段不是圆柱形，木块起不到凹模作用，射出的子弹使板材上的孔不是毛刺，而是翻边。虽然板材很薄，分辨不出是毛刺还是翻边，但木材没有凹模刃口，原理不对。”他重新看了前一个设计草图，提出了改进意见，让我画出全部零件图再讨论。

在画零件图时，我问自己：这是在做什么？设计的装置谁去加工制造？我有能力到处请人帮忙吗？完成这个任务需要多少时间？最后，加上文献阅读、试验方法、数据列表、统计分析，可以用俄文写一份报告，然而这样的报告，谁会阅读？但没有书面报告也不行，怎么办？我回去是进冲压组还是进装配组？这种能力的培养，在国外有限的宝贵时间内是否合算，是否值得？一时间，我犹豫不决，可又觉着这些想法不便于和导师讨论，只能拖着。

五、重点学习飞机装配工艺

后来，我参加了在莫斯科航空学院举行的“飞行器制造工艺学术报告会”。这是我第一次参加学术报告会，发了会议日程安排，但没有论文集，只开两天，上、下午做报告。我记下了发言者的姓名和题目，见到了刚刚出版的两本专业教科书的作者，聆听了他们的报告。“幼稚”的我有一种似乎触及专业“顶峰”的感觉，因为上学期莫斯科航空工艺学院两门专业课使用的就是这两位作者的教科书。巴依措夫是莫斯科航空学院装配教授，是《装配和安装工作》和《飞机部件装配的规格化装配夹具》两本书的主编，稳重、威严，有大家风范。他入场时，来宾纷纷起立。另一位是《飞机制造工艺学》一书的主编格力高里耶夫，莫斯科航空学院装配专业教授，幽默、诙谐，颇具学者风度。报告的内容对于刚刚毕业的我来说十分重要，而庄重的学术氛围，或沉稳、或幽默、或缜密、或诙谐的阐述，则是一种难得的学术熏陶。

西工大同专业的张钧老师，在苏联读学位进行副博士论文答辩时，我们三人都参加了。会上，我们先听了其导师别略可夫的简介，接着是他本人做论文报告。答辩会提问阶段，格力高里耶夫的幽默和诙谐又体现出来了。他先提了2～3个问题，张钧一一作答。然后格力高里耶夫严肃地说："提最后一个问题，如果回答正确，就能通过答辩；如果回答不正确，肯定不能通过。"全场静默无声，张钧略有紧张。格力高里耶夫问了一个问题，张钧立即答复。全场一片笑声，原来是一个极其简单的常识问题。格力高里耶夫的幽默由此可见一斑。他是莫斯科航空学院的装配博士、教授、权威，学识渊博，但在各种学术活动场合，在不失严谨的前提下，总给人一种轻松、愉悦和亲近感。我接触的苏联高级知识分子所具有的热情、幽默、风趣和诙谐，让我印象深刻。这既是智慧超于应用而自然的表现，也是性格开朗的自然流露。

我们还观看了在茹科夫斯基机场举行的航空表演。现场人山人海，各型飞机呼啸而过，各种特技飞行令人惊叹。我们第一次看到弹射发射，第一次看到三角翼机群。

1960年，莫斯科航空学院飞机制造教研室按教学计划出版了新一代系列教科书，1960年8月初，又出版了该教研室捷尔诺夫和孔诺洛夫编写的《飞机零件制造过程和工艺的理论基础》。恰好孔诺洛夫9月初开学后讲这门课，我们三人听了一个多月。孔诺洛夫讲课严谨、清晰，一堂课内容不多，但讲解细致、清晰，而且语言精练、声音洪亮。

六、去哈尔科夫飞机制造厂实习

1960年10月底至1961年1月，我们六人去乌克兰东部第一大城市哈尔科夫飞机制造厂实习和进修。飞机制造厂在郊区，当时生产图–124旅客机。该机是图–104、图–114的后续机型，座位约180个，两台发动机被安装在平尾。

我出国时带了刚出版的《美国飞机制造工艺》一书，准备下厂时对比美、苏飞机的不同之处。能近距离接触到图–124大型旅客机，我异常兴奋。苏联飞机工厂的车间布局、工艺过程、工艺方法、施工设备与国内截然不同，我感到这才是学习飞机制造工艺的宝库，是现实版的“飞机制造过程和工艺”。我们的实习时间约为三个月，一位飞机工艺专业刚毕业留校的助教带我们前往工厂。他把我们三人介绍给型架设计科科长（或是室主任）就回去了，我们三人的实习计划就由该科长安排。2～3个月的时间基本上是平均分配，在各车间参观、记录，重点是机翼车间。我有两个大笔记本，都记满了。最突出的感觉有两点：一是大，厂房、段件、部件、壁板、设备、装备、辅助装置，一切一切都大，仿佛把眼睛都撑大了；二是所有车间的大、中、小型设备上，都标着NIAT（航空技术研究所）的醒目标记，感到NIAT太“厉害”了，工艺必须靠设备才能实现。

我们每天早早就上班，先到设计科换工作服，和科长商量当天的计划，有时也和设计师们聊聊天，问些问题。科室在厂房的楼上，下午下班前，又去科里换衣服。苏联设计师们对中国很感兴趣，对我们很热情，也愿意和我们聊天。他们的年龄都比我大，如果到中国飞机工厂援助，都是“苏联专家”。在国内，我是没有资格和机会与“苏联专家”交流的，而现在，我每天在一群“苏联专家”“长者”面前，针对现场的飞机制造工艺过程，直接提出各种不懂的技术问题，寻求解答，这样的机会是很难得的。在车间实习时，固定在楼下的机翼车间工艺室，为的是看图纸、读资料、问问题。工艺师们的年龄也比我大，也是“苏联专家”。我感觉，正是由于我比他们年龄小，也不存在自己是大学教师的心态，因此敢于提各种问题。他们看我年龄小，就像对待国外的小实习生那样，很愿意耐心解答各种技术问题，彼此逐渐就熟悉了，常常一同乘车回市内。整个科室的氛围、环境对我们实习非常有利。当时我就想：这次计划已由校方拟定，时间不能改动了，争取明年再来一次，在重点车间、科室蹲点钻研。通过这次实习，我感到需要学习掌握的内容太多了。由于关系融洽、相处愉快，实习结束时相互都有点恋恋不舍。

哈尔科夫航空学院与工厂距离很近，乘同一路有轨电车再往前两站就到了。该校与莫斯科航空工艺学院不同，类似于莫斯科航空学院，有飞机制造教研室、实验室、陈列室。

我在莫斯科航空工艺学院图书馆主要阅读三种文献：一是全苏科技情报局每月一厚本的科技文献索引，各门类均有题目、作者和简介，我一般根据固定门类找题目，据此借文献阅读；二是从《航空工业》月刊上摘记文章；三是有关课题的副博士论文。在我搜索的题目中，有“爆炸成型”一项。当时的爆炸成型文献中，哈尔科夫航空学院飞机制造教研室的阔诺尼克发表的文章最多。因没有复印机，我就把他的多篇文章摘抄下来，水下爆炸的示意图都仔细地描绘。我到哈尔科夫航空学院的目的之一就是拜访阔诺尼克，请教爆炸冲孔，参观他的爆炸池，看看如何爆炸成型、如何在水下爆炸。见到阔诺尼克本人，我告诉他读过他的文章，他很高兴地带我们参观了爆炸池。在校园一个空旷处，有一个露天的大水泥池子，池内无水，他指着一本期刊上的示意图，向我们解释成型的过程。

飞机制造陈列室在楼内，很大，陈列着飞机制造工艺发展史中的实物、模型，特别是早期制造的木质飞机，非常精致，并配有挂图。这个陈列室相当于一个小博物馆，处处彰显着学者的用心和细心。

1961年2月开始放寒假，学校安排外国留学生分批到列宁格勒旅游参观，我们三人同时前往，时间10天左右，交通、食宿免费，住在医学院学生宿舍。苏联老电影中出现过的地方我们全见到了，开阔了眼界，增加了对苏联革命历史的了解，也领略了当时的欧洲风情。

七、最后进修时期的紧张学习

新学期（1961年2月至1961年9月）开始，进修还剩8个多月时间，也是进修期间学习最紧张的时期。我在安排学习计划时，思考科研课题。到这时为止，在“爆炸成型”题目检索、阅读中还未见过波波夫副教授发表的文章，对于他给我指定的“步枪爆炸冲孔”课题，我也没有继续画图。1961年春，格尔布诺夫很客气地和我商量，给我更换一位导师和研究课题，改为副博士、副教授鲁基扬诺夫。

鲁基杨诺夫很高兴地对我说，自己目前和NIAT（航空技术研究所）合作，开展“可靠性”研究，我可以参加。我非常高兴，因为这既是未知领域，又能与NIAT合作，而NIAT早已是我心中航空制造的圣地。而且，课题只要出现什么“性”、什么“度”，肯定具有相当的深度。但我是第一次听到“可靠性”这个词，词义表面很清楚，就是安全可靠、长期使用，但不知研究什么，需要什么基础，于是一一询问。鲁基扬诺夫简要答复：“是飞机性能可靠性。”我问：“什么性能？”他答：“系统的可靠性性能。”我又问：“哪些系统？”他回答：“电子、电器控制系统。”我再问：“需要哪方面基础？”他说：“飞机电子、电器系统构成、元器件性能、系统控制原理。”

回到宿舍，和几位“同学”一谈，都说，“飞机可靠性”太好了，肯定是有长远方向的课题，而且是三个学校（北航、西工大、南航）都没有听说过的课题，都鼓励我接受。我兴奋中带有一丝犹豫，提醒自己：要仔细想想！冷静思考！自己现在是“进修教师”，毕业后还没有做过老师，来苏联进修的目的是什么？是否应先学习怎么做大学老师？怎样做飞机工艺专业的老师？怎样做飞机装配的老师？苏联的飞机装配老师都在做什么样的课题？如何教学？飞机装配涉及什么范围？此外，我们来苏的四个“同学”都有一个共同的想法：除学习专业，还要为教研室多带回一些有用的东西。在哈尔科夫飞机制造工厂实习后，我觉得有许多题目要查询、阅读。我问自己：是在某一科研课题深入钻研进去好，还是在面上多开阔一些、多学习一些、多了解一些更好呢？

关于电子、电器控制系统可靠性，飞机上电子系统包括哪些？电气系统包括哪些？电子器件构成及其工作原理是什么？彼此构成的系统是什么？各种系统的可靠性指标是什么？是一种偏重于理论的研究还是实验研究？自己只在大学期间上过飞机设备课和电工课，有能力用俄语弄懂上述一切吗？只剩七八个月时间，能学到什么程度？能钻研出什么？能完成到什么程度？原来计划的许多东西还没有学，如何抉择？尤其是我心里一直有个固定的想法：我是来进修飞机装配的，与飞机装配有关的才是自己应该钻研的对象。

慎重思考后，我得出一个结论：两年制的进修教师，特别是像我这种刚刚毕业的进修教师，连自己的专业还有待深入学习之时，不适宜针对某一个“点”深入钻研，尤其是与自己“专业不太沾边”的科研课题。

我把自己的想法对格尔布诺夫谈了，决定不在进修期间从事课题研究。

现在回想起这件事，觉得在20世纪60年代初，鲁基扬诺夫副教授的课题选择很具前瞻性，很可能是当时国际前沿的发展趋势。25年之后，在20世纪80年代中期，北航杨为民老师在无人机研制基础上建立了工程系统工程系，随后又建立了武器装备可靠性研究所。而“可靠性”这个词，我20多年前就遇到过了。工程系统工程系后来把自动控制系（三系）的自动控制专业划归可靠性研究所。前些天听章国栋老师说，研究所几年内投巨资建立起电子、电器、控制系统环境实验室，进行飞行器控制系统的元件和部件在高低温、高低压、湿度、振动等各种复杂环境中的可靠性试验。我立即回忆起1961年春关于“可靠性”的纠结与思考，很庆幸当时的决定（更换导师、“不听从”苏联导师指导，是负面的、不好的行为）。试想：如果当时花8个月时间进行这个课题的“研究”，能学到什么？提高什么？回国后，我要继续搞可靠性，可能吗？

现在看来，我当时按照自己的方式继续进修和学习是对的。七八个月时间，我安下心来，广泛阅读、搜集最新的或国内看不到的专业文献。我主要在莫斯科航空学院图书馆和列宁图书馆阅读，凡认为对教研室有用的内容都详细摘抄或整篇拍照。我使用复印纸大小的苏联小格纸抄录，便于最后按题目归类。为了拍摄文献资料，我们四人“合资”买了台照相机。另外，我还买了一个放大五倍的微型胶卷阅读器，胶卷从一侧槽中插入，从另一端槽中退出，中间是目视放大镜，拍摄了近200卷文献。

我重点阅读和摘抄了两篇飞机装配博士论文和一篇装配教师的科研报告。一篇是巴依措夫教授的博士论文《飞机制造中的综合机械化和规格化》，具有宏观、大视野、全局性的特点。文中的系统图、示意图非常好。我拍摄后用大号纸洗印出来，可用投影仪直接投射。第二篇是格力高里耶夫教授的博士论文，内容是飞机装配中接头工艺要素对力学性能的影响。文章阐述了对工艺过程每道工序的精确处理和微观分析，以及从实验得出的各类接头对力学性能的影响，具有缜密性、微观性、精确性特征。第三篇是莫斯科航空学院一位老师的科研总结报告，内容是铝合金面板、非金属泡沫塑料直接发泡填充实验研究，包括细微的试件工艺参数、力学性能，以及部件的试验及装机应用。

为了更多地了解苏联飞机装配工艺，我申请获准1961年10月至12月再去哈尔科夫飞机制造厂实习。张麒麟与我同行。因为是第二次去，无须助教陪同，我们直接找那位工装设计科科长。设计师们见我又回来了，都笑着表示欢迎。科长给我们安排了一个空位设计桌。前后左右都是熟人，都是经验丰富的“飞机装配”专家。这次实习，是在重点车间和科室学习整个工艺过程。所谓重点，不是跟着一架飞机走，而是在零件和装配车间按顺序，即从零件至组合件至壁板至段件、部件装配，包括各种特殊的检验、试验，各个工序连续观看、记录，并到工艺科、室摘抄工艺文件、技术资料等。第一次是系统的全场参观实习，这次是有目的、有针对性的重点实习。

当时我的想法很简单：一个初出茅庐的飞机工艺专业毕业生和新任“装配教师”在苏联两年，下厂实习比搞课题更合适。我的专业是飞机制造工艺，派我来进修飞机装配——一个实践性很强的专业，正好可以弥补我欠缺的那部分知识。在周围众多飞机装配“专家”的帮助下，在飞机装配现场钻研飞机装配，是最理想的机会。

八、回国后的总结汇报及积极成果

留苏进修学习结束，我如期回国，现在回忆当时的收获，总的来说有以下几点。

（1）对担任飞机制造专业教师，增加了底气。

（2）在大方面，扩展了视野；在小方面，提高了缜密性。

（3）对读书习惯的养成，起了不小的作用。

（4）社会责任感增强了。全国人民困难时期，国家花了很多钱，给我机会到国外留学读书，我应该感恩图报。

我于1962年初回国，在回北航前，有以下想法和希望。

（1）准备向教研室做三次汇报：巴依措夫的博士论文《飞机制造中的综合机械化、规格化》；格力高里耶大的博士论文《接头工艺性与力学性能分析》；图-124飞机的若干工艺问题。

（2）向教研室交约200个胶卷的专业文献。

（3）希望教研室给我一段时间，把近200卷文献翻译成中文，并在教研室存档；把三大包摘录文献，按类译成中文，作为教研室科研参考资料，等于把两年中搜集的文献变成教研室有用的“财富”。

虽然上述设想和希望的执行情况有的并不理想，但有些是有积极成果的。

总结汇报的积极成果如下。

一是把搜集、摘抄的有关爆炸成型的文章，特别是几篇哈尔科夫航空学院阔诺尼克水下爆炸成型的文章以及回国前购买的《水下爆炸》一书，交给常荣福先生（他在中国爆炸成型技术方面做了开创性工作），同时汇报了“步枪冲孔”的事。常先生非常高兴。中科院力学所很快将《水下爆炸》一书翻译成中文出版。

二是张关康老师问我有没有液体火箭制造工艺方面的文献，我说看过一本莫斯科航空学院内部出版的液体火箭制造工艺教科书，已拍了胶卷。于是我从上交给教研室的一堆胶卷中，用5倍胶卷放大器一一寻找齐全，并标注好号码给他。很快，他翻译出版了11503补充讲义（“液体火箭结构与制造工艺”）。

三是在莫斯科航空学院参观、实习时，一个大陈列室中放着一个很大的木质模型图板，是飞机制造协调系统图，不同路线由不同颜色的小灯泡组成，多个开关分别显示多条协调路线。我用最大号的坐标纸描绘复制；把俄文翻译成中文，夹具、样件、模胎，一一画出；不同的协调路线和不同颜色的灯泡用不同颜色笔标出。当时我的想法是，如果我们教研室有一个这样的模型，就能使学生比较容易地理解飞机制造中协调系统的全局。回国后我把它交给教研室。很快，主楼一层飞机工艺（901）教研室被分成两部分：一部分是苏先生的办公室；另一半由吴骏恒老师率领两三位同志，制作了一个比莫斯科航空学院还大的同样的协调路线立体模型。这一模型在教学中发挥了作用。

1963年暑假，我和冯厚植、吴骏恒老师一起到320厂带同学实习前，考虑该厂有可能找我做报告，于是带上了巴依措夫的那篇文章。果然，李沛瑶等老同学向培训科建议，让我做报告。我吸取了之前的教训，在招待所用大号纸和毛笔画出了文中所有示意图和大小标题。在大会议室，许多人出席，我把所有图都挂上，看图讲解，效果不错。

另外，“靶六”或“无人机”生产时，在工厂二层模线室，雷珊文、袁冬林和飞机设计教研室的教师们绘制模线。我拿了一本书（保证外形准确度的专业教程），其中有许多绘制模线的示意图，给他们参阅，发挥了作用。

难忘的友情

王　丰

1953年我从西北工学院（现在的西北工业大学）毕业后被分配到北京航空学院（由清华大学等8所院系组成，现在改名为北京航空航天大学）。

中华人民共和国成立初期，我国的工农业都很落后，高等学校培养的学生水平不高。为了加快国家建设，我国派了一批就读于清华、北大、南开等院校的大一、大二学生前往苏联大学学习。与此同时，苏联政府选派了一批科学水平高、教学经验丰富的专家为中国教师讲课。由于中华人民共和国成立前教授和学生都学习英语，听、说俄语有困难，因此分配了一批俄语学院的大学生来担任翻译。苏联专家讲课之后，将讲稿交给俄文翻译整理后再给中国教师教学使用。除此以外，学校还为不同专业制订了“教学计划”“课程大纲”“实验教学计划”。教研室和苏联专家们的关系比较融洽，每周六下午我们都一起打排球或参观颐和园等北京的名胜古迹。

为了进一步提高国内的科技水平，根据国家1956年制定的十二年的科学发展规划，从1965年开始选派了一批中青年教师前往苏联名牌大学进修和攻读博士学位。1958年5月10日是我终生难忘的一天，学校人事处通知我7月21—24日参加俄语学院留苏预备部入学考试，考试内容包括俄文和专业课等。9月29日，我接到了被录取的通知书，于1958年10月至1959年9月主要学习俄语，并首次通过了俄语出国考试。1958年，莫斯科动力学院院长曾随苏联教育代表团到北航访问。我出国前武院长要求我刻苦学习，回国后继续来北航工作，并托我将一封信件交给莫斯科动力学院的院长。到苏联后我和莫斯科动力学院院长见面。谈话中他问我在哪个教研室学习、指导教师是谁和研究课题等，临别时嘱咐我如果在学习过程中有困难，可以直接找他的秘书帮忙解决。短短几句话，让我感受到来自异国他乡的温暖。

在莫斯科动力学院学习的中国研究生很多，其中有清华、上海交大、哈工大等高校来的总计50多人。开学时，学校组织我们前往红场瞻仰列宁和斯大林的遗容，乘坐“高尔基”号游轮游览了美丽的莫斯科河，观看了莫斯科大剧院著名的芭蕾舞演出。此外，为了提高中国留学生的俄语水平，学校通常安排苏联学生和留学生住在一起。和我生活在一起的苏联学生名叫尤拉·维金斯基，是伊凡诺夫动力学院的一名青年教师。他的父亲在莫斯科保卫战中牺牲了，母亲是国际儿童学校的教师。

在苏联的四年学习生活中，我和尤拉结下了深厚的情谊。他不仅给我的俄语学习带来很大帮助，而且帮助我了解苏联人民的习俗，还带我体验了当地的桑拿、品尝了烤肉，并参观了苏联工农业科技成果展览会，留下了一些珍贵的照片。

另外，我还要感谢三个帮助过我的女教师，她们是实验室的主任、系资料室的管理员和俄语教师的母亲。苏联非常重视科学实验教学，实验室的主任在实验过程中很严格也很热情。资料室的资料一般不允许外借，但是在我们诚恳的请求下系资料室的管理员还是借给了我们，但要求按时归还，这些资料对我们的帮助很大。俄语教师发生了一次车祸，脚受了重伤，我们两次带着鲜花探望，他母亲也在场。在我回国前夕老人特地领着我参观了莫斯科郊外的大农场，那里有许多漂亮的建筑，印象很深的是在油画馆看到的《前方来信》和《不速之客》。这位母亲还送给我许多苏联的礼物。回国之前，尤拉送给我一本很有意义的纪念册，上面写着他的赠言：“不要忘记我们的友情，不要忘记苏联，不要忘记苏联人民。”在苏联的四年学习时光中，我深刻感受到苏联人民对中国留学生的深情厚谊。

经过刻苦学习，我终于完成了党和人民交给我的光荣而又艰巨的任务，顺利获得了技术科学副博士学位。

1992年，为了加深两国之间的友好关系，莫斯科航空学院举办了一次航空技术交流会。会议首先由莫斯科航空学院的领导讲话，然后我宣读了沈士团校长的贺词。整场会议进行得很顺利，莫斯科代表团的领导对我的翻译工作还提出了表扬。会后，两个学院的代表团互相交换了礼物并一起享用了晚宴。第二天，我们参观了俄罗斯中央航空发动机研究院和莫航的实验室。此外，我们还参观了红场、克里姆林宫和莫斯科最大的百货公司。为了进一步了解俄罗斯其他两个航空学院的情况，我和吴寿生教授等三人前往喀山航空学院和乌克兰的哈尔科夫大学的航空学院，参观实验室、进行教研室座谈。俄方向我们展示了计划建设的新实验室的设计图。在离开莫斯科之前，我还特地去看望了我的指导教师，送给他一些中国特产。分别的时候，我回头发现老师还在注视着我，心里非常感动。

回国后，我被国家教育委员会任命为全国热工教学指导委员会委员。那段时间，我国翻译了大量的英、美、德国教材。在一次高等教材出版社的全国热工教学委员会议上，我提出了增加对俄文教材翻译出版的建议。当时参会的教育部副部长指示出版社社长将俄文教材的翻译列入计划，并指定我负责组织出版俄罗斯专著。

感谢北航党政领导对我多年的关心和培养，我祝愿北航在培养高质量学生方面取得更大的成就！

向苏联雷达专家学习的往事

欧阳长月

一、难忘的1958年

1958年，学校大搞科研活动，目标是让“北京一号”“北京二号”“北京五号”三个型号飞上天，当时北航呈现一片埋头苦干、敢想敢干的热烈景象。1958年9月，莫斯科航空学院无线电系的专家哈雷宾副教授来到北航指导雷达专业的建设。同年10月，航空无线电系成立。为适应建系需要，当年四年级的我所在的无线电专业4205班全部学生提前一年毕业，参加工作。我和王业裕被分到雷达教研室，跟着哈雷宾专家学习。

二、专家对雷达专业建设的贡献

航空无线电系总共聘请了6位苏联专家，除雷达专家哈雷宾外，还有无线电导航专家别拉文、测量技术专家扎哈洛夫、脉冲技术专家（兼任系主任顾问）伏罗尔金以及遥控专家高洛文、遥测（多路通信）专家鲍里索夫。遥控和遥测两个专业是由火箭系合并到航空无线电系的。这些苏联专家对本系的建设都作出了重要贡献。

哈雷宾专家指导雷达专业建设。他所负责的工作主要有两项：一是专业课程的建设；二是实验室的建设。为了能把专家所教的东西学到手，雷达教研室共安排了7个人跟着学习：教师梁炳贵、余英杰和马立业，刚毕业留校的毛士艺、严自玉，提前一年毕业留校的王业裕和我。毛士艺后来担任教研室主任，王业裕为实验室主任。

专家来北航后所做的第一件事是讲授“雷达原理”。当时参加听课的校内外人员有30余人，翻译是刘跃堃老师，每周讲一次，一次三个小时，讲后就答疑。讲课前一周专家将俄文手稿交给翻译，译成中文，油印装订成本，上课前发给大家，周周如此。有一次讲到多普勒频率，因大家事前不知道此概念，一时难以理解，问的时间过长，到专家吃饭时间都未结束。

第二个学期（1959年上半年），专家带领大家建设雷达实验室，并结合实验设备编制了雷达设备专业课的教材。当时的实验室共有六部设备：歼击机使用的截击雷达、轰炸机使用的轰炸瞄准雷达、敌我识别器、测距机、小高度表及护尾雷达。前两部是从苏联工厂直接买来的，是飞机上正在使用的。专家说他在国内都还未见过。专家带着几位老师，一部一部地开机调试使用，并结合这些设备讲解其工作原理，从而完成了雷达专业实验室的基础建设，以及利用设备说明书改编成专业教材的基础工作，为日后教学创造了良好的条件。

三、与苏联专家交往的几件逸事

按照当年政策，专家可带家属来华。与哈雷宾同来的有他的夫人及两个女儿，大的6岁、小的半岁，住在友谊宾馆。有一天，是专家本人还是他女儿的生日，我记不清了，他举行庆祝聚会，地点就在自己住房客厅内。哈雷宾邀请了系主任唐邑和我们7个听课老师，还有3对同住的苏联专家。聚会进行得很热闹，相互间不断地敬酒。

专家到宝鸡参观苏联援建的某雷达厂和一个仪表厂，我们几个青年教师去了。该雷达厂生产的就是我们实验室的那种截击雷达。当时非常保密，一般不对外开放。我们沾了苏联专家的光，参观了这种雷达生产组装调试的全过程。专家说，他在国内都未见过。接着我们参观了邻近的仪表厂。印象最深的是陀螺组装车间，最后一道工序的工人，要经过七道门、去尘后才能进入。即使是苏联专家，也只能进到第四道门。

1959年5月，学校组织几位专家（包括哈雷宾）由时任院长办公室主任刁震川陪同，到杭州西湖休假游览，然后再到南京参观南京航空学院和某雷达厂。系主任唐邑派我到南京，为专家参观做准备。我到南京后与相关单位做了安排。

这一年，我还按系要求和向专家学习的几位教师一起陪同专家参观了颐和园。哈雷宾专家带着夫人及两个女儿，每到一处，都有讲解员接待，领着参观，边走边讲。专家夫妇很感兴趣。对我们来说，也有不少新收获。一是我们过去来玩，从无讲解员；二是原本不开放的地方，对专家开放了。印象最深的有大戏台和石舫，大戏台是第一次看见；石舫去过无数次，但只在一层，而这次上到了二层。二层楼上有一面很大的镜子，我们利用它拍了一张全体人员的合影，该照片我至今还保存在家中。

1959年7月，哈雷宾专家来华已满一年，在圆满完成了任务——为我系的雷达专业建设打下了良好的基础，为培养雷达技术人才创造了有利的条件后，离京回国了。

四、在莫斯科又相逢

学校为加快发展步伐，急需加快师资队伍的建设。当时一个重要措施就是选派青年教师到苏联去学习。各个系选送了40多人。我们系选送两个，即刚大学毕业的罗筱山和提前毕业的我。首要任务是学俄语，与俄专联系，答复因满员收不了，学校只好自办俄语班。经过半年学习到年底快要结束时，由于中苏关系紧张，我们这批人基本上都去不了。凡是学专业的，苏联都拒绝了，只有接收了少量搞专业基础研究的。我被分配到莫斯科航空学院无线电系无线发送教研室进修。当时北航去了约10人，分在不同的地方和学校，大多数是访问学者，时间两年；个别做研究生，学习三年。

这次去苏联学习，我与哈雷宾专家相逢。1960年2月到达莫斯科后，我被分配到莫斯科航空学院无线电系学习。该系就是雷达专家哈雷宾工作的单位。虽然因形势的变化，他未成为我的指导老师，但同在一个系，见面的机会还是很多的。1960年中，苏联决定将全部援华专家撤回。一天哈雷宾专家找我，问我知不知道伏罗尔金已提前回国。我说知道，但还未见到本人。不久，我见到伏罗尔金，但也只是相互问候一下。

中苏关系变化后，系主任唐邑来信，要求我不要再学无线电发送技术，改为全力学习遥控技术。当时苏联高等学校的工科院校如莫航，只有本科教育课程，虽有研究生但无研究生课程教育，若需扩充有关知识，要由导师指定几本书自学，再经考试完成。所谓全力学习，就是只能跟着本科生听课做实验，不能参加科研，不能到科研院所和工厂参观学习。当时在莫航无线电系学习的中国留学生共三人，清华、北航、西工大各一人。我们一再请求下，才获准到莫斯科电视机厂实习了两个月。好在那时莫航所有的本科课程和实验，以及资料室（有部分秘密级资料）对我们都是开放的。北航火箭系原系主任曹传钧，以高级学者身份正在莫航访问。学校招他回国汇报工作，我就托其将自己的情况与唐主任说一下。当时，遥控专业的课程和实验都定为秘密级，上课时的笔记本下课后都要送保密室保管。

1962年2月，我赴苏学习已满两年，准备回国。一天哈雷宾专家问我哪天离开莫斯科，并说不要叫出租车，到时他会开车送我。走的那天，专家开车来了，但一看东西就发愁了，两个很大很重的纸箱子，无法放进后备箱。他问我是什么东西，我说全是书。他说，买这么多书干什么？我说是系主任唐邑要买的。

离京前，唐主任曾专门找我谈了一次话，从政治、学习、生活各方面都提了具体要求。其中一条就是不要乱花钱，不要买大件私人用品，剩余的钱全买书，给本系资料室供大家使用。到苏联后支部传达使馆的精神也是省吃俭用，不许买“三机”（电视机、收音机和照相机），要将省下的钱退还大使馆。因此我回国时，未买任何私人用品。当时国家给的补助是本科生每月50卢布、访问学者每月70卢布。

因后备箱放不下，放车顶上又担心将车顶压坏。哈雷宾左右为难，说为何不早一点儿告诉他。而我只能不断地说对不起。最后，行李还是放在了车顶。当时中苏来回只能坐火车，单程约一周时间。临别时，专家拿出了两瓶伏特加，让我转送唐邑主任和武光院长，并送给我一个照相机，作为我与王业裕的结婚礼物。

五、再到莫航，欲见哈雷宾专家未果

1991年，系里组织代表团去莫斯科航空学院和圣彼得堡仪表学院访问。其目的有二：一是参观学习；二是看望并感谢曾经帮助过北航的专家们，同时邀请他们再来北航看看。考虑到苏联刚解体，经济较困难，物资较匮乏，因此专家们往来的交通食宿费均由学校提供。代表团共五人，系主任邵定蓉、周荫清、张鸣瑞、我和计算机系的胡建平。我们六月中出发，先到圣彼得堡，返回时到莫斯科，住在莫航学生宿舍，计划第二天上午去无线电系，与系领导、原援华专家、部分教师进行座谈交流。前文提到，之前来过北航的有四位专家：导航专家别拉文、雷达专家哈雷宾、测量专家扎哈洛夫和脉冲专家兼系主任顾问伏罗尔金。这次见面我期盼已久，可到会场发现我最想见的哈雷宾专家没来，测量专家也没来，导航专家因年迈已过世多年，只有脉冲专家来了。我们反复邀请他来华看看，但最终因年迈体弱未能成行。

为了见哈雷宾专家，我在国内做了充分准备，其中就包括要送的小礼品。我特地在景德镇买了一对超薄瓷花瓶，可是直到离开莫斯科都未见到他，只好托现任系主任转交，非常遗憾。我曾想过到哈雷宾家里去，但不便开口。后来系主任告诉我，哈雷宾夫妇可能已到加拿大探亲了。因为他们的大女儿已在加拿大定居。

我在发送设备教研室进修的副指导教师（正指导教师为知名教授、

通信院士，已过世）参加了座谈会，并邀请我一个人到他家坐了一会儿。虽然名义上是导师，实际上交往不多，因我已改学遥控专业课了。到他家后，他首先表示歉意，不能请我和代表团吃饭。当时苏联刚解体，商店里什么都没有，只能到自由市场买，价格奇高。他专门拿出了俄罗斯知名饮料“格瓦斯”。我说，不必客气，能见面就很高兴了，谢谢对我的帮助。他问我，中国发展这样快，是不是香港和各国华侨帮助的结果？我说主要还是国家政策的变化，农村土地由过去的集体所有改为个人承包，调动了农民的积极性……接着他提了一个要求，希望我发一个邀请函，请他们夫妇到中国访问。按当时的政策，个人能否发邀请函，我不清楚。另外，因他不是专家，学校不会支付相关费用，而我个人当时也没有这种经济条件。所以我只能对他说回国后询问一下，最后不了了之。

经过六七十年风风雨雨，来华援助的专家们基本都已作古。当年跟着专家学习的我们这批二十出头的年轻人，现都已是耄耋老人了。但不管世界如何变化，我们都不会忘记苏联专家的辛勤劳动和建设成果。

回忆苏联导师克尔巴士尼可夫

潘雅琴

1960年1月，学校派我、栗成金（材料系）、邬学礼（发动机系）和温文彪（飞机系）去莫斯科航空工艺学院进修。我的指导老师是压力加工教研室的领导克尔巴士尼可夫教授。他曾于1955年8月到1957年7月来北航材料系，培养压力加工专业研究生和帮助建立金属压力加工专业。师生久别重逢，倍感亲切。克尔巴士尼可夫在教研室和系里已是备受尊重、有名望的专家了。

克尔巴士尼可夫安排了我的进修计划，首先要求我尽力提高俄语听、说、写能力，和苏联大学生一起听“金属压力加工原理”“金相热处理”等课程（金相热处理课程的讲授人是曾经来过北航四系的基尔比基尼可夫教授）。他还要我到实验室向实验员学习各种仪器设备的使用，学会做相应的实验。与实验员交流能有效提高说俄语的能力，年轻的女实验员们活泼乐观，常常说笑着问我：“想不想家？想不想孩子？你怎么舍得把那么小的儿子（当时才两岁）留在家里？你放心你的丈夫吗？你们中国男人真好，能让你安心地在这里学习。”我只能笑着对她们说：“我很放心，我们是同学，他是个老实人。”

我参加了克尔巴士尼可夫教授的科研课题工作，研究烧结铝的组织和性能。烧结铝（克尔巴士尼科夫1990年来信中用英文“SAP”代表）为一种新的铝合金，是在铝中加入少量的三氧化二铝，或加入微量的锆元素等。为了解烧结铝，我查阅了一些文献资料，撰写了文献综述和研究大纲，经过了专家的审阅和修改。专家还派我去基辅和列宁格勒（现在的圣彼得堡）查找和收集资料和试样，这让我既学习了关于烧结铝的研究情况，又开阔了视野、拓展了思维，同时还能游览圣彼得堡的名胜古迹。这是专家对我在进修期间的特别关照。

我科研阶段的成果《用电子显微镜观察САП的组织结构》发表在工厂实验室杂志1961年第12期。之后，我继续研究了烧结铝的组织和性能，完成了所承担的部分内容，撰写了论文发表在苏联《有色金属》杂志1962年第10期。根据我已经达到的研究成果和撰写的文献综述报告，专家有意延长我的进修时间，以完成副博士论文。我把这个消息写信给北航航空材料系（四系）主任，并且报告了驻苏大使馆。接到信后，系主任吴云书和宋作舟去教育部留学生司联系，但使馆决定让我按期回国，我只好把继续研究的内容、设想和文献综述等留给了我的导师。

经过克尔巴士尼可夫的指导、实验室同事们的帮助以及金相热处理专家的辅导，我提高了理论水平和科研能力。非常感谢我的导师和帮助过我的金相热处理专家基尔比契尼可夫教授，也感谢一起工作的压力加工和金相热处理实验室的同事们。我们之间所建立的深厚友谊和感情，让我怀念在心，至今难忘。

1960年底，我与北航在苏联进修的温文彪、郛学礼等到哈尔科夫飞机制造厂实习，参观了大型客机图-104的生产过程和相关的生产车间；参加了暑期夏令营活动：在驻地野炊，自己动手拾柴、做饭，观看球赛、文艺演出等。现在回想起来仍觉得非常有趣和有纪念意义。

我按期回到北京后，教育部对回国的学生进行了两周国内形势教育。印象最深的是对回国留学生的粮食定量给予照顾。我的定量是每月31斤，宋作舟是28斤。

我回到北航航空材料系（四系）继续任教，并与导师克尔巴士尼可夫保持通信联系。1988年下半年，陈昌麒系主任、科研处处长潘天敏等开始筹备第二届国际铝合金学术会议。陈昌麒主任建议邀请克尔巴士尼可夫专家参加会议，让我写信代表他邀请。1988年9月28日，我写信问候了已经26年没有见面的克尔巴士尼可夫教授和其夫人，并告诉他：第二届国际铝合金会将于1990年6月左右在京召开，主持人是北航陈昌麒和美国E.A.Stark教授，邀请你们参加，希望能在北京相见。信中还请他转达相识的同事和朋友也能参加会议。

1988年11月28日，克尔巴士尼可夫回信表明愿意参加，并可做铝合金复合材料和SAP的学术报告。信中他还说，时常回忆起在北京、哈尔滨和在莫斯科与我们一起工作的情景。1988年12月11日我回了信，感谢专家能受邀与会，并转达了系主任陈昌麒的话：在北京参会期间的费用由会议组承担。此外还表示拟向北航校长提出，加强北京航空学院和莫斯科航空工艺学院的友好合作的建议。

第二届国际铝合金学术会议于1990年10月9—13日在北京召开。与会代表大多住在友谊宾馆，但克尔巴士尼可夫教授在会议开幕前一天到北京，要求住在北航校内的招待所。会议期间，我和宋作舟、龙绥新（克尔巴士尼可夫在北航工作期间的专职翻译）对他在生活方面热情照顾，如让招待所服务人员帮助调控窗式空调机，天凉请服务员加毯子，帮助兑换外汇，陪他游览故宫和十三陵定陵博物馆。特别让专家高兴的是，他在北航培养的研究生、唯一留在北航工作的钱友荣设家宴招待。除钱友荣夫妇外，还有专家翻译龙绥新、魏久祥、王恩洪和我参加。席间，我们向导师敬酒表示感谢，互诉情怀，畅谈友谊，欢声笑语不断，大家都很兴奋。专家想吃柿子，我们买了请他品尝。专家回国前，我们陪他逛了前门大街，购买了他喜欢的绸缎和纪念品。专家非常满意地满载着深厚的友谊回国。

1992年3月初，我和宋作舟应克尔巴士尼可夫专家的邀请去莫斯科航空工艺学院回访。专家亲自到火车站迎接，并送我们到住处。休息后，我们专程到克尔巴士尼可夫家，送给他从北京带的礼物，并谈了访问期间的打算。因为对莫斯科交通和主要名胜还有印象，游览我们自行安排，去学院的活动则请专家联系安排。第一次回学院，克尔巴士尼可夫专家和教学管理委员会主任接见了我们，一起见面的还有当年实验室的主任，场面亲切友好。

我拜访了金相教研室，和研究钛合金的女博士讨论了钛合金冷却曲线和相变的问题。专家则带我们参观了莫斯科航空材料研究所，看到的都是较新的研究成果，如航空发动机用空心和单晶涡轮叶片、耐高温涂料、复合高强度材料、飞机用整体铝合金壁板等。

访问期间，我们数次去克尔巴士尼可夫家里吃饭，每次都带着鲜花。专家夫人热情善谈，和我们亲切交谈。为了照顾我们的饮食习惯，在米饭里加了葡萄干，吃时又拌了少量黄油和糖，香甜可口；吃面包时，夹了沙拉酱、香肠；还特意包了一次饺子，我们则告诉专家夫妇怎么煮饺子。我们还参观了克里姆林宫、红场以及苏联的一些著名博物馆。回国前，我们与专家夫妇道别后，他又亲自到火车站为我们送行。这次访问，克尔巴士尼可夫专门抽出时间，尽心尽力安排活动，让我们又一次感受到中苏师生间深厚的情谊，至今难忘。

附录一　在北京航空学院工作过的苏联专家名单

序号	译名	专长	派出学校	在华时间	聘期	工作单位	备注
1	杜巴索夫	理论空气动力学	莫斯科航空工艺学院	1952.8—1954.6	两年	院部	院长顾问
2	格鲁孟兹	实验空气动力学	莫斯科航空学院	1952.8—1954.6	两年	空气动力学教研室	
3	费拉柯	发动机施工	莫斯科航空学院	1952.8—1954.6	两年	发动机工艺教研室	
4	契霍宁	飞机设计	莫斯科航空学院	1952.8—1955.6	三年	飞机设计教研室	
5	何赫洛夫	航空仪表自动器	莫斯科航空学院	1952.8—1955.6	三年	航空仪表自动器教研室	
6	罗新	特种设备	莫斯科航空学院	1952.9—1955.6	三年	特种设备教研室	专家组长
7	赫罗宁	发动机构造	莫斯科航空学院	1952.9—1955.6	三年	发动机原理教研室	
8	马卡洛夫	飞机施工	莫斯科航空工艺学院	1952.11—1955.6	三年	飞机工艺教研室	
9	别略可夫	飞机施工	莫斯科航空学院	1952.11—1955.6	三年	飞机工艺教研室	教务长顾问
10	卡古林	电气无线电设备	莫斯科航空学院	1954.9—1957.1	两年半	电气无线电设备教研室	专家组长

续表

序号	译名	专长	派出学校	在华时间	聘期	工作单位	备注
11	叶富列莫夫	飞机设备施工	列宁格勒航空仪表制造学院	1954.9—1957.1	两年半	飞机设备工艺教研室	
12	卡拉普希金	航空金属铸造	莫斯科有色金属与黄金学院	1954.10—1956.7	两年	铸造工艺教研室	
13	尼基晓夫	发动机施工	哈尔科夫航空学院	1954.10—1956.7	两年	发动机工艺教研室	二次受聘来华
14	费阿发诺夫	强度计算	莫斯科航空学院	1955.9—1958.2	两年半	飞机设计教研室	二次受聘来华
15	克尔巴士尼可夫	有色金属加工	莫斯科航空工艺学院	1955.8—1957.6	两年	金属压力加工教研室	
16	拉宾诺维奇	特种设备	莫斯科航空学院	1955.9—1957.6	两年	特种设备教研室	
17	尼基景	发动机原理、构造	莫斯科航空学院	1955.9—1956.7	一年	发动机构造教研室	
18	帕尔霍明柯	飞机装配	喀山航空学院	1956.8—1957.7	一年	飞机工艺教研室	
19	阿罗夫	航空材料焊接	莫斯科航空工艺学院	1956.8—1957.7	一年	焊接工艺教研室	
20	基尔比契尼可夫	轻金属热处理	莫斯科航空工艺学院	1956.8—1957.7	一年	金属腐蚀及表面保护教研室	
21	斯特拉日娃	飞行力学	莫斯科航空学院	1956.8—1957.7	一年	空气动力学教研室	
22	斯卡贡	航空金属焊接	莫斯科航空工艺学院	1956.6—1957.1	半年	焊接工艺教研室	

续表

序号	译名	专长	派出学校	在华时间	聘期	工作单位	备注
23	苏里玛	发动机工艺	莫斯科航空学院	1957.3—1957.7	半年	发动机工艺教研室	
24	格尔吉也夫	电气设备	莫斯科动力学院	1957.3—1957.7	半年	航空电气设备教研室	
25	聂吉尔柯	火箭操纵技术	列宁格勒军事机械学院	1957.4—1959.5	两年	火箭控制与稳定系统教研室	
26	拉儒密也夫	弹道火箭设计	莫斯科包乌曼高等技术学校	1957.4—1959.5	两年	弹道式导弹设计教研室	
27	佘陆新	固体火箭发动机	列宁格勒军事机械学院	1957.4—1958.12	一年半	火箭发动机设计教研室	火箭专业专家组长
28	西良廖夫	火箭发动机设计	莫斯科包乌曼高等技术学校	1957.4—1959.4	两年	火箭发动机设计教研室	
29	加列也夫	火箭发动机构造	喀山航空学院	1957.4—1959.4	两年	火箭发动机设计教研室	
30	叶尔索夫	叶片机原理	哈尔科夫航空学院	1957.5—1957.10	半年	发动机原理教研室	
31	包里索夫	电气设备	莫斯科航空学院	1957.8—1958.7	一年	航空电气设备教研室	
32	列别捷夫	特设工艺	莫斯科航空学院	1957.8—1958.7	一年	飞机设备工艺教研室	
33	库兹明	飞机设计	哈尔科夫航空学院	1957.9—1958.7	一年	飞机构造与强度计算教研室	
34	别拉文	无线电导航	莫斯科航空学院	1957.9—1958.7	一年	航空电气设备教研室	

续表

序号	译名	专长	派出学校	在华时间	聘期	工作单位	备注
35	柴依采夫	仪表自动器	莫斯科航空学院	1957.9—1958.7	一年	航空仪表自动器教研室	
36	克雷莫夫	射击装置设计	莫斯科航空学院	1957.10—1958.7	半年	特种设备教研室	
37	哈雷宾	航空雷达	莫斯科航空学院	1958.9—1959.7	一年	雷达导航教研室	
38	谢苗诺夫	航空仪表	莫斯科航空学院	1958.9—1959.7	一年	航空仪表自动器教研室	
39	谢尔盖耳	燃烧原理	莫斯科航空学院	1958.9—1959.8	一年	发动机原理教研室	
40	勃拉古洛夫	点火设备	莫斯科动力学院	1958.10—1959.3	半年	航空电气设备教研室	
41	罗斯托莫夫	火箭发射装置	捷尔任斯基炮兵学院	1958.10—1960.3	一年半	火箭发射装置教研室	
42	维谢洛夫	地面控制系统	捷尔任斯基炮兵学院	1958.10—1959.11	一年	火箭控制与稳定系统教研室	
43	列别捷夫	火箭飞行力学	莫斯科航空学院	1958.11—1959.12	一年	飞行力学与操纵教研室	火箭专业专家组长
44	鲍里索夫	无线电遥测	莫斯科动力学院	1958.12—1959.12	一年	遥控遥测教研室	
45	哈凡斯基	火箭自动控制	列宁格勒航空仪表制造学院	1958.12—1960.6	一年半	火箭控制与稳定系统教研室	

续表

序号	译名	专长	派出学校	在华时间	聘期	工作单位	备注
46	阿芬纳斯也夫	计算机	列宁格勒电工学院	1958.12—1960.5	一年半	解算装置教研室	
47	卡格勃诺夫	火箭操纵原理	莫斯科包乌曼高等技术学校	1958.12—1960.6	一年半	火箭控制与稳定系统教研室	
48	卡依达斯	液体燃料	派出学校不明	1958.11—1960.7	一年半	火箭发动机设计教研室	与京工合聘，主要在京工
49	高洛文	无线电遥控	莫斯科包乌曼高等技术学校	1958.12—1960.6	一年半	遥控遥测教研室	
50	依里因	陀螺仪表与惯导	列宁格勒精密机械与光学学院	1959.8—1959.11	三个月	陀螺仪与惯性导航研究室	
51	伏罗尔金	脉冲技术	莫斯科航空学院	1959.9—1960.8	一年	雷达与导航教研室	专家组长
52	捷尔诺布罗夫金	有翼导弹设计原理	莫斯科航空学院	1959.9—1960.8	一年	有翼导弹设计教研室	
53	扎哈洛夫	无线电测量技术	莫斯科航空学院	1959.9—1960.8	一年	电子测量技术教研室	
54	克拉克雪夫	陀螺仪表	列宁格勒精密机械与光学学院	1959.10—1960.1	三个月	陀螺仪与惯性导航研究室	
55	依里因斯基	核动力火箭	哈尔科夫航空学院	1959.10—1960.8	一年	火箭发动机设计教研室	
56	萨包什可夫	电子计算机	列宁格勒电工学院	1959.11—1960.8	一年	解算装置教研室	

续表

序号	译名	专长	派出学校	在华时间	聘期	工作单位	备注
57	佛里特	发动机原理与构造	哈尔科夫航空学院	1959.11—1960.8	一年	发动机原理教研室	
58	明虚金	固体燃料	莫斯科化工学院	1959.12—1960.8	一年	火箭发动机设计教研室	与京工合聘，主要在京工
59	鲁日尼可夫	航空材料	全苏航空材料研究院	1960.2—1960.8	半年	非金属材料教研室	
60	格利标金	火箭控制	派出学校不明	1960.2—1960.8	半年	火箭控制与稳定系统教研室	与京工合聘，主要在京工

注：本附录中所列的专家名单及其工作时间等信息，均源自《北京航空航天大学校志（1952—1992）》中的“外事篇”一章。本表格由北航当时的专家工作室主任马积明先生提供并整理而成。

附录二　建校初期外籍专家影像回顾

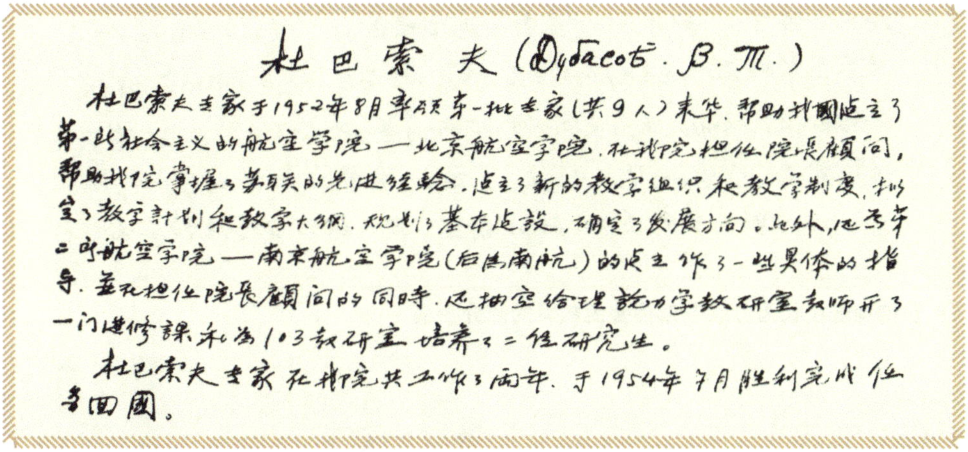

杜巴索夫（Дубасов. В. П.）

杜巴索夫专家于1952年8月率领第一批专家（共9人）来华，帮助我国建立了第一所社会主义的航空学院——北京航空学院，在我院担任院长顾问，帮助我院掌握了苏联的先进经验，建立了新的教学组织和教学制度，拟定了教学计划和教学大纲，规划了基本建設，确定了发展方向。此外，他為第二所航空学院——南京航空学院（后为南航）的建立作了一些具体的指导。並在担任院长顧问的同時，还抽空给理论力学教研室教师开了一门进修課和為103教研室培养了二位研究生。

杜巴索夫专家在我院共工作了两年，于1954年7月胜利完成任务回國。

曹传钧老校长为苏联专家杜巴索夫写的简介手稿

杜巴索夫专家在我院奠基典礼大会上讲话

杜巴索夫专家与杨待甫在视察校址

注：本附录所涉及的专家姓名，均以“附录一　在北京航空学院工作过的苏联专家名单”中所列信息为准。

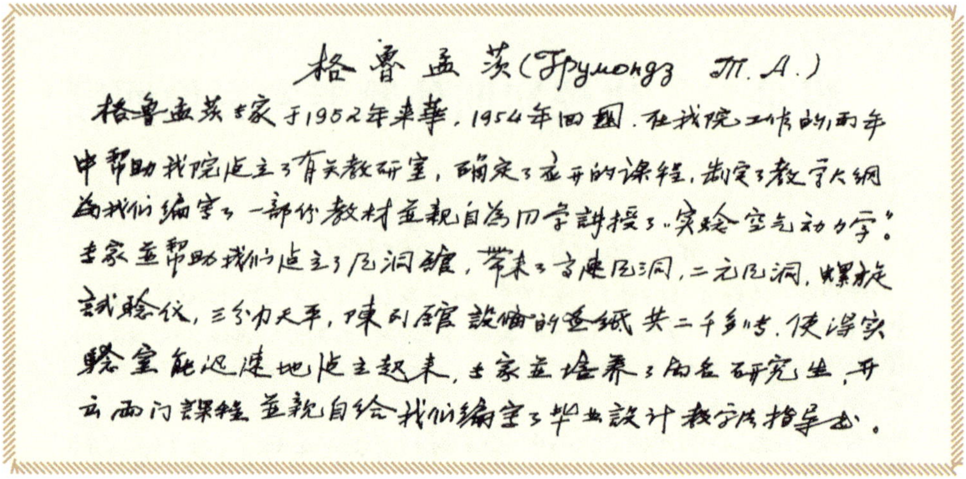
格鲁孟茨(Грумонгз П.А.)

格鲁孟茨专家于1952年来華，1954年回国。在我院工作的两年中帮助我院建立了有关教研室，确定了应开的课程，制定了教学大纲，为我们编写了一部份教材并亲自为同学講授了"实验空气动力学"。专家并帮助我们建立了风洞馆，带来了高速风洞，二元风洞，螺旋試验仪，三分力天平，陳列館設備的图纸共二千多张，使得实验室能迅速地建立起来。专家并培养了两名研究生，开出两门課程，並亲自给我们编写了毕业設計教学法指导书。

曹传钧老校长为苏联专家格鲁孟兹写的简介手稿

格鲁孟兹专家和翻译夏陪厚

格鲁孟兹专家与师生合影

格鲁孟兹专家与教工合影

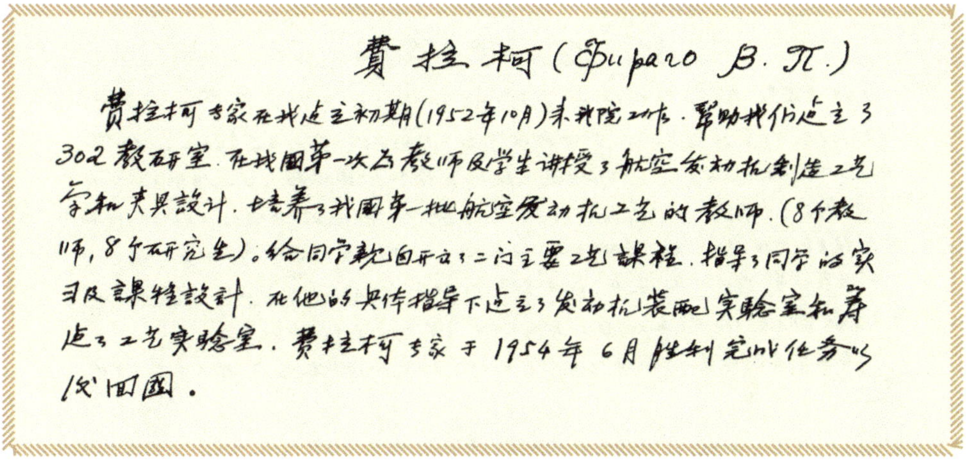
費拉柯（Фираго В. П.）

费拉柯专家在我院建立初期（1952年10月）来我院工作。帮助我们建立了302教研室。在我国第一次为教师及学生讲授了航空发动机制造工艺学和夹具設計。培养了我国第一批航空发动机工艺的教师。（8个教师，8个研究生）。给同学亲自开出了二门主要工艺課程。指导了同学们的实习及課程設計。在他的具体指导下建立了发动机装配实验室和筹建了工艺实验室。费拉柯专家于1954年6月胜利完成任务以后回国。

曹传钧老校长为苏联专家费拉柯写的简介手稿

费拉柯专家与董寿莘、李哲浩老师合影

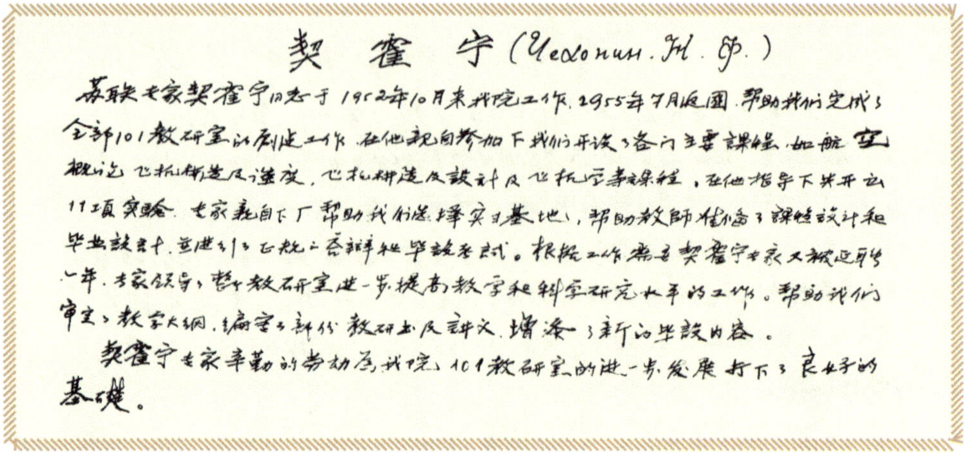

契霍宁（Чехонин. М. Ф.）

苏联专家契霍宁同志于1952年10月来我院工作，1955年7月返国。帮助我们完成了全部101教研室的创建工作。在他亲自参加下我们开设了各门主要课程，如航空概论、飞机制造及强度、飞机构造及设计及飞机工艺等课程，在他指导下共开出11项实验。专家亲自下厂帮助我们选择实习基地，帮助教师指导了课程设计和毕业设计，并进行了飞航工艺课程的毕业答辩。根据工作需要契霍宁专家又被延聘一年。专家领导了整个教研室进一步提高教学和科学研究水平的工作。帮助我们审定了教学大纲，编写了许多教研书及讲义，增添了新的毕设内容。

契霍宁专家辛勤的劳动为我院101教研室的进一步发展打下了良好的基础。

曹传钧老校长为苏联专家契霍宁写的简介手稿

契霍宁专家与师生合影

契霍宁专家观看教学设备

契霍宁专家在教学现场

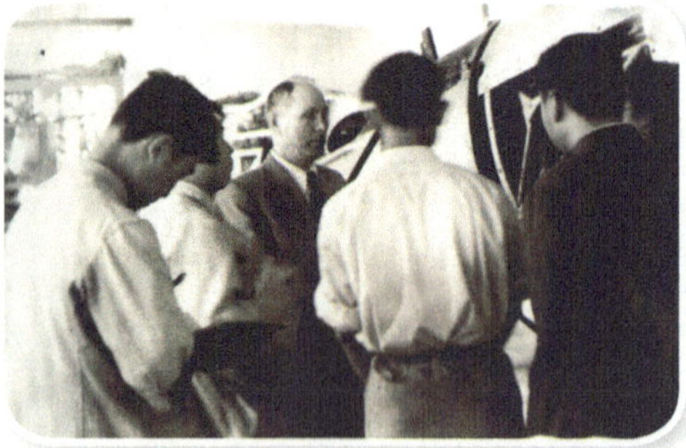

契霍宁专家在教学现场

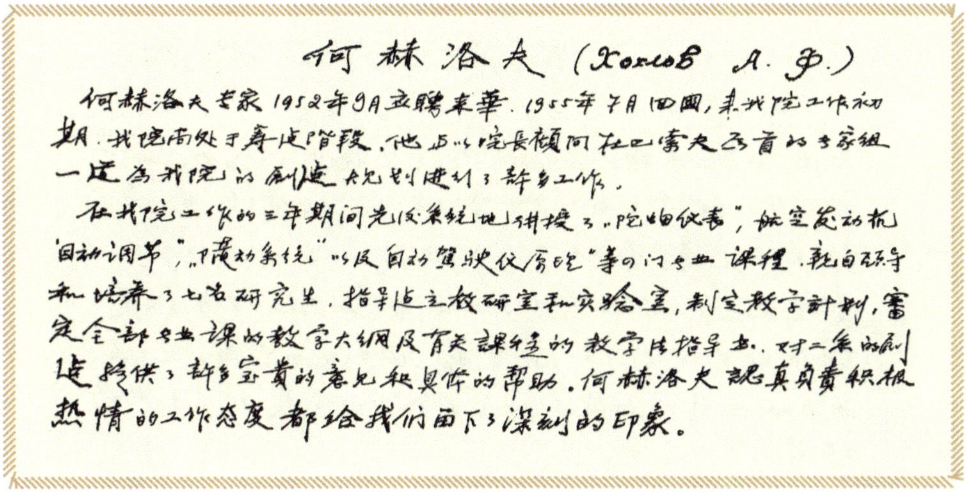
何赫洛夫（Хохлов А. Ф.）

何赫洛夫专家1952年9月应聘来华，1955年7月回国，来我院工作初期，我院尚处于筹建阶段，他与以院长顾问柯以索夫为首的专家组一道为我院的创建规划进行了许多工作。

在我院工作的三年期间先后系统地讲授了"陀螺仪表"，"航空发动机自动调节"，"随动系统"以及"自动驾驶仪原理"等四门专业课程，亲自领导和培养了七名研究生，指导建立教研室和实验室，制定教学计划，审定全部专业课的教学大纲及有关课程的教学法指导书，对二系的创建提供了许多宝贵的意见和具体的帮助。何赫洛夫认真负责积极热情的工作态度都给我们留下了深刻的印象。

曹传钧老校长为苏联专家何赫洛夫写的简介手稿

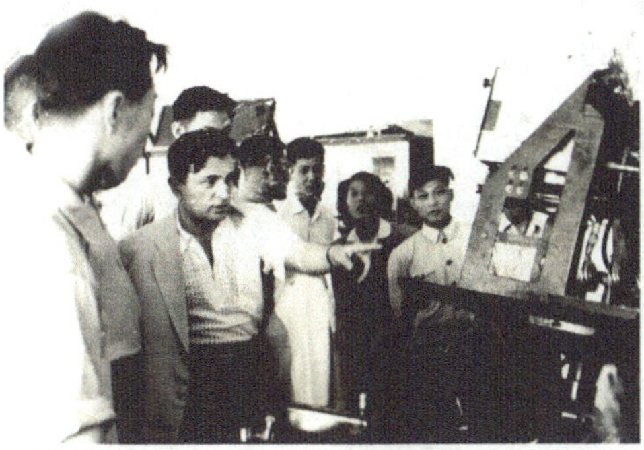
何赫洛夫专家在指导

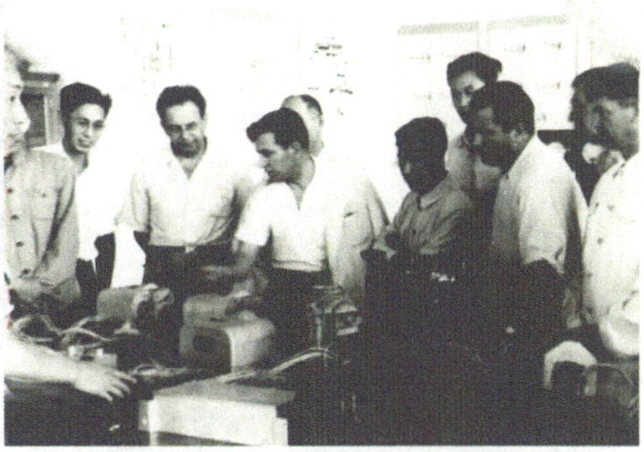
何赫洛夫等苏联专家参观实验室

何赫洛夫专家在答疑

何赫洛夫专家与部分研究生、翻译合影

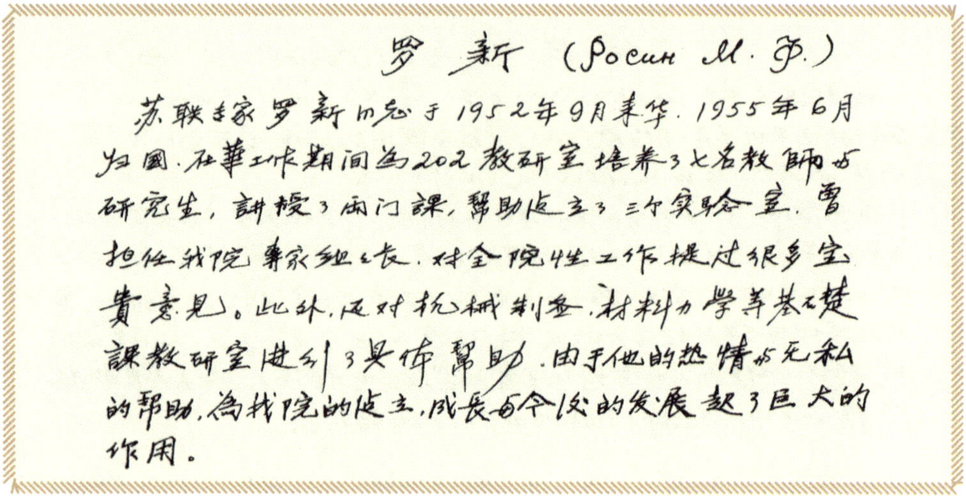
罗新（Росин М. Ф.）

苏联专家罗新同志于1952年9月来华，1955年6月归国。在華工作期间為202教研室培养了七名教師与研究生，講授了兩门課，幫助建立了三个实驗室。曾担任我院專家組組長。对全院性工作提过很多宝貴意見。此外，还对机械制图、材料力学等基礎課教研室进行了具体幫助。由于他的热情与无私的幫助，為我院的建立、成長与今后的发展起了巨大的作用。

曹传钧老校长为苏联专家罗新写的简介手稿

罗新专家和武光院长、沈元副院长研究工作

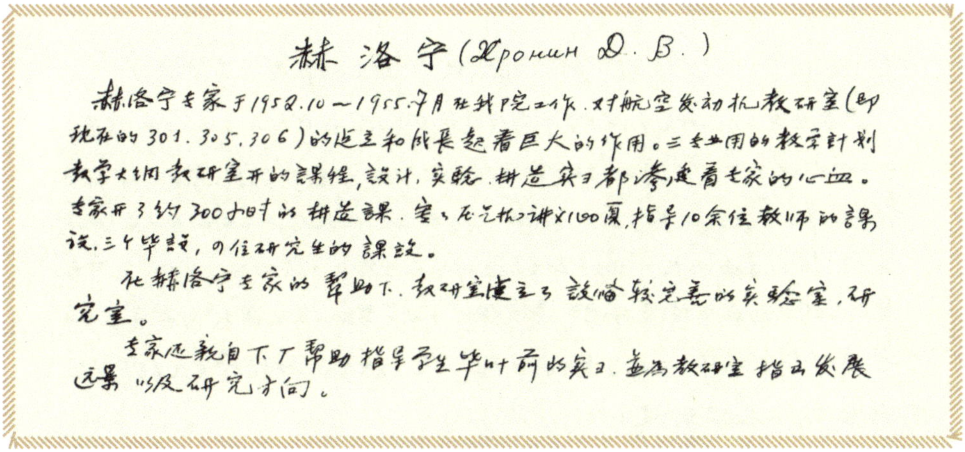

赫洛宁（Хронин Д.В.）

赫洛宁专家于1952.10～1955.7月在我院工作，对航空发动机教研室（即现在的301.305.306）的建立和成长起着巨大的作用。三专业用的教学计划、教学大纲、教研室开的課程，設计、实验、讲座、实习都渗透着专家的心血。专家开了约300小时的讲座課，写了压气机讲义1100页，指导10余位教师的課設，三个毕設，四位研究生的課設。

在赫洛宁专家的帮助下，教研室建立了設備較完善的实验室，研究室。

专家还亲自下厂帮助指导学生毕业前的实习，並为教研室指出发展远景以及研究方向。

曹传钧老校长为苏联专家赫罗宁写的简介手稿

赫罗宁专家在授课

赫罗宁专家查看学生的毕业设计

赫罗宁专家参观风洞实验室

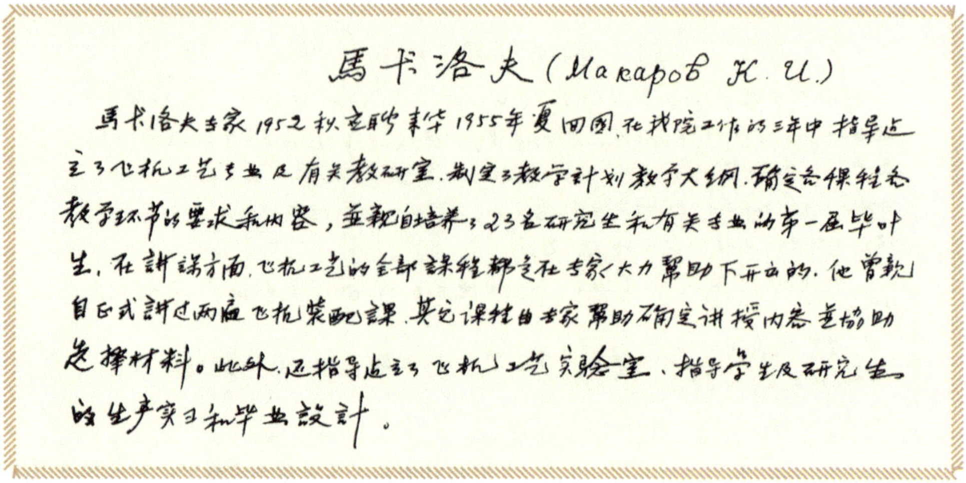

馬卡洛夫（Макаров К. И.）

馬卡洛夫专家1952年秋应聘来华，1955年夏回国。在我院工作的三年中，指导建立了飞机工艺专业及有关教研室，制定了教学计划、教学大纲，確定各課程各教学环节的要求和内容，並親自培养了23名研究生和有关专业的第一届毕业生。在講課方面，飞机工艺的全部課程都是在专家大力幫助下开出的。他曾親自正式講过两遍飞机装配課，其它课程由专家幫助確定讲授内容並協助选择材料。此外，还指导建立了飞机工艺实验室，指导学生及研究生的生产实习和毕业設計。

曹传钧老校长为苏联专家马卡洛夫写的简介手稿

马卡洛夫专家在联欢晚会上讲话

马卡洛夫（右一）专家与教研室教师合影

马卡洛夫专家与师生合影

别略可夫（Беляков И. П.）

别略可夫专家于1952年11月来我院工作，55年夏回国。担任我院教务长顾问工作。专家工作负责认真，几年来帮助我院建立了整套的教学秩序，从教学中的原则问题到具体的细致的组织工作，专家无不尽力帮助。专家留有教务工作文件汇编一册。在专家帮助下我院首先试行了考查、口试等制度。

除教务长顾问外，专家初期还兼任在金属工学教研室工作，对许多门课程进行答疑并帮助我院建立了实习工厂。从1954年夏季起专家参加了102教研室的工作，根据苏联新教学大纲讲授了30多小时另件加工课，编写了200多页讲义，指导开出了12个另件加工课的实验，这些实验当时都达到了很高的水平。同时也培养了几个另件加工的教师和研究生。

曹传钧老校长为苏联专家别略可夫写的简介手稿

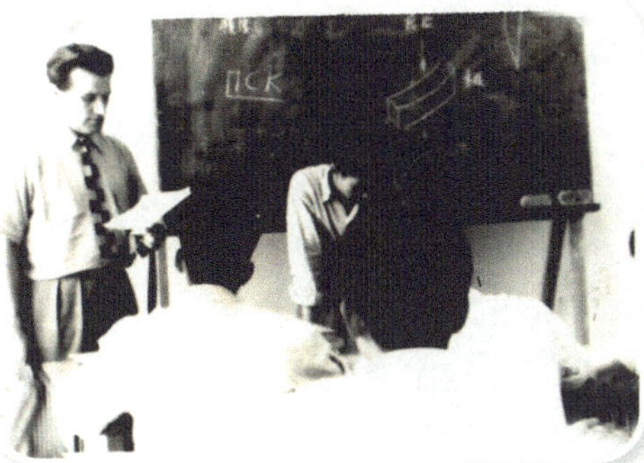

别略可夫专家在授课

别略可夫专家参观实验室

别略可夫专家与沈元副院长讨论教学计划

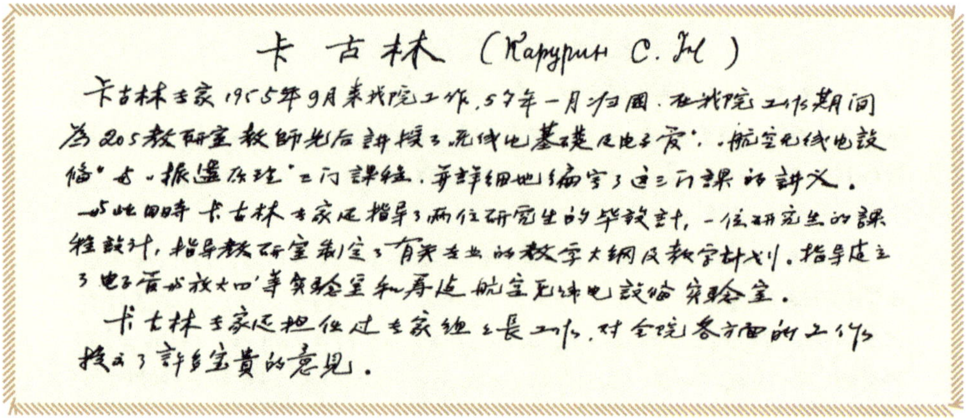

卡古林（Карурин С. Н）

卡古林专家1955年9月来我院工作，57年一月归国。在我院工作期间为205教研室教师先后讲授了“无线电基础及电子管”、“航空无线电设备”与“振荡原理”三门课程，并详细地编写了这三门课的讲义。

与此同时卡古林专家还指导了两位研究生的毕业设计，一位研究生的课程设计，指导教研室制定了有关专业的教学大纲及教学计划。指导建立了“电子管与放大器”等实验室和再建航空无线电设备实验室。

卡古林专家还担任过专家组组长工作，对全院各方面的工作提出了许多宝贵的意见。

曹传钧老校长为苏联专家卡古林写的简介手稿

卡古林专家在授课

卡古林专家在教学工作现场

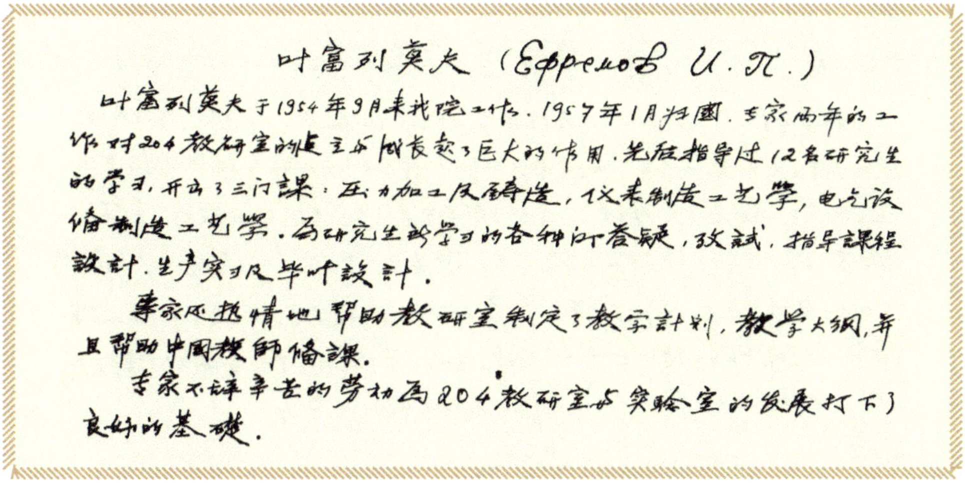

叶富列莫夫（Ефремов И.П.）

叶富列莫夫于1954年9月来我院工作，1957年1月归國。专家两年的工作对204教研室的建立与成长起了巨大的作用。先后指导过12名研究生的学习，开出了三门課：压力加工及铸造，仪表制造工艺学，电气設備制造工艺学。为研究生的学习的各种门答疑，考試，指导課程設計，生产实习及毕业設計。

专家热情地帮助教研室制定了教学計划，教学大纲，并且帮助中国教師備課。

专家不辞辛苦的劳动为204教研室与实验室的发展打下了良好的基础。

曹传钧老校长为苏联专家叶富列莫夫写的简介手稿

叶富列莫夫专家与学生研讨

叶富列莫夫专家在实验室

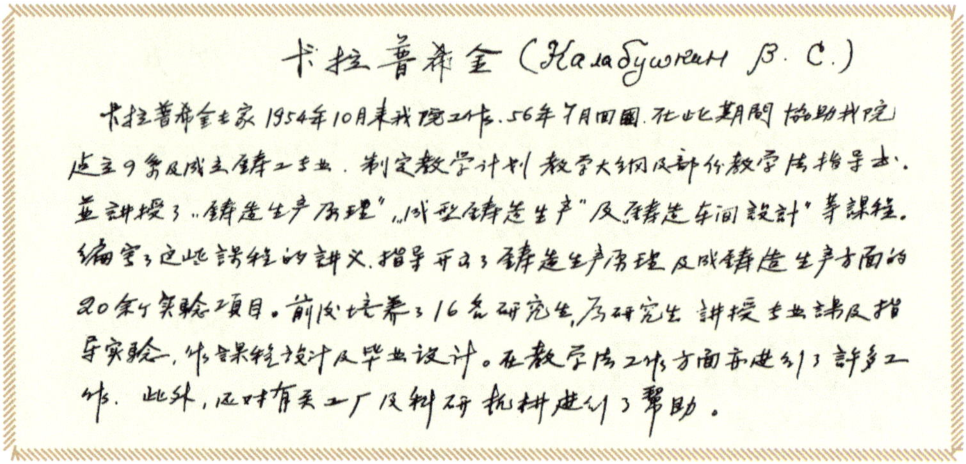

卡拉普希金（Калабушкин В. С.）

卡拉普希金专家1954年10月来我院工作，56年7月回國。在此期間協助我院建立9系及成立鑄工专业，制定教学计划、教学大纲及部分教学法指导书，並講授了"鑄造生产原理""成型鑄造生产"及"鑄造车间設計"等課程。编寫了这些課程的講义，指导开出了鑄造生产原理及成型鑄造生产方面的20余个实驗项目。前后培养了16名研究生，為研究生講授专业課及指导实驗，作課程設計及毕业設計。在教学法工作方面亦进行了許多工作。此外，还对有关工厂及科研机构进行了帮助。

曹传钧老校长为苏联专家卡拉普希金写的简介手稿

卡拉普希金专家在了解教学楼修建情况

卡拉普希金专家与实习工厂教工合影

卡拉普希金专家指导学生制作沙模

卡拉普希金专家在答疑

卡拉普希金专家在授课

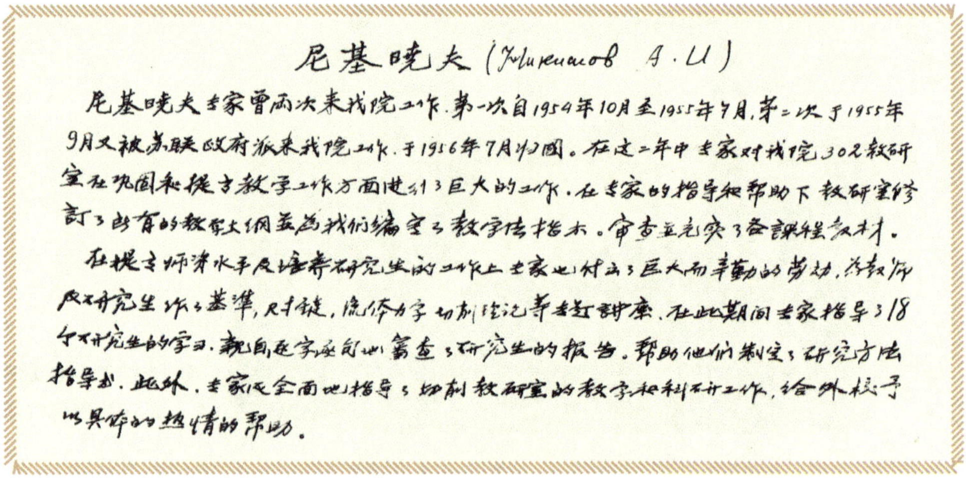

尼基晓夫（Никишов А.И）

尼基晓夫专家曾两次来我院工作．第一次自1954年10月至1955年7月，第二次于1955年9月又被苏联政府派来我院工作．于1956年7月归国。在这二年中专家对我院302教研室在巩固和提高教学工作方面进行了巨大的工作．在专家的指导和帮助下教研室修訂了所有的教学大纲並为我们编写了教学法指示。审查並充实了各課程教材。

在提高师资水平及培养研究生的工作上专家也付出了巨大而辛勤的劳动，为教师及研究生作了基準，尺寸鏈，流体力学，切削理论等专题讲座．在此期间专家指导了18个研究生的学习，亲自逐字逐句地審查了研究生的报告。帮助他们制定了研究方法指导书．此外，专家还全面地指导了切削教研室的教学和科研工作，给外校予以具体的热情的帮助。

曹传钧老校长为苏联专家尼基晓夫写的简介手稿

尼基晓夫专家在教学现场

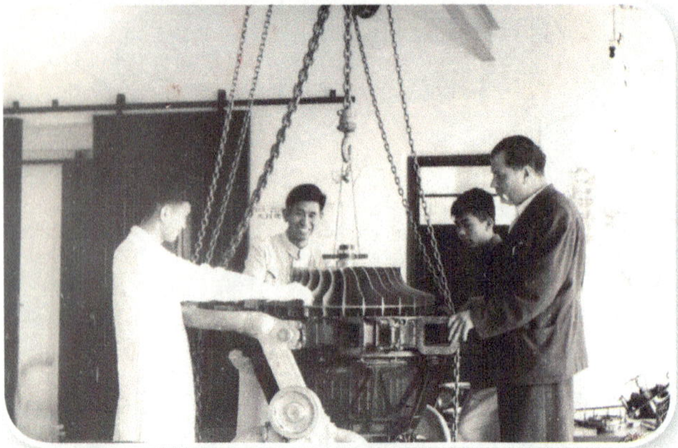

尼基晓夫专家指导实验

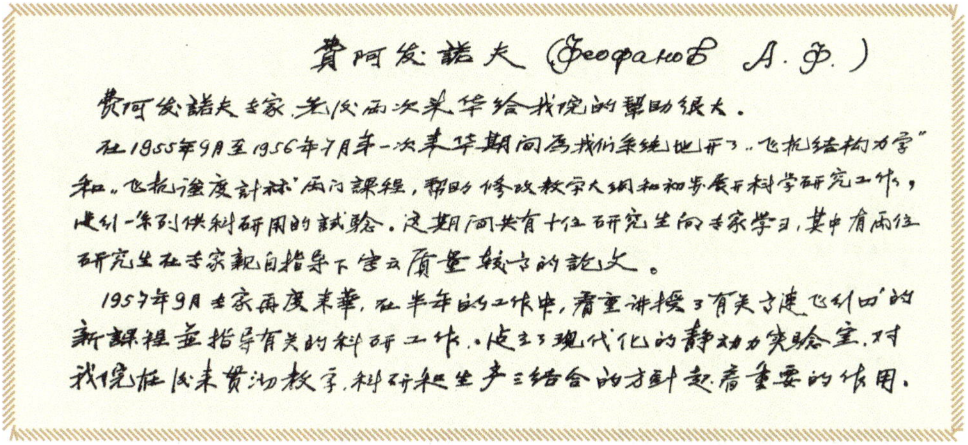
费阿发諾夫（Феофанов А. Ф.）

费阿发諾夫专家先后两次来华给我院的帮助很大。

在1955年9月至1956年7月第一次来华期间为我们系统地开了"飞机结构力学"和"飞机强度計算"两门課程，帮助修改教学大纲和初步展开科学研究工作，进行一系列供科研用的試驗。这期间共有十位研究生向专家学习，其中有两位研究生在专家親自指导下写出质量较高的論文。

1957年9月专家再度来華，在半年的工作中，着重讲授了有关"高速飞行"的新課程并指导有关的科研工作，建立了现代化的静动力实验室，对我院在以来贯彻教学、科研和生产三结合的方针起着重要的作用。

曹传钧老校长为苏联专家费阿发诺夫写的简介手稿

费阿发诺夫专家在授课

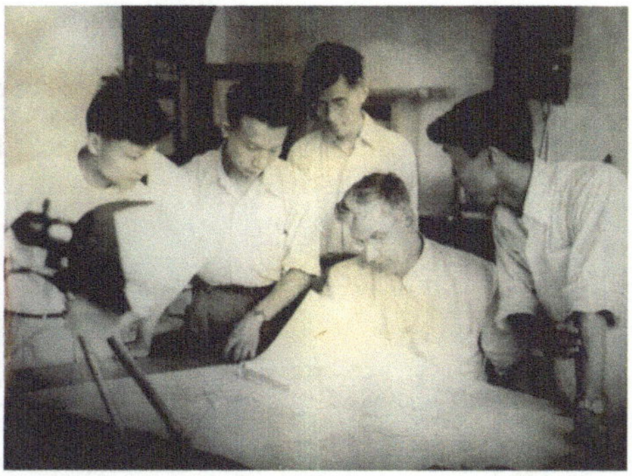

费阿发诺夫专家指导学生

费阿发诺夫专家在实验室

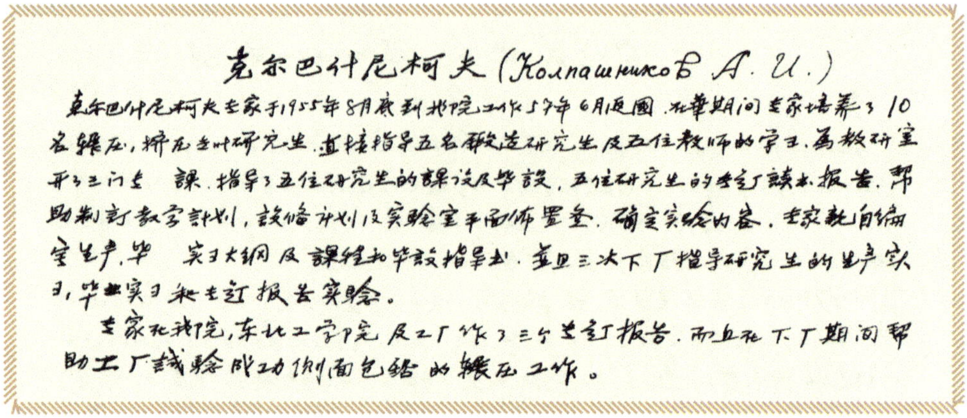

克尔巴什尼柯夫（Колпашников А. И.）

克尔巴什尼柯夫专家于1955年8月底到北院工作57年6月返国。在华期间专家培养了10名辗压、锻压专业研究生，直接指导五名锻造研究生及五位教师的学习。为教研室开了三门专 课，指导了五位研究生的课设及毕设，五位研究生的答辩了读书报告。帮助制订教学计划，设备计划及实验室平面布置图，确定实验内容。专家亲自编写生产、毕 实习大纲及课程和毕设指导书。并且三次下厂指导研究生的生产实习，毕业实习和专题报告实验。

专家在我院，东北工学院及工厂作了三个专题报告。而且在下厂期间帮助工厂试验成功侧面包络的辗压工作。

曹传钧老校长为苏联专家克尔巴士尼可夫写的简介手稿

克尔巴士尼可夫专家指导学生

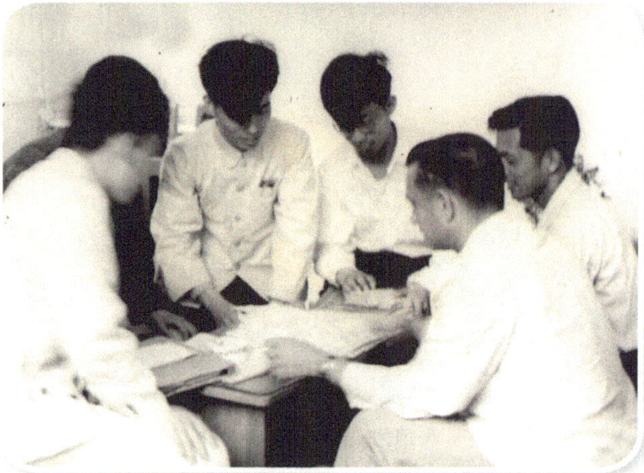

克尔巴士尼可夫专家与师生合影

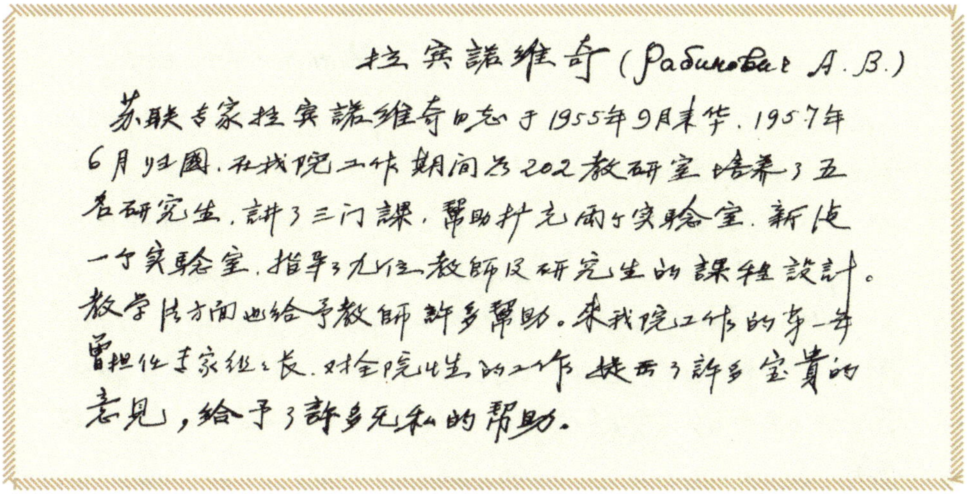

拉宾諾维奇（Рабинович А.В.）

苏联专家拉宾諾维奇同志于1955年9月来华，1957年6月归国。在我院工作期间为202教研室培养了五名研究生，講了三门課，幫助扩充兩个实驗室，新建一个实驗室，指導了九位教師及研究生的課程設計。教学法方面也给予教師許多幫助。来我院工作的第一年曾担任专家组组长，对全院性的工作提出了許多宝貴的意見，给予了許多无私的幫助。

曹传钧老校长为苏联专家拉宾诺维奇写的简介手稿

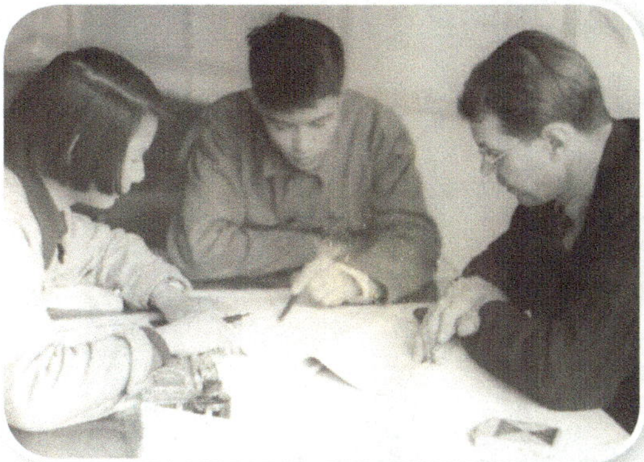

拉宾诺维奇专家指导学生

拉宾诺维奇专家在实验室

拉宾诺维奇专家与师生合影

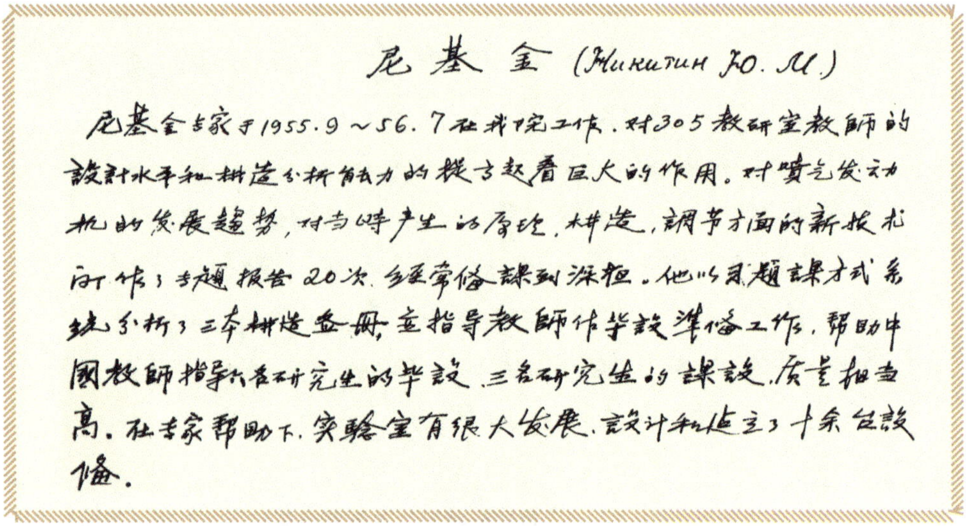
尼基金（Никитин Ю. И.）

尼基金专家于1955.9～56.7在我院工作。对305教研室教師的設計水平和構造分析能力的提高起着巨大的作用。对喷气发动机的发展趋势，对当时产生的原理、構造、調节方面的新技术作了专题报告20次，并经常备課到深夜。他以专题課方式系统分析了三本構造参考册，並指导教師作毕設準備工作，帮助中國教師指導六名研究生的毕設，三名研究生的課設，质量相当高。在专家帮助下，实验室有很大发展，設計和建立了十余台設備。

曹传钧老校长为苏联专家尼基景写的简介手稿

尼基景专家与师生研讨

尼基景专家在办公室

尼基景专家在做教学指导

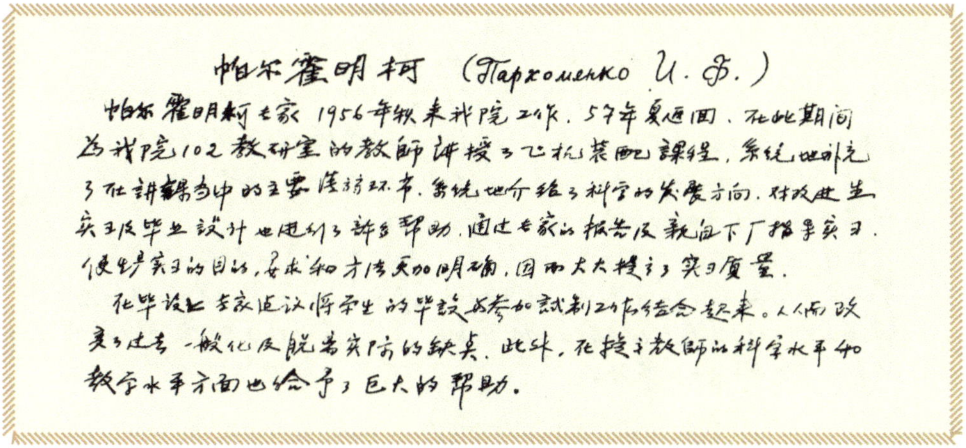

帕尔霍明柯（Пархоменко И. Ф.）

帕尔霍明柯专家1956年秋来我院工作，57年夏返回。在此期间为我院102教研室的教师讲授了飞机装配课程，系统地讲完了在讲课当中的主要装配环节，系统地介绍了科学的发展方向，对改进生产实习及毕业设计也进行了许多帮助，通过专家的报告及亲自下厂指导实习，使生产实习的目的、要求和方法更加明确，因而大大提高了实习质量。

在毕设上专家建议将学生的毕设与参加试制工作结合起来。从而改变了过去一般化及脱离实际的缺点。此外，在提高教师的科学水平和教学水平方面也给予了巨大的帮助。

曹传钧老校长为苏联专家帕尔霍明柯写的简介手稿

帕尔霍明柯专家在授课

帕尔霍明柯专家在做教学指导

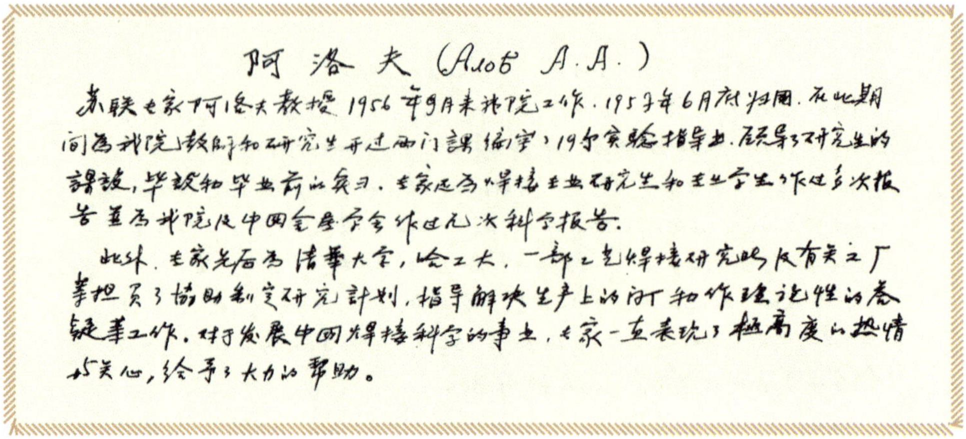

阿洛夫（Алов А.А.）

苏联专家阿洛夫教授1956年9月来我院工作，1957年6月底归国。在此期间为我院教师和研究生开过两门课，编写了19个实验指导书，辅导了研究生的课设、毕设和毕业前的实习。专家还为焊接专业研究生和专业学生作过多次报告，并为我院及中国金属学会作过几次科学报告。

此外，专家先后为清华大学、哈工大、一部工艺焊接研究所及有关工厂等担负了协助制定研究计划，指导解决生产上的问题和作理论性的答疑等工作。对于发展中国焊接科学的事业，专家一直表现了极高度的热情与关心，给予了大力的帮助。

曹传钧老校长为苏联专家阿罗夫写的简介手稿

阿罗夫专家在指导学生

阿罗夫专家在教学现场

阿罗夫专家在现场指导

阿罗夫专家与系主任吴云书讨论工作

阿罗夫专家与教研室师生合影

阿罗夫专家在教学现场

阿罗夫专家在科学报告会上讲话

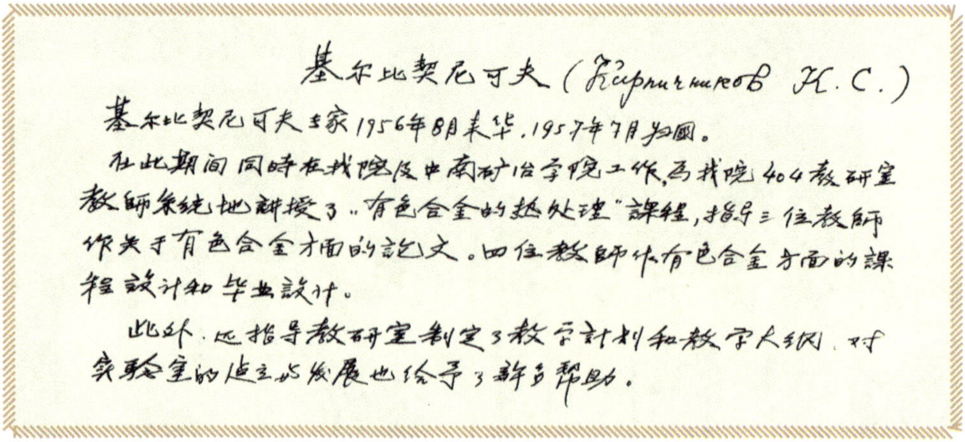

基尔比契尼可夫（Кирпичников К.С.）

基尔比契尼可夫专家1956年8月来华，1957年7月归国。

在此期间同时在我院及中南矿冶学院工作，为我院404教研室教师系统地讲授了"有色合金的热处理"课程，指导三位教师作关于有色合金方面的论文。四位教师作有色合金方面的课程设计和毕业设计。

此外，还指导教研室制定了教学计划和教学大纲，对实验室的建立与发展也给予了许多帮助。

曹传钧老校长为苏联专家基尔比契尼可夫写的简介手稿

基尔比契尼可夫专家在授课

基尔比契尼可夫专家与翻译交谈

基尔比契尼可夫专家指导学生

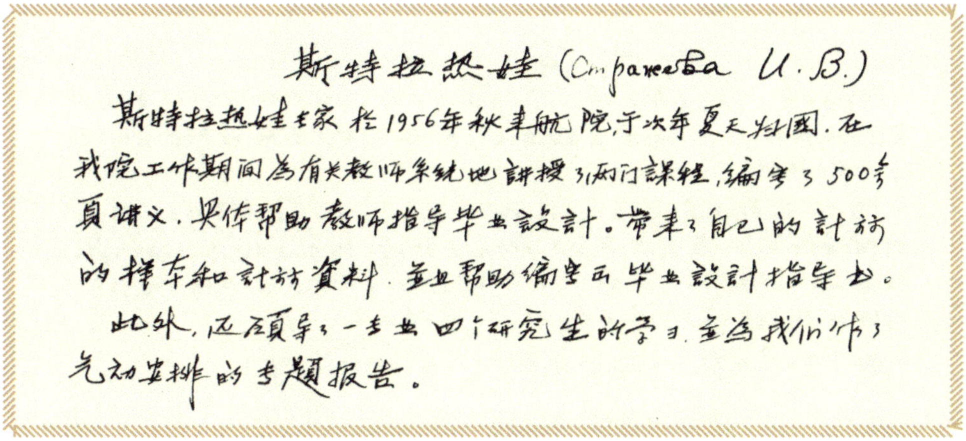

曹传钧老校长为苏联专家斯特拉日娃写的简介手稿

斯特拉日娃专家在教学现场

斯特拉日娃专家与图书馆馆长曹金涛老师谈工作

斯特拉日娃专家在授课

沈元副院长等领导、老师向斯特拉日娃祝贺三八妇女节

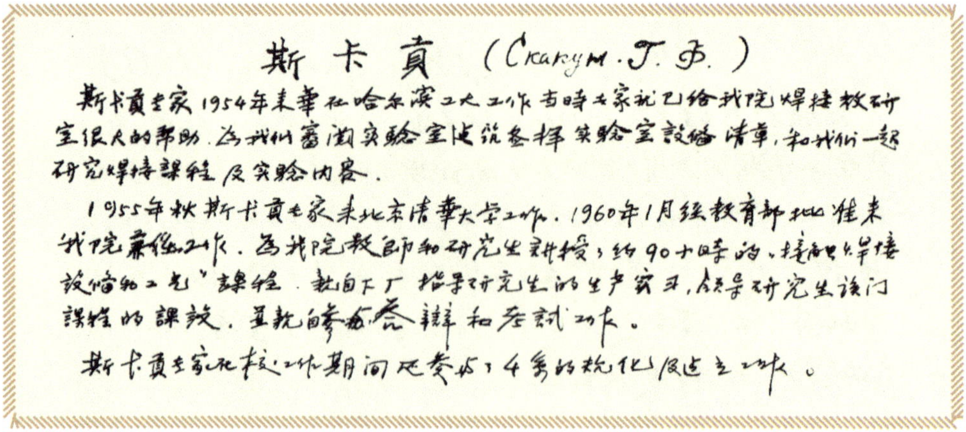

斯卡貢（Скакум·Г.Ф.）

斯卡貢专家1954年来華在哈尔滨工大工作，当時专家就已给我院焊接教研室很大的帮助，为我们審阅实验室设计及各样实验室設備清单，和我们一起研究焊接課程及实验内容。

1955年秋斯卡貢专家来北京清華大学工作，1960年1月经教育部批准来我院兼任工作，为我院教師和研究生讲授约90小時的"接触焊接設備和工艺"課程，親自下厂指导研究生的生产实习，领导研究生该门課程的課設，並親自參加答辯和考試工作。

斯卡貢专家在校工作期间还参加了4系的机化改造工作。

曹传钧老校长为苏联专家斯卡贡写的简介手稿

斯卡贡专家在指导教学

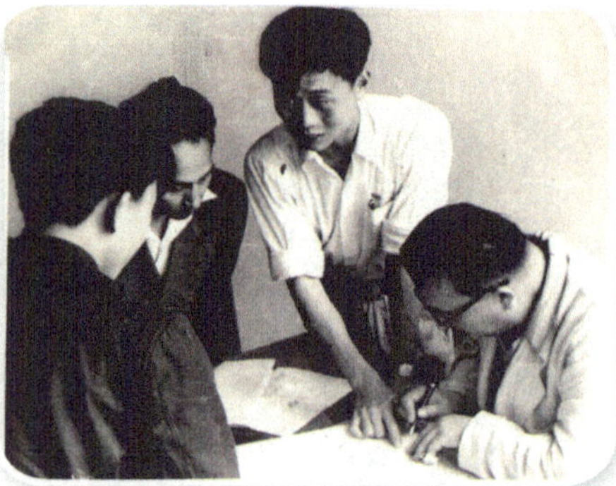

斯卡贡专家在指导教学

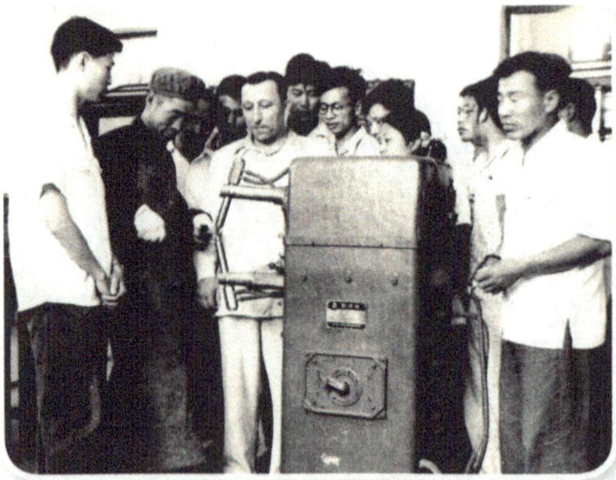

斯卡贡专家在教学实验现场

斯卡贡专家与师生合影

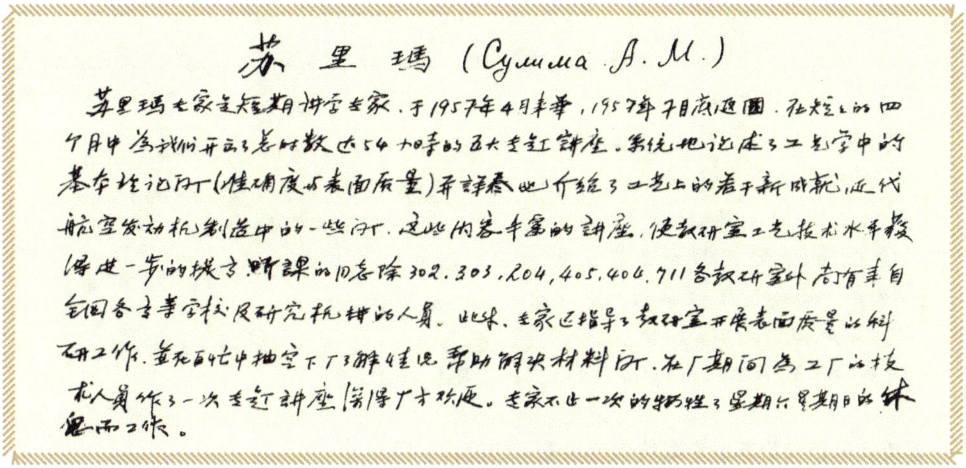

苏里玛（Сулима А. М.）

苏里玛专家是短期讲学专家，于1957年4月来华，1957年7月底返国。在校的四个月中为我们开设了总时数达54小时的五大专题讲座。系统地论述了工艺学中的基本理论问题（精确度与表面质量）并详尽地介绍了工艺上的若干新成就，近代航空发动机制造中的一些问题。这些内容丰富的讲座，使教研室工艺技术水平获得进一步的提高。听课的同志除302、303、204、405、404、711各教研室外，尚有来自全国各高等学校及研究机构的人员。此外，专家还指导了教研室开展表面质量的科研工作，并在百忙中抽空下厂了解情况，帮助解决材料问题。在厂期间为工厂的技术人员作了一次专题讲座，深得广大欢迎。专家不止一次的牺牲了星期六星期日的休息而工作。

曹传钧老校长为苏联专家苏里玛写的简介手稿

苏里玛专家与师生合影

苏里玛专家在授课

苏里玛专家在实验室

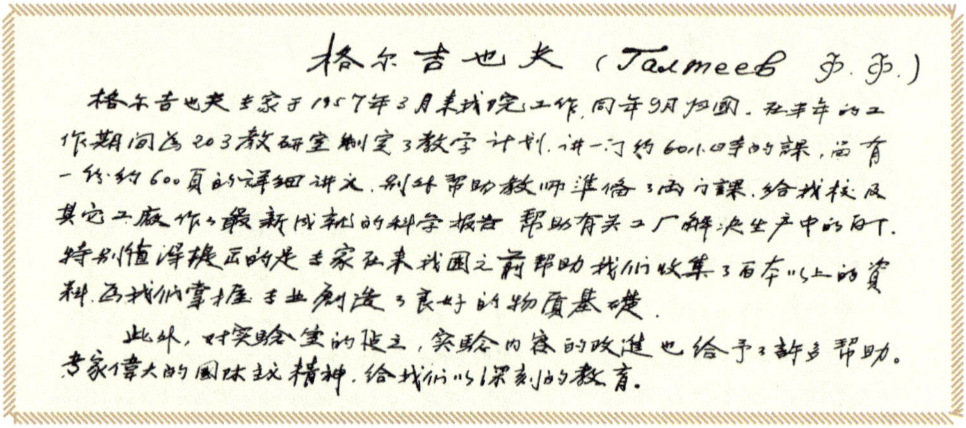
格尔吉也夫（Галмеев Э. Э.）

格尔吉也夫专家于1957年3月来我院工作，同年9月归国。在半年的工作期间为203教研室制定了教学计划，讲一门约60小时的課，留有一份约600頁的詳细讲义，另外帮助教师準備了两门課，给我校及其它工廠作了最新成就的科学报告，帮助有关工厂解决生产中的问题。特别值得提出的是专家在来我国之前帮助我们收集了百本以上的資料，为我们掌握专业创造了良好的物质基礎。

此外，对实验室的建立，实验内容的改进也给予了許多帮助。专家偉大的国际主义精神，给我们以深刻的教育。

曹传钧老校长为苏联专家格尔吉也夫写的简介手稿

格尔吉也夫专家在授课

格尔吉也夫专家与北航教工合影

格尔吉也夫专家与武光院长合影

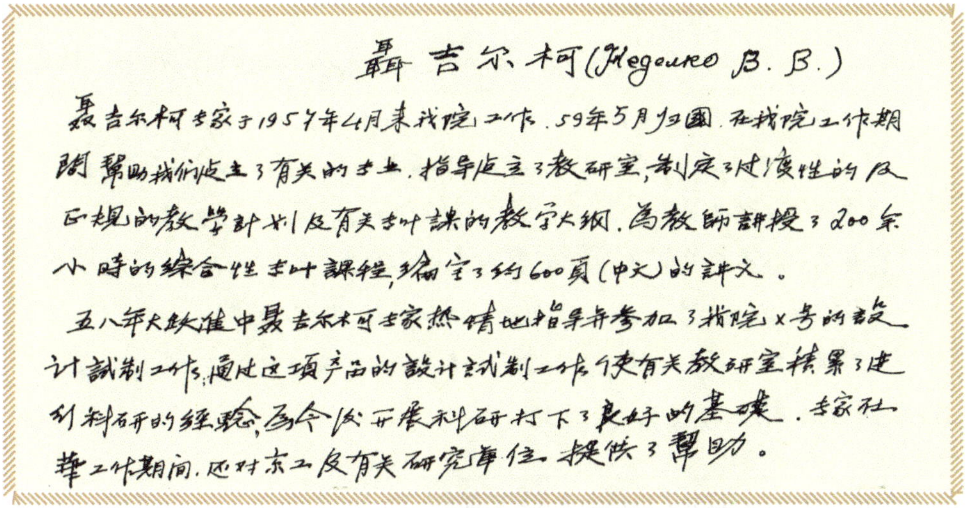

聶吉尔柯（Недолко В. В.）

聂吉尔柯专家于1957年4月来我院工作，59年5月归國。在我院工作期間幫助我們建立了有关的专业，指导建立了教研室，制定了过渡性的及正規的教学計划及有关专业課的教学大綱。為教師講授了200余小時的綜合性专业課程，編寫了約600頁（中文）的講义。

五八年大跃进中聂吉尔柯专家热情地指导并参加了我院X号的設计試制工作，通过这項产品的設計試制工作使有关教研室積累了进行科研的經驗，為今后开展科研打下了良好的基礎。专家在華工作期間，还对京工及有关研究單位提供了幫助。

曹传钧老校长为苏联专家聂吉尔柯写的简介手稿

聂吉尔柯专家在授课

聂吉尔柯专家在友谊树种植现场

聂吉尔柯专家参观勤工俭学展览

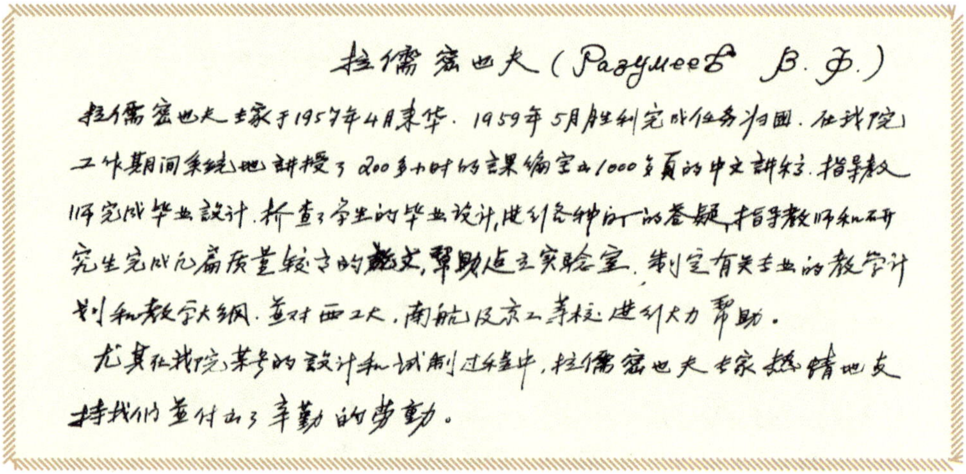

拉儒密也夫（Разумеев В. Ф.）

拉儒密也夫专家于1957年4月来华，1959年5月胜利完成任务归国。在我院工作期间系统地讲授了200多小时的课，编写出1000多页的中文讲稿，指导教师完成毕业设计，检查了学生的毕业设计，进行各种有关的答疑，指导教师和研究生完成几篇质量较高的论文，帮助建立实验室，制定有关专业的教学计划和教学大纲，并对西工大、南航及京工等校进行大力帮助。

尤其在我院某号的设计和试制过程中，拉儒密也夫专家热情地支持我们并付出了辛勤的劳动。

曹传钧老校长为苏联专家拉儒密也夫写的简介手稿

拉儒密也夫专家在授课

拉儒密也夫专家与武光院长交谈

拉儒密也夫专家在指导教学

拉儒密也夫专家等在参观

拉儒密也夫专家和夫人与教研室老师合影

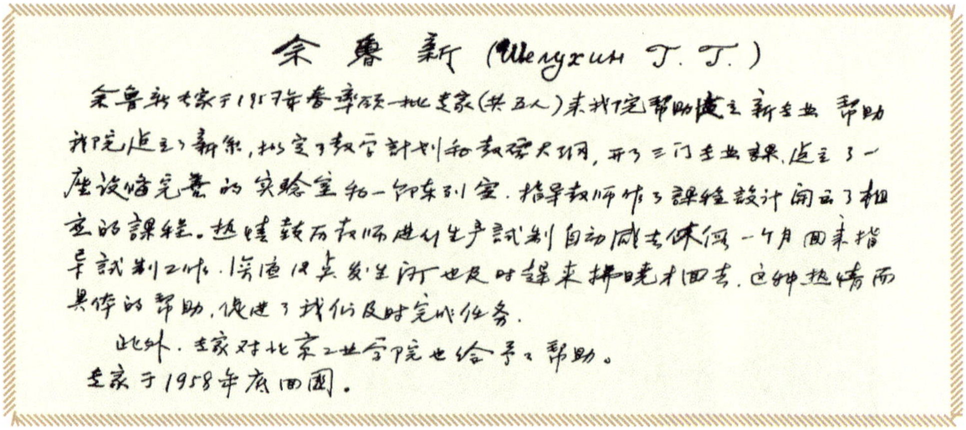

佘鲁新（Шелухин Т. Т.）

佘鲁新专家于1957年春率领一批专家（共五人）来我院帮助建立新专业，帮助我院建立了新系，拟定了教学计划和教学大纲，开了三门专业课，建立了一座设备完善的实验室和一间陈列室，指导教师作了课程设计开出了相应的课程。热情鼓励教师进行生产试制自动成套，休假一个月回来指导试制工作。临行以前发生问题也及时赶来排除才回去。这种热情而具体的帮助，促进了我们及时完成任务。

此外，专家对北京工业学院也给予了帮助。

专家于1958年底回国。

曹传钧老校长为苏联专家佘陆新写的简介手稿

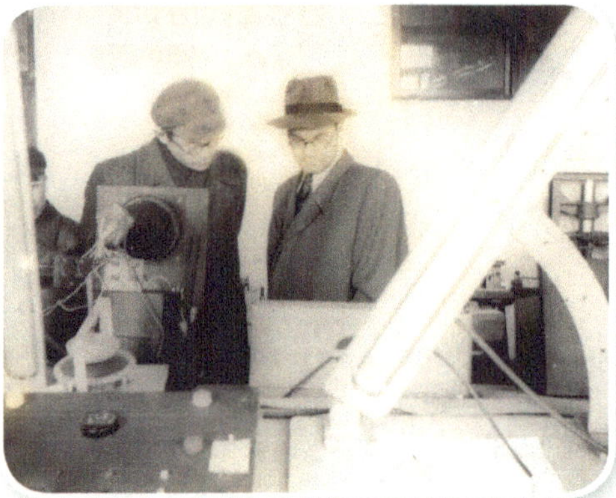

佘陆新专家参观勤工俭学成果

佘陆新专家在授课

佘陆新专家与武光院长合影

佘陆新专家与沈元副院长合影

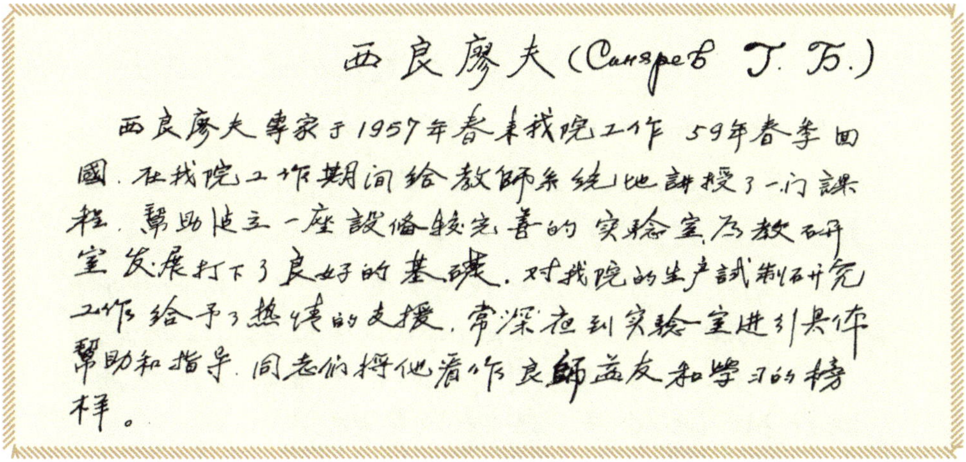
西良廖夫（Санзрев Т. Б.）

西良廖夫專家于1957年春来我院工作，59年春季回國。在我院工作期间给教師系统地講授了一门課程，幫助建立一座設備較完善的实验室，为教研室发展打下了良好的基礎。对我院的生产試制研究工作给予了热情的支援，常深入到实验室进行具体帮助和指导。同志们將他看作良師益友和学习的榜样。

曹传钧老校长为苏联专家西良廖夫写的简介手稿

西良廖夫专家在工作

西良廖夫专家和沈元副院长在种植友谊树

西良廖夫专家参观勤工俭学展览

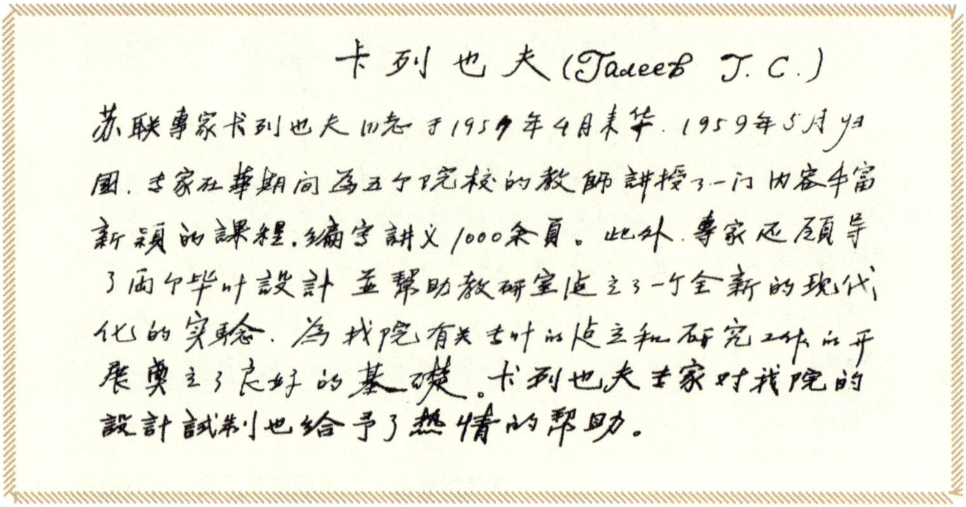

卡列也夫(Галеев Г.С.)

苏联專家卡列也夫同志于1957年4月来华，1959年5月归國。专家在華期间為五个院校的教師講授了一门内容丰富新颖的課程，编写講义1000余頁。此外，專家还領导了两个毕业設計，並帮助教研室建立了一个全新的現代化的实验，為我院有关专业的建立和研究工作的开展奠立了良好的基礎。卡列也夫专家对我院的設計試制也给予了热情的帮助。

曹传钧老校长为苏联专家加列也夫写的简介手稿

加列也夫专家和武光院长交谈

叶尔肖夫（Ершов В. Н.）

叶尔肖夫專家于1957 5月来我院，10月回国。他给301教研室叶片级的科研教学打下了良好的基礎。对压气机特性、参数选擇及超音级理論作了十余次講座。指导教师选擇了科研主题、科研实验室方案及发展路线。他将自己写的叶片机讲义和許多实验設備全部送给教研室。虽然他有胃病，但仍不辞辛苦在炎热的夏天到工厂给工程师、技术员开压气机講座，每周上課5次，每次连续讲4小时。这种忘我的劳动态度永远是我们的学习榜样。

曹传钧老校长为苏联专家叶尔索夫写的简介手稿

叶尔索夫专家在实验室

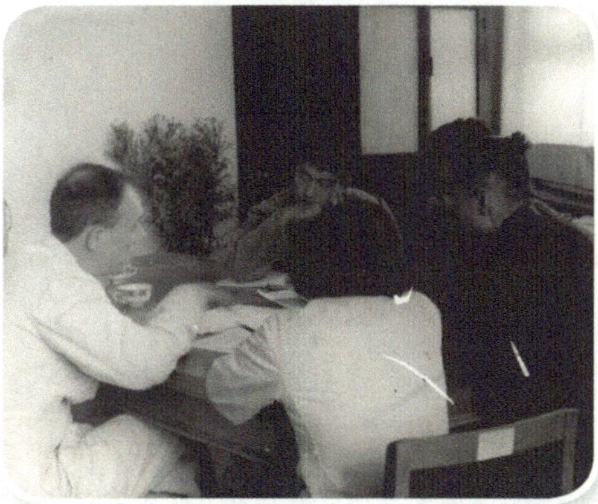

叶尔索夫专家与师生研讨

叶尔索夫专家与北航教工合影

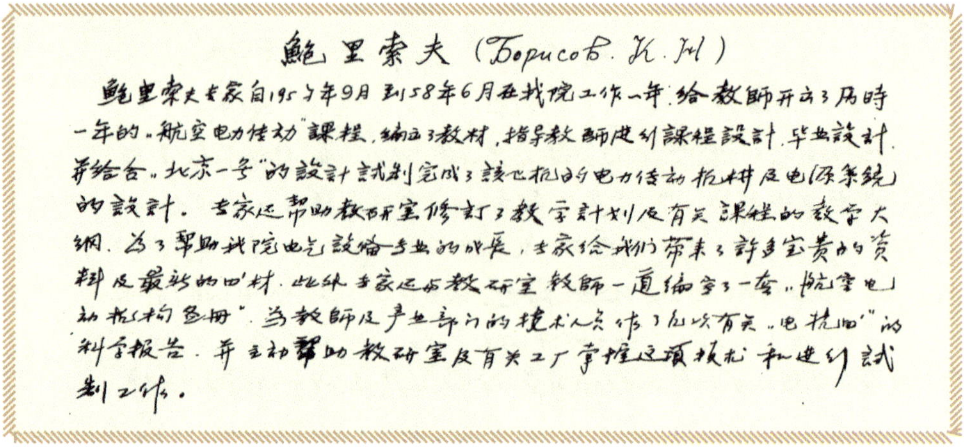

鲍里索夫（Борисов. К. М）

鲍里索夫专家自1957年9月到1958年6月在我院工作一年，给教師开出了为時一年的"航空电力传动"課程，编出了教材，指导教師进行課程設計、毕业設計，并结合"北京一号"的設計試制完成了該飞机的电力传动机构及电源系統的設計。专家还帮助教研室修订了教学計划及有关課程的教学大纲。为了帮助我院电气設備专业的成長，专家给我们带来了許多宝贵的资料及最新的器材。此外专家还与教研室教師一道编写了一套"航空电动机构图册"，为教師及产业部门的技术人员作了几次有关"电机机"的科学报告，并主动帮助教研室及有关工厂掌握这项技术和进行試制工作。

曹传钧老校长为苏联专家包里索夫写的简介手稿

包里索夫专家与武光院长、沈元副院长合影

包里索夫专家与师生一起种友谊树

包里索夫专家在授课

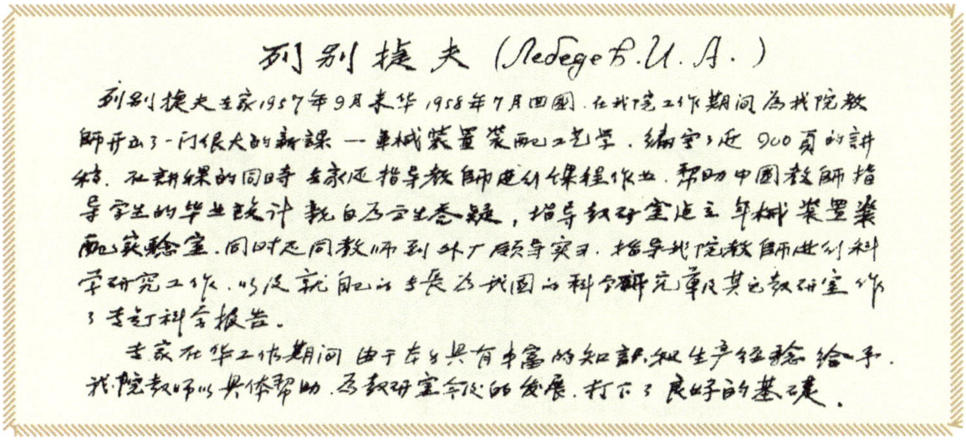

列别捷夫（Лебедев.И.А.）

列别捷夫专家1957年9月来华，1958年7月回国。在我院工作期间为我院教師开出了一门很大的新課——机械装置装配工艺学，编写了近900页的講稿。在讲课的同時专家还指导教師进行课程作业，帮助中国教師指导学生的毕业設計、亲自为学生答疑，指导教研室建立机械装置装配实验室。同时还同教师到外厂领导实习，指导我院教師进行科学研究工作，以及亲自以专长为我国的科学研究单位其它教研室作了专门科学报告。

专家在华工作期间由于本身具有丰富的知识和生产经验，给予我院教师以具体帮助，为教研室今后的发展打下了良好的基础。

曹传钧老校长为苏联专家列别捷夫写的简介手稿

列别捷夫专家在授课

列别捷夫专家与北航师生合影

列别捷夫专家与北航教工合影

列别捷夫专家在指导教学

列别捷夫专家在教学实验现场

列别捷夫专家与师生合影

库兹明专家在教学现场

库兹明专家工作的场景

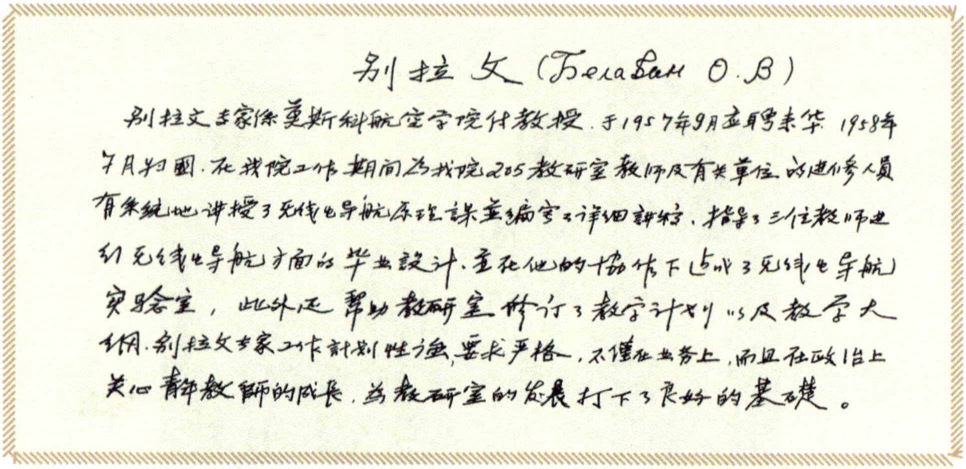
别拉文（Белаван О.В）

别拉文专家係莫斯科航空学院付教授，于1957年9月应聘来华，1958年7月归国。在我院工作期间为我院205教研室教师及有关单位的进修人员有系统地讲授了无线电导航原理課並编写了详细讲稿，指导了三位教师进行无线电导航方面的毕业設計，並在他的協作下建成了无线电导航实验室，此外还帮助教研室修订了教学计划以及教学大纲。别拉文专家工作計划性強，要求严格，不僅在业务上，而且在政治上关心青年教師的成长，为教研室的发展打下了良好的基礎。

曹传钧老校长为苏联专家别拉文写的简介手稿

别拉文专家在讲话

别拉文专家在授课

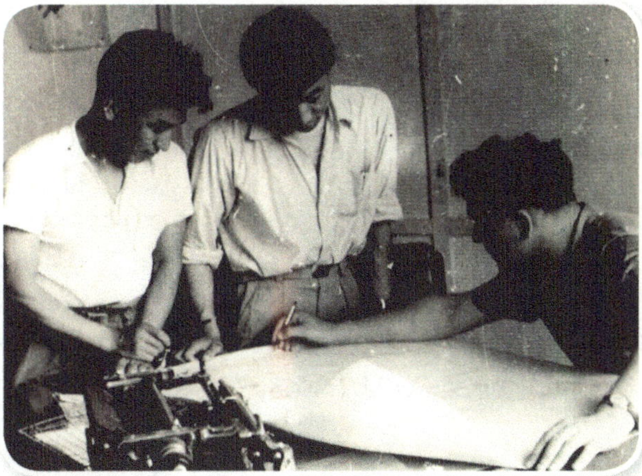

别拉文专家指导教学实验

别拉文专家在教学实验现场

别拉文专家在种植友谊树

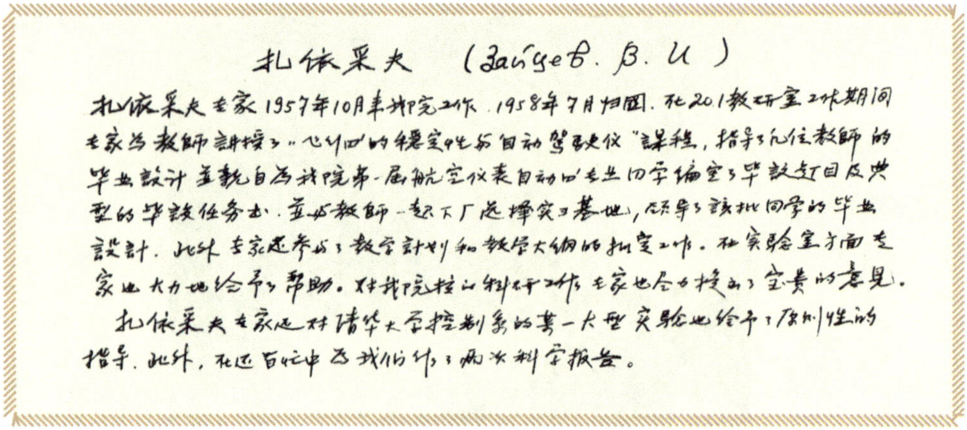

扎依采夫 (Зайцев. В. И)

扎依采夫专家1957年10月来我院工作，1958年7月归国。在201教研室工作期间专家为教師講授了"飞机的稳定性与自动驾驶仪"課程，指导了几位教師的毕业設計，并亲自为我院第一届航空仪表自动化专业同学编写了毕設题目及典型的毕設任务书，并与教師一起下厂选择实习基地，领导了該批同学的毕业設計。此外专家还参与了教学計划和教学大纲的拟定工作。在实验室方面专家也大力地给予了帮助。对我院校的科研工作专家也会提出了宝贵的意見。

扎依采夫专家还对清华大学控制系的某一大型实验也给予了原则性的指导。此外，在百忙中为我们作了两次科学报告。

曹传钧老校长为苏联专家柴依采夫写的简介手稿

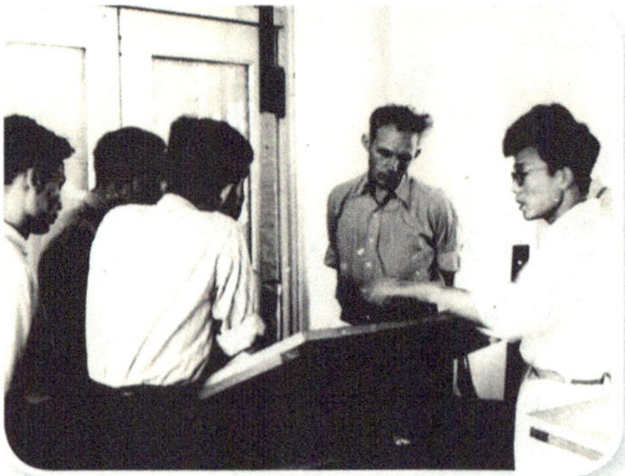

柴依采夫专家在指导教学实验

柴依采夫专家与师生研讨

柴依采夫专家在庆祝苏联十月革命四十周年大会上讲话

柴依采夫专家在教学实验现场

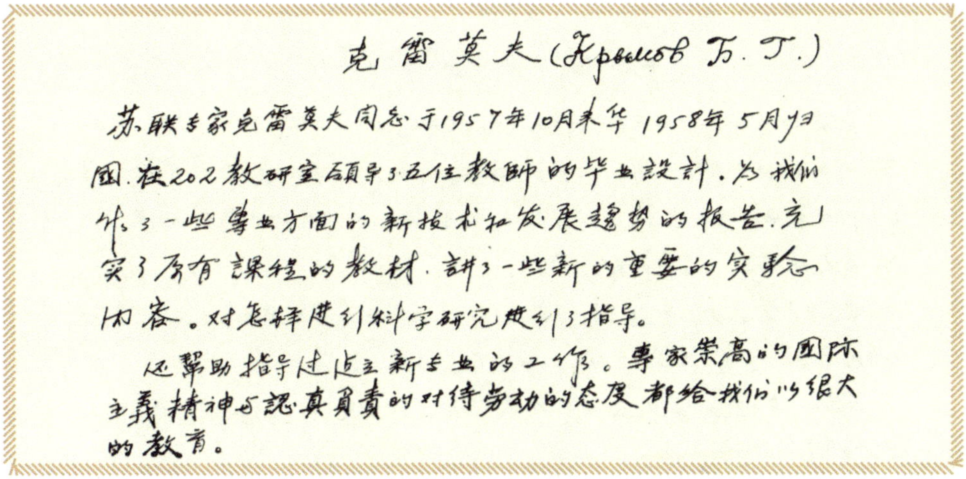

克雷莫夫（Крымов Б. Т.）

苏联专家克雷莫夫同志于1957年10月来华 1958年5月归国。在202教研室领导了五位教师的毕业設計。为我们作了一些專业方面的新技术和发展趋势的报告。充实了原有課程的教材。講了一些新的重要的实验内容。对怎样进行科学研究进行了指导。

还幫助指导过这个新专业的工作。專家崇高的国际主義精神与認真負責的对待劳动的态度都给我们以很大的教育。

曹传钧老校长为苏联专家克雷莫夫写的简介手稿

克雷莫夫专家在指导学生

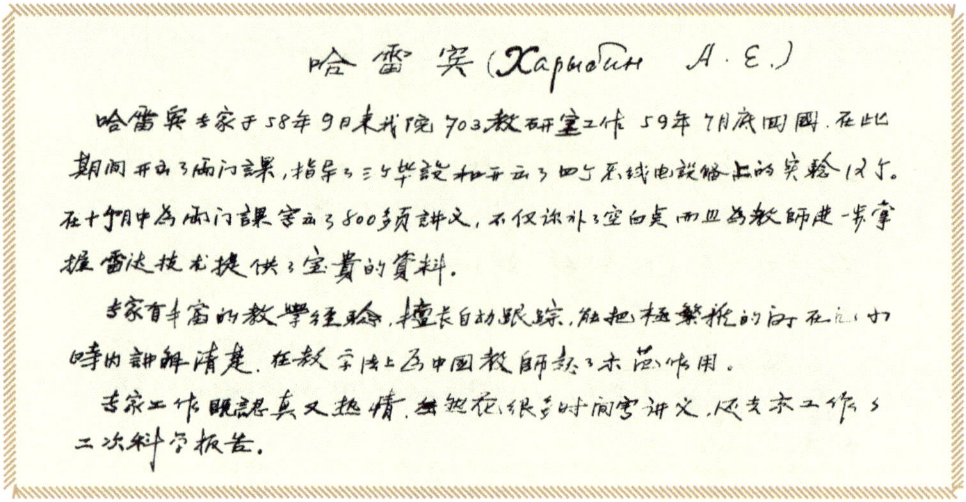

哈雷宾（Харыбин А. Е.）

哈雷宾专家于58年9月来我院703教研室工作，59年7月底回國。在此期间开出了两门課，指导了三个毕設和开出了四个无线电設备上的实验12个。在十个月中为两门課写出了800多页講义，不仅填补了空白点而且为教師进一步掌握雷达技术提供了宝貴的資料。

专家有丰富的教學經验，擅长自动跟踪，能把極繁杂的问题在几小時内講解清楚。在教学法上為中国教師起了示范作用。

专家工作既認真又热情，虽然花很多时间写讲义，还去京工作了二次科学报告。

曹传钧老校长为苏联专家哈雷宾写的简介手稿

哈雷宾专家与师生合影

哈雷宾专家与师生参观后留影

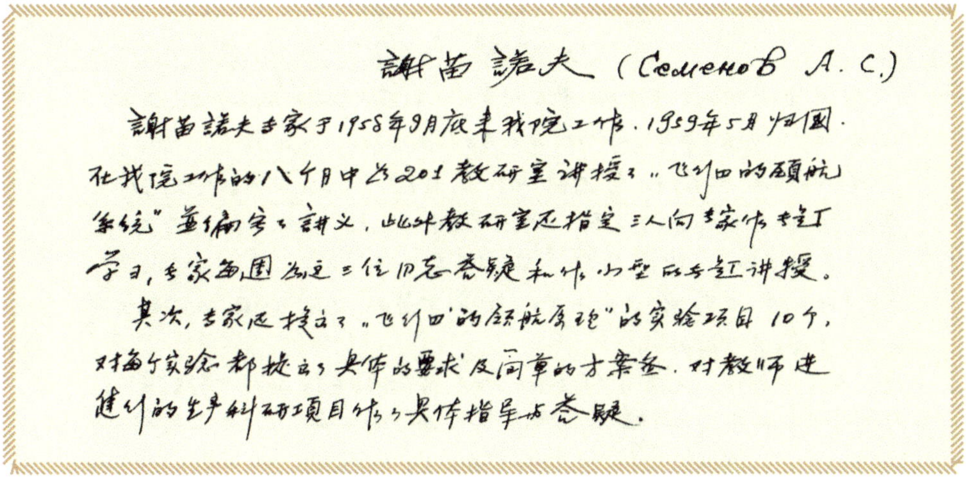

謝苗諾夫（Семенов А. С.）

謝苗諾夫专家于1958年9月底来我院工作，1959年5月归国。在我院工作的八个月中為201教研室讲授了"飞行器的领航系统"並编写了講义，此外教研室还指定三人向专家作专题学习，专家每周為这三位同志答疑和作小型的专题讲授。

其次，专家还指导了"飞行器的领航原理"的实验项目10个，对每个实验都提出了具体的要求及简单的方案等。对教师进行的生产科研项目作了具体指导与答疑。

曹传钧老校长为苏联专家谢苗诺夫写的简介手稿

谢苗诺夫专家在授课

谢苗诺夫专家与师生合影

谢苗诺夫专家与北航师生合影

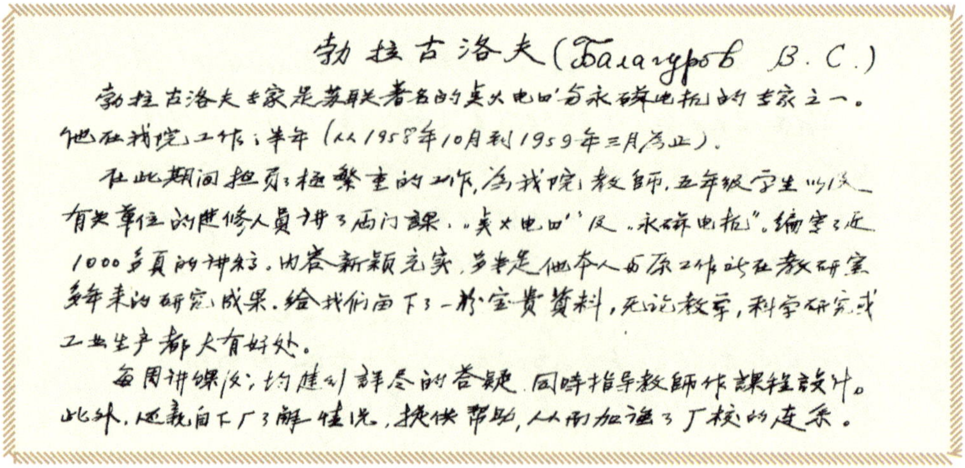
勃拉古洛夫（Балагуров В. С.）

勃拉古洛夫专家是苏联著名的真空电器与永磁电机的专家之一。他在我院工作了半年（从1958年10月到1959年三月为止）。

在此期间担负了极繁重的工作，为我院的教师、五年级学生以及有关单位的进修人员讲了两门课，"真空电器"及"永磁电机"。编写了近1000多页的讲稿。内容新颖充实，多半是他本人在原工作所在教研室多年来的研究成果。给我们留下了一份宝贵资料，无论教学，科学研究或工业生产都大有好处。

每周讲课后，均进行详尽的答疑，同时指导教师作课程设计。此外，还亲自下厂了解情况，提供帮助，从而加强了厂校的联系。

曹传钧老校长为苏联专家勃拉古洛夫写的简介手稿

勃拉古洛夫专家在参观十三陵水库

勃拉古洛夫专家与师生交谈

勃拉古洛夫专家与师生在教学楼前合影

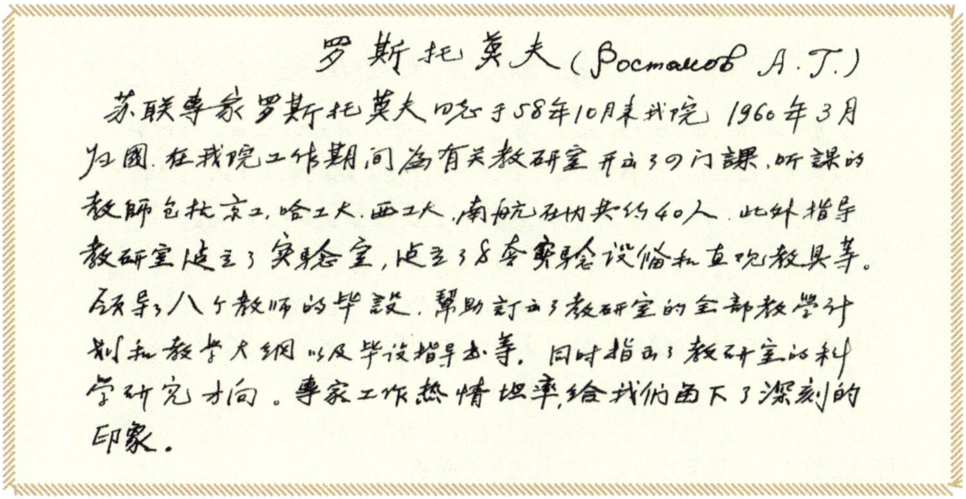

罗斯托莫夫（Ростомов А.Т.）

苏联专家罗斯托莫夫同志于58年10月来我院，1960年3月归国。在我院工作期间为有关教研室开出了3门課，听課的教師包括京工，哈工大，西工大，南航在内共约40人。此外指导教研室建立了实验室，建立了8套实验设備和直观教具等。領导了八个教师的毕設，幫助訂出了教研室的全部教學計划和教学大纲以及毕设指导书等。同时指出了教研室的科学研究方向。专家工作热情坦率，给我们留下了深刻的印象。

曹传钧老校长为苏联专家罗斯托莫夫写的简介手稿

罗斯托莫夫专家和教工参观宿舍区

罗斯托莫夫专家在答疑

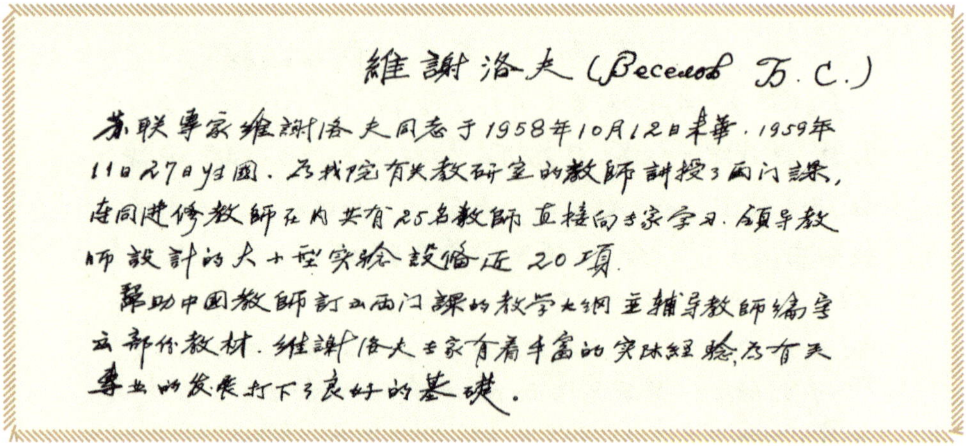

維謝洛夫（Веселов Б. С.）

苏联專家維謝洛夫同志于1958年10月12日来華，1959年11月27日归國。為我院有关教研室的教師講授了两门課，連同進修教師在内共有25名教師直接向专家学习。領导教師設計的大小型实驗設備近20項。

幫助中國教師訂出两门課的教学大纲並輔导教師編寫出部份教材。維謝洛夫专家有着丰富的实际經驗，為有关專业的發展打下了良好的基礎。

曹传钧老校长为苏联专家维谢洛夫写的简介手稿

维谢洛夫专家与师生在主楼前合影

维谢洛夫专家与师生参观

哈凡斯基专家在教学指导

哈凡斯基专家与学生研讨

阿芬纳斯也夫专家在授课

阿芬纳斯也夫专家在做教学指导

阿芬纳斯也夫专家在教学实验现场

阿芬纳斯也夫专家工作场景

阿芬纳斯也夫专家与师生合影

卡格勃诺夫专家在授课

卡格勃诺夫专家在做教学指导

卡格勃诺夫专家工作场景

卡格勃诺夫专家与教师合影

卡依达斯专家与沈元副院长在交谈

卡依达斯专家和夫人与教研室教师合影

高洛文专家在主楼会议室

高洛文专家为教师答疑

高洛文专家在实验室

依里因（Ильин П.А）

依里因专家于1959年8月来我院工作，同年11月返国，共工作了三个月。

来我院工作后就不辞辛苦去各地了解生产和学校情况，帮助我们制定科学研究工作的远景规划，指出了今后工作的发展方向。

在后一个半月内为我院教師及有关机构派来的进修人員講授了一门課，每周六至九小時課，几乎每天都来院工作，同时还进行有关講课及科研的答疑。

虽然专家的身体不太好，但仍坚持完成了繁重的工作。在他辛勤的劳动和帮助中充分体现了国际主义的精神，深深地感动了每一个向他学习的同志。

曹传钧老校长为苏联专家依里因写的简介手稿

依里因专家在北京图书馆前与林士谔等教师合影

依里因专家在授课

依里因专家与林士谔教授、胡孝宣书记合影

伏罗尔金专家在教学指导

伏罗尔金专家对学生指导

捷尔诺布罗夫金专家在颐和园和教研室教师合影

捷尔诺布罗夫金专家在授课

捷尔诺布罗夫金专家在教学现场

扎哈洛夫专家在做教学指导

扎哈洛夫专家在做教学指导

扎哈洛夫专家等在游览

扎哈洛夫等专家在观礼台

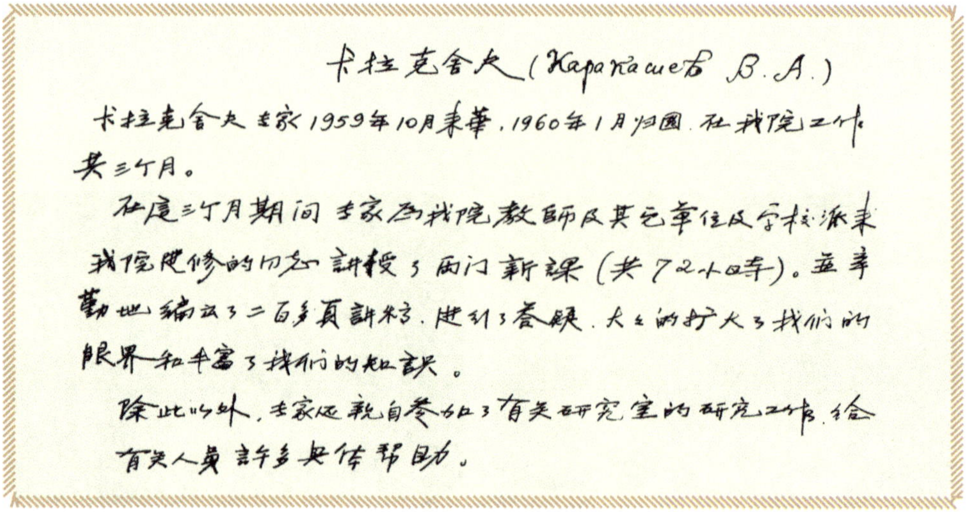

卡拉克舍夫（Каракашев В.А.）

卡拉克舍夫专家1959年10月来華，1960年1月归國，在我院工作共三个月。

在这三个月期间专家为我院教師及其它单位及学校派来我院进修的同志講授了两门新課（共72小时）。并辛勤地编写了二百多页講稿，进行了答疑，大大的扩大了我们的眼界和丰富了我们的知識。

除此以外，专家还亲自参加了有关研究室的研究工作，给有关人员許多具体帮助。

曹传钧老校长为苏联专家克拉克雪夫写的简介手稿

克拉克雪夫专家在授课

克拉克雪夫专家在工作

克拉克雪夫专家回国时武光院长等前往车站送行

克拉克雪夫专家回国前教研室举行欢送会

依里因斯基专家与师生合影

依里因斯基专家在参观

萨包什可夫专家在为教师答疑

萨包什可夫专家在工作

佛里特专家在授课

佛里特专家在做教学指导

佛里特专家在实验室

佛里特专家在参观

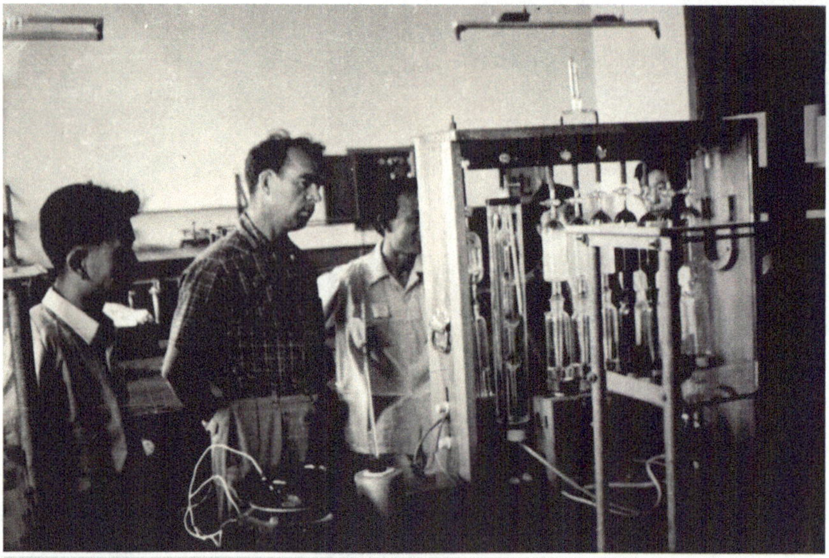

明虚金专家在教学实验现场

明虚金专家与教研室教师合影

鲁日尼可夫专家在办公楼前与教师合影

格利标金专家与师生合影

格利标金专家与文传源教授在交谈

苏联专家们参加庆祝苏联十月革命四十周年大会

苏联专家们在庆祝苏联十月革命四十周年大会的主席台上

苏联专家们在庆祝苏联十月革命四十周年大会的主席台上

苏联专家们在观看二系运动会

苏联专家们在观看二系运动会

苏联专家们在游览八达岭长城

聂吉尔柯、拉儒密也夫专家
在游览八达岭长城

卡格勃诺夫、哈凡斯基专家
在颐和园和北航教工合影

苏联专家们在十三陵游览

苏联专家们在天津游览

后　记

为深入挖掘北航文化历史，积累厚实北航文化底蕴，讲好北航故事，赓续北航精神，学校策划组织了《青春之歌——北航建校之初》一书的征文、编撰。

本书的编撰工作从2020年4月开始启动。知悉这段历史的俞公沼、谢希文、张祖善、周自强、孙世长、张永安等老教授、老专家，以线上线下相结合的方式，多次参与书稿内容的研讨。为了不漏掉一位健在的亲历者，从多方面、多角度展现这段历史，编委会经过5轮调研、了解以及积极寻找，从600人的大名单中，最终确定了可撰文的近50位老同志。

本书根据国外专家在北航初创时期所承担的工作任务、发挥的作用影响、指导教研的情况、共事交往的感受以及赴外留学交流等内容分为“携手共建：擘画发展蓝图”“师恩难忘：培育空天栋梁”“交往情深：友谊地久天长”“学海拾贝：追忆留苏岁月”四个版块。除正文外，书中还收录了大量档案与文博馆提供的当年援建北航时专家的照片，以及老校长曹传钧为几十位专家亲笔题写的介绍和评语影印件。

在本书的编撰中，发生的一幕幕情景无不让人唏嘘感动：近50位老人，尽管体弱多病，但收到约稿函后都积极响应，不讲任何条件，克服各种困难，有的提笔亲自撰写，有的口述或由亲属帮助，有的翻箱倒柜查找资料，有的担心记忆不准多次找人帮助核实……将年代久远的那些往事一一重拾，记录下来。可以说，书中的每一篇文章都浸透了北航老前辈的心血汗水，字里行间都流露出老一代北航人对祖国空天事业的赤诚热爱。最令人扼腕痛惜的是，有十几位老师，将文章写好不久先后离世。在生命的最后时刻，他们耗尽心力为母校留下的精神财富，弥足珍贵。

在本书出版面世之际，诚挚感谢所有的积极参与者、幕后奉献者：特别感谢张祖善老师，撰写了全面、详尽的综述性长文，且不顾病痛、不辞辛劳、尽心竭力为本书审阅把关；感谢周自强老师热心参与本书的策划工作，并亲自对征集的文章进行阅改；感谢老年学研究中心的悉心指导，以及各离退休党支部、管理小组老师们的鼎力相助；感谢众多老校友的热忱关注；感谢宣传部予以立项，出资支持；感谢档案与文博馆佟杰、郑婷老师的大力帮助，提供了珍贵的照片和史料；感谢郭琛依、陈梦梦、徐旭、任新宇等参与了部分编辑整理工作。

因阅历编辑水平所限，书中难免有疏漏和不妥之处，恳请各位读者批评斧正。

空天报国七十载，矢志不渝育英才，
承前启后再出发，逐梦一流向未来。

编委会

2024年11月